U0840211

编委会

新时代劳动教育理论与实践

Xinshidai Laodong Jiaoyu
Lilun Yu Shijian

刘 俊　主编

人民出版社

序　言

马克思认为，物质生产是“一切历史的基本条件”①，有了人类的劳动，才有了满足人类生存必需的前提，才产生了生活和历史。劳动是人类最基本、最普遍的活动形态，劳动在人类文明进步和社会发展中发挥了极其重要的作用。习近平总书记指出：“人民是历史的创造者，是决定党和国家前途命运的根本力量。”②历史亦反复证明，人民群众是历史发展和社会进步的主体力量，是先进生产力和先进文化的创造主体。人民创造历史，劳动开创未来。在新时代的伟大征程上，中国人民正以“实干兴邦”的劳动精神，继续谱写中国特色社会主义伟大事业的新篇章。

在新时代背景下，劳动形态发生了根本性变化，社会分工愈加精细化，劳动空间极大拓展，劳动手段极其丰富，劳动者施展才华的舞台更加宽广……故而，对于劳动者特别是青少年而言，身处时代和社会的变革之中，虽然面对不同的职业选择，但通过劳动创造社会价值、实现个人价值的道理没有发生改变。“人生在勤，勤则不匮。”无论从事何种职业，只要脚踏实地、诚实劳动，皆能干出不平凡的业绩，皆能够成就不平凡的人生。习近平总书记强调：“劳动是财富的源泉，也是幸福的源泉。人世间的美好梦想，只有通过诚实劳动才能实现；发展中的各种难题，只有通过诚实劳动才能破解；生命里的一切辉煌，只有通过诚实劳动才能铸就。”③当前，我国正朝着全面

① 《马克思恩格斯选集》第 1 卷，人民出版社 2012 年版，第 158 页。

② 《习近平著作选读》第二卷，人民出版社 2023 年版，第 17 页。

③ 《习近平著作选读》第一卷，人民出版社 2023 年版，第 118 页。

建成社会主义现代化强国的第二个百年奋斗目标迈进，这是一项前无古人的伟大事业，根本上还是要靠劳动、靠劳动者来完成。当代青少年要以更加长远的眼光看待劳动的价值，大力弘扬劳动精神、劳模精神、工匠精神，努力创造新的时代辉煌、铸就新的历史伟业。

在教育过程中引入劳动，在劳动的过程中渗入教育，是提高人的品质的基本途径。劳动教育是中国特色社会主义教育制度的重要内容，直接决定社会主义建设者和接班人的精神面貌、价值取向和技能水平。党的十八大以来，习近平总书记站在新的历史方位上，对劳动教育作出新的重要论述。2018 年 9 月，习近平总书记在全国教育大会上明确提出将劳动教育纳入培养社会主义建设者和接班人的总体要求，这是对马克思主义劳动观的重大发展，更是新时代党对劳动教育的根本要求。2019 年，中共中央、国务院印发的《关于深化教育教学改革全面提高义务教育质量的意见》、教育部印发的《关于职业院校专业人才培养方案制订与实施工作的指导意见》等文件，都着重强调构建德智体美劳全面培养的教育体系。2020 年 3 月，中共中央、国务院印发的《关于全面加强新时代大中小学劳动教育的意见》，对新时代劳动教育作了顶层设计和全面部署；同年 7 月，教育部印发的《大中小学劳动教育指导纲要（试行）》，着眼于落地落实，绘制出了一份全学段劳动教育推进路线图。党和国家全面加强劳动教育是坚定的、明确的、精准的，对探索具有中国特色的劳动教育新体系，促进当代青少年形成正确的劳动观、价值观，具有重大和深远的理论意义与现实意义。

本书遵循党和国家关于劳动教育的总体目标要求，重点结合劳动教育特征和当代青少年的特点，从劳动教育理论、劳动育人、劳动技能、劳动价值、劳动教育管理、劳动教育文化、劳动教育评价七个方面，对新时代劳动教育理论与实践进行阐述。突出强调劳动教育的育人功能，帮助青少年熟练掌握劳动教育的基本理论，提高劳动技能水平，培育积极向上的劳动精神和认真负责的劳动态度。

本书既注重理论知识的阐释，也注重实践技能的传授；既适用于劳动教育理论的研究和普通高等（中等）院校劳动教育的教学，也可以作为广大社会读者提高劳动素养的普及读物。

刘 俊

2024 年 2 月

目　录

第一章 劳动教育理论

劳动是人类最基本、最普遍的活动形态，在人类文明进步和社会发展中发挥了十分重要的作用。从某种程度上讲，人类文明史就是一部劳动发展史。[①]教育源自劳动，其无法脱离社会而独立存在。故而，劳动与教育的深度融合，不仅是加强社会生产力发展的关键形式，亦是培养全面发展型人才的重要方式。

① 李建楠：《新中国成立以来中国共产党劳动教育思想演变与发展研究》，吉林大学博士学位论文，2021年。

第一节　劳动教育基础论

一、劳动教育的概念

言及“劳动教育”，必先知何谓“劳动”。“劳动”的古希腊语为“εργου”[①]、拉丁文为“laborem”[②]、英文为“labour”、法文为“labor”。作为名词，是指各种手工工作和任何费力的工作，意即“工作”和“辛苦”；作为动词，是指“犁地”或“在土地上耕作”。[③]“劳动”不仅是人类改造自然与社会及战胜人自身懒惰、孤寂、恶习等的有效手段，更是其摆脱贫苦以满足自身需要和社会发展的艰辛而又幸福的转变过程。“劳动”是人类实践活动的一种特殊形式，是人类创造物质财富与精神财富的活动。

关于“劳动”和“劳动教育”的界定，可谓“仁者见仁，智者见智”。在《中国大百科全书（哲学卷）》中，“劳动”被定义为“人类特有的基本的社会实践活动”，“人类通过有目的的活动改造自然对象并在这一活动中改造人自身的过程”。在经济学范畴内，“劳动”则被理解为“劳动力（含体力和脑力）的支出与使用”。马克思在《资本论》中将“劳动”定义为“劳动力的使用”。在苏霍姆林斯基看来，“劳动”是生活的基本内容，是人全面和谐发展的基础，是快乐的源泉，是获得个人荣誉和尊严的重要途径。[④]苏霍姆林斯基认为，“没有劳动就没有也不可能有教育”[⑤]。社会主义现代化国家建设需要全面发展的建设者，即劳育与德育、智育、体育及美育的发展

---

① 罗念生、水建馥：《古希腊语汉语词典》，商务印书馆 2004 年版，第 324 页。

② Oxford Dictionaries，*Oxford Latin Dictionary*，Oxford：The Clarendon Press，1968，p.991.

③ ［英］雷蒙 · 威廉斯：《关键词：文化与社会的词汇》，刘基建译，生活 · 读书 · 新知三联书店 2005 年版，第 256 页。

④ 孙丹、徐辉：《苏霍姆林斯基劳动教育培养“真正的人”的三重逻辑与时代价值》，《西南大学学报（社会科学版）》2023 年第 1 期。

⑤ ［苏］B. A. 苏霍姆林斯基：《苏霍姆林斯基论劳动教育》，萧勇、杜殿坤译，教育科学出版社 2019 年版，第 127 页。

“唇齿相依”。因此，对“劳动教育”的认知不能简单化、线性化。《辞海》与《中国大百科全书》对“劳动教育”的定义类似，即“劳动教育是德育的内容之一”①，开展劳动教育的目的是“使学生树立正确的劳动观点和劳动态度，热爱劳动和劳动人民”②。然而，《教师百科辞典》则将“劳动教育”的内涵与外延作了拓展，并指出“劳动教育就是向受教育者传播现代生产的基本知识和技能，培养他们具有正确的劳动观点、劳动习惯和热爱劳动人民、劳动成果的感情。劳动教育十分重视劳动过程中的智力因素，把平凡的劳动同创造性劳动结合起来，把简单的劳动与富有知识的劳动结合起来”③。《中国百科大辞典》亦持相同立场，认为“劳动教育是以劳动实践为主，结合进行思想教育。技术教育是使学生掌握一定的生产知识及技术和劳动技能。其实施有利于培养学生的劳动观点、劳动技能和劳动习惯，为普通教育和职业教育打下基础”④。据此，我国学界对“劳动教育”概念的认知并非完全一致。这说明“劳动教育”概念的内涵与外延具有丰富性。

然而，有学者认为，“劳动教育”是一个涉及范围很广、不甚确定的概念，“从其基本任务而言不外乎两大方面：一是劳动技能的培养，二是思想品德的教育。在学校的劳动教育中，常常是二者兼而有之”⑤。还有学者指出，“劳动教育是使青少年学生获得正确劳动观念、劳动习惯、劳动情感、劳动精神，了解和懂得生产技术知识，掌握生活和劳动技能，在劳动创造中追求幸福感的育人活动。它包括劳动思想观念的教育、劳动技术知识和劳动技能的教育”⑥。据此，有学者认为，“劳动教育的本质涵义是指通过参加劳动实践活动所进行的一种有目的、有计划、有组织的培养受教育者多种素质

---

① 夏征农：《辞海》，上海辞书出版社 1999 年版，第 383—384 页。

② 中国大百科全书总编委会：《中国大百科全书（第 2 版）》，中国大百科全书出版社 2009 年版，第 425 页。

③ 教师百科辞典编委会：《教师百科辞典》，社会科学文献出版社 1987 年版，第 317 页。

④ 《中国百科大辞典》，华夏出版社 1990 年版，第 460—461 页。

⑤ 黄济：《关于劳动教育的认识和建议》，《江苏教育学院学报（社会科学版）》2004 年第 5 期。

⑥ 徐长发：《劳动教育是人生第一教育》，《中国农村教育》2015 年第 10 期。

的教育活动，是融德育、智育、体育、美育为一体的全面提高学生素质的综合性教育”①。人民教育家陶行知先生则将“劳动教育”视为“在劳力上劳心”的实践活动，并指出“劳动教育”的目的在于“谋手脑相长，以增进自立之能力，获得事物之真知及了解劳动者之甘苦”②。故而，从理论研究的视野审视，“劳动教育”是指以促进学生形成劳动价值观（即确立正确的劳动观点、积极的劳动态度，热爱劳动和劳动人民等）和养成劳动素养（有一定劳动知识与技能、形成良好的劳动习惯等）为目的的教育活动。③

2020年3月20日，中共中央、国务院印发了《关于全面加强新时代大中小学劳动教育的意见》，这是新时代大中小学开展劳动教育的行动指南。该意见强调“劳动教育”是中国特色社会主义教育制度的重要内容，并界定了“劳动教育”的基本内涵。根据《关于全面加强新时代大中小学劳动教育的意见》，“劳动教育”是国民教育体系的重要内容，是学生成长的必要途径，具有树德、增智、强体、育美的综合育人价值。实施劳动教育重点是在系统的文化知识学习之外，有目的、有计划地组织学生参加日常生活劳动、生产劳动和服务性劳动，让学生动手实践、出力流汗，接受锻炼、磨炼意志，培养学生正确的劳动价值观和良好劳动品质。可以说，《关于全面加强新时代大中小学劳动教育的意见》对“劳动教育”内涵的界定准确反映出了“劳动教育”的本质，是对“劳动教育”概念的准确阐释。值得强调的是，与德育、智育、体育、美育不同，劳动教育是一个复合性的教育概念。当要通过劳动教育培育热爱劳动等劳动价值观时，劳动教育就是德育；当要让受教育者思考劳动过程的原理、奥秘时，劳动教育就成为智育；当“动动手、流流汗”发挥强健体魄、增强体能作用的时候，劳动教育已经是体育；当引

① 陈勇军：《马克思主义“教育与生产劳动相结合”生产劳动的涵义》，《南京体育学院学报》1995年第3期。

② 刘猛：《劳动教育：从陶行知到毛泽东》，《江苏教育学院学报（社会科学版）》2003年第2期。

③ 檀传宝：《劳动教育的概念理解——如何认识劳动教育概念的基本内涵与基本特征》，《中国教育学刊》2019年第2期。

导受教育者发挥聪明才智去设计创造美好的成果时，劳动教育就是美育。若将劳动教育像切豆腐那样与德育、智育、体育、美育一刀两断，让劳动教育成为一个独立、孤立的教育形态，本身就是错误的。[①]

二、劳动教育的特征

（一）劳动教育具有普通教育的特征

劳动教育旨在落实全面发展的教育方针，具有普通教育的属性。从马克思主义经典作家开始，“教育与生产劳动相结合”等劳动教育命题的着眼点就在于培育在体力、脑力上均获得全面发展的人。故而，劳动教育具有立德、益智、健体、育美等较为全面的教育功能。据此，《关于全面加强新时代大中小学劳动教育的意见》明确指出，要整体优化学校课程设置，将劳动教育纳入中小学国家课程方案和职业院校、普通高校人才培养方案，形成具有综合性、实践性、开放性、针对性的劳动教育课程体系。由于劳动教育所具有的普通教育之属性，这就决定了劳动教育在各学段具有更为重要的意义。[②]

（二）劳动教育具有价值教育的属性

劳动的意义有经济学和伦理学上的区分。劳动的首要含义是经济学上的创造财富的活动，这也指出了劳动教育的基础目标。因而，劳动教育重点是培养学生会劳动、爱劳动、辛勤劳动、创造性劳动的知识技能，使学生在劳动的“果实”中见证自己改造环境的力量，创造属于自己的财富。然而，伦理学意义上的劳动旨在培养学生诚实劳动、尊重劳动者、珍惜劳动果实、讲究劳动中的公平关系，比如劳动—报酬的关系（含无偿的义务劳动）、劳动成果的公平交易、按劳分配的伦理诉求、认同科学技术对劳动质量和价值产生影响的观念等。[③] 据此，无论是从经济学还是从伦理学上看，劳动教育皆

---

① 檀传宝:《劳动教育从正确理解概念开始》,《中国教育报》2021 年 12 月 1 日。

② 檀传宝:《劳动教育的概念理解——如何认识劳动教育概念的基本内涵与基本特征》,《中国教育学刊》2019 年第 2 期。

③ 刘次林:《劳动作为一种素养》,《教育发展研究》2019 年第 38 期。

具有价值教育的属性。

（三）劳动教育具有强烈的时代特征与社会属性

由于人类劳动的形态处在不断演进的过程中，劳动形态也随之不断变化。这突出地表现在脑力劳动的比重不断增加、新形态的劳动不断形成上。因而，劳动教育包括体力劳动教育，但又不能狭隘地理解为简单的体育锻炼。据此，劳动教育依据劳动形态的演进而应与时俱进。因此，开展劳动教育的各层级学校，必须创造条件让学生参加形态多样的劳动，尤其是创造性劳动，进而形成当代劳动教育的新面向。另外，劳动价值观形成的基础是社会大众对劳动价值的真实确认，若社会没有尊重劳动的分配机制与舆论氛围，学校的劳动教育必然孤掌难鸣，难有实质成效。因此，各层级学校必须与家庭、社会等主体携手合作开展劳动教育，只有这样才能使劳动教育的实效得到明显提升。

三、劳动教育的内容

《关于全面加强新时代大中小学劳动教育的意见》规定，开展劳动教育的目的是使学生能够理解和形成马克思主义劳动观，牢固树立劳动最光荣、劳动最崇高、劳动最伟大、劳动最美丽的观念；体会劳动创造美好生活，体认劳动不分贵贱，热爱劳动，尊重普通劳动者，培养勤俭、奋斗、创新、奉献的劳动精神；具备满足生存发展需要的基本劳动能力，形成良好劳动习惯。根据这一目标要求，劳动教育的内容在宏观上应作如下确定：针对不同学段、类型学生特点，以日常生活劳动、生产劳动和服务性劳动为主要内容开展劳动教育；结合产业新业态、劳动新形态，注重选择新型服务性劳动的内容。具象上看，劳动教育的内容至少应包括但不限于以下内容：一是体力劳动、脑力劳动及体力和脑力相结合的劳动教育；二是简单劳动、复杂劳动教育；三是物质生产劳动、精神劳动教育；四是生产性劳动、服务性劳动教育。①

① 文新华：《论劳动、劳动素质与劳动教育》，《教育研究》1995 年第 5 期。本书下述相关内容及相关观点均有参考该文，谨此说明。

（一）体力劳动、脑力劳动及体力和脑力相结合的劳动教育

对于受教育者而言，其几乎每天都在进行一定的脑力劳动。学校的劳动教育应该让受教育者认识到科学文化的学习这种特殊的脑力劳动，是受教育者的主要劳动形式和内容。不畏艰苦、认真学习，就是培养脑力劳动过程的意志与毅力。掌握正确的学习方法和技能，就是学会正确的脑力劳动方法和技能，学会自我学习。在新时代背景下，学会正确的脑力劳动方法和技能，有利于尽快形成劳动力，有利于维持和提高劳动力的价值，有利于提高职业适应度，减少职业转换的概率和缩短职业转换的时间，从而提高社会效益。故而，学会学习也就是学会脑力劳动。因此，教会学生学习，是学校劳动教育的最主要而且是最重要的内容。值得指出的是，无论是从我国的劳动者结构，还是从培养学生品德、增强其身体素质出发，劳动教育的内容都应当包括适当的体力劳动。不过，体力劳动仅仅是一种有益的补充，不应当被误解成唯一的劳动形式和内容，其重要性也不应当被误估过高。另外，随着受教育者年龄的增大，劳动教育的内容应根据各地经济发展的实际，从单纯的体力劳动、脑力劳动逐步过渡到体力和脑力相结合的劳动内容上来。否则，其结果就是“有劳动，无教育”现象的产生，以及对“动动手、流流汗”政策的误读。①

（二）简单劳动、复杂劳动教育

市场经济的价值规律推动着社会劳动从以简单劳动为主向以复杂劳动为主的方向发展。据此，劳动教育要反映这个历史趋势，要改变以简单劳动尤其是以体力劳动为主要教育内容的现象。正如前述《关于全面加强新时代大中小学劳动教育的意见》所强调的，要根据受教育者的年龄特点分层次开展劳动教育，以便使受教育者能逐步掌握不同种类和不同层次的劳动技能。譬如，小学低年级要注重围绕劳动意识的启蒙，让学生学习日常生活自理，感知劳动乐趣，知道人人都要劳动；小学中高年级要注重围绕卫生、劳动习惯养成，让学生做好个人清洁卫生，主动分担家务，适当参加校内外公益劳

① 檀传宝：《劳动教育从正确理解概念开始》，《中国教育报》2021 年 12 月 1 日。

动，学会与他人合作劳动，体会到劳动光荣。初中要注重围绕增加劳动知识、技能，加强家政学习，开展社区服务，适当参加生产劳动，使学生初步养成认真负责、吃苦耐劳的品质和职业意识。高等学校要注重围绕创新创业，结合学科和专业积极开展实习实训、专业服务、社会实践、勤工助学等，重视新知识、新技术、新工艺、新方法应用，创造性地解决实际问题，使学生增强诚实劳动意识，积累职业经验，提升就业创业能力，树立正确择业观，具有到艰苦地区和行业工作的奋斗精神，懂得“空谈误国、实干兴邦”的深刻道理；注重培育公共服务意识，使学生具有面对重大疫情、灾害等危机主动作为的奉献精神。诸如此等根据受教育者的年龄特点分层次开展劳动教育，可以充分发挥出简单劳动与复杂劳动在劳动教育中的不同作用。

（三）物质生产劳动、精神生产劳动教育

经济发展是社会发展和进步的基础，而物质产品的生产是经济活动的核心。据此，物质产品的生产是社会发展和进步的基础与核心。劳动教育要为经济社会发展服务，就一定要以物质生产劳动为核心。在物质生产劳动中，有一些是以体力劳动和简单劳动为主，有一些是以脑力劳动及体力和脑力相结合的复杂劳动为主。但是，物质生产劳动与体力劳动和简单劳动并不等同。将体力劳动和简单劳动与物质生产劳动等同起来，不仅是对劳动的误解，而且在客观上造成了劳动教育内容的片面性。对于受教育者来说，其劳动对象主要表现为精神形态。其学习本身就是一种精神生产劳动，主要是人类科学技术知识和社会知识的简单再生产。此外，受教育者在不同的领域，譬如在文学、艺术等方面，还有可能进行创造性的精神生产劳动，为社会的发展创造精神财富。因而，针对精神生产劳动教育，各层级学校亦应高度重视。

（四）生产性劳动、服务性劳动教育

生产性劳动教育是最基本的劳动教育。在生产性劳动中进行教育，主要指让学生在学工、学农过程中直接经历生活必需品的生产、物质财富的创造过程，经历相关技术应用、工具使用过程，感受生活必需品的来之不易，体会劳动创造物质财富、满足基本生活需求的伟大，从而尊重普通劳动者、尊

重劳动成果，为正确的劳动价值观的形成奠基。伴随着现代化进程，不仅服务性行业越来越多、规模越来越大，而且公共服务也越来越重要，学生必须在服务他人、奉献社会中形成正确的“三观”，在多样化的服务中增长才干，培养应有的担当意识和奉献精神。它的组织实施通常是个性化的，这对强化学生的社会责任感及培育学生良好的社会公德具有极大促进作用。[①] 故而，各层级学校，尤其是高校要开展服务性劳动教育。

四、劳动教育与其他类型教育的联系与区别

诚如前述，劳动教育不同于德育、智育、体育和美育，其在逻辑上是另一层次、另一类的教育。新时代中国特色社会主义教育发展道路，需要劳动教育的奠基。从根底上看，劳动教育是国民教育体系建设的出发点与落脚点，也是德智体美劳全面培养的教育体系建设的出发点和落脚点。关于这一点，改革开放以来的教育实践已经有了许多明证。亦如前述，劳动教育能够使受教育者获得正确劳动观念、劳动习惯、劳动情感、劳动精神，了解和懂得生产技术知识，掌握生活和劳动技能，在劳动创造中追求自己的幸福生活。在某种意义上讲，劳动教育具有经验性、先进性、前置性的人生核心素养培育活动的鲜明特点。

劳动教育既是手段也是目的，具有双重属性机制。劳动教育的手段和目的相互作用、相互促进、相互影响的辩证机制，能够揭示和解释整个教育的内在联系或德智体美劳之间的关系。劳动教育对“五育”的系统性、融合性、融通性、整体价值性，具有本质的解释力和承载力。双重属性机制决定了劳动教育具有多重教育的承载性、承载机理和承载机制，具有强大的开放性、包容性和兼容性。“以劳树德、以劳增智、以劳强体、以劳育美、以劳创新”是新时代中国特色社会主义劳动教育的重要特征，是新中国成立以来劳动教育的实践结晶。[②]“以劳树德、以劳增智、以劳强体、以劳育美”，说

① 柳夕浪:《全面准确地把握劳动教育内涵》,《教育研究与实验》2019 年第 4 期。

② 徐长发:《新时代劳动教育再发展的逻辑》,《教育研究》2018 年第 39 期。

明的是劳动教育对其他“四育”的促进作用，讲的是劳动的综合育人功能。

劳动教育具有相对独立性。“五育”之所以能相对独立、自成一体，归根结底是各自有其价值目标。德育追求意志行动之理想，简称“善”；智育追求认识真理之理想，简称“真”；体育追求体魄强健之理想，简称“健”；美育追求情感发展之理想，简称“美”；而劳动教育追求的是富强生活之理想，简称“富”。劳动原本就是创造财富、创造价值的过程（从物质财富到精神财富），是美好生活的源泉；富强是中华民族梦寐以求的理想，也是人民幸福安康的基础（所谓“富国强民”），位列社会主义核心价值观之首，可见其意义重大。从个人角度看，是勤劳自强，还是坐享其成；是诚实合法，还是投机取巧；是开拓创新，还是坚守已成；是专注，还是浮躁；等等，这是劳动教育的重点也是难点，而这些显然与德育、智育、体育、美育等密切相关，亦有明显区别。概而述之，劳动教育不仅能促进其他教育，还要紧紧依赖于其他教育才能顺利展开。①

第二节　马克思主义劳动教育理论

马克思是劳动理论的集大成者，马克思主义理论体系正是以劳动为逻辑起点构建起来的。② 根据马克思主义的观点，劳动与教育之间有着必然的联系。因而，研究马克思主义劳动教育理论，是劳动教育理论研究的题中应有之义。

一、马克思劳动教育理论形成的时代背景

在马克思的思想体系当中，劳动教育始终是与阶级斗争、生产力的进步以及人的自由而全面的发展密不可分的。马克思劳动教育理论发端于风起云

① 柳夕浪：《全面准确地把握劳动教育内涵》，《教育研究与实验》2019 年第 4 期。

② 吴学东：《习近平对马克思劳动思想的丰富和发展》，《黑龙江社会科学》2019 年第 2 期。

涌的19世纪欧洲社会。在这一时代背景下，英国工业革命、法国政治革命先后“登场”，其结果就是形成了具有资本主义性质、资产阶级特色的社会历史环境。在资产阶级和资本主义大行其道的过程中，工人阶级亦开始出现与崛起，并加快了马克思劳动教育理论的萌芽与发展。整体上看，马克思劳动教育理论，正是在对资本主义生产关系和剥削本质的分析和批判的基础上逐渐形成的。① 因此，马克思劳动教育理论的生成，主要目的是满足那个时代的工人阶级诉求，其带有着明显的时代特色，并镌刻着特有的革命时代烙印。虽然对于劳动教育这一概念，马克思并未给出明确定义，但是其在批判资本主义的过程当中从历史唯物主义、政治经济学以及教育学的角度对劳动教育的内涵进行了深刻阐述。

早在14世纪后期，在一些西欧封建国家的局部地区，资本主义的生产关系已经“生根发芽”。及至18世纪60年代，欧洲发生了一件翻天覆地的大事件，即由英国最先开始进行的工业革命。英国工业革命，几乎影响了全部的欧洲国家，小作坊式的生产没有了生存空间，资本主义的生产关系正式被确立。资产阶级在发展的同时，亦带动了无产阶级的形成与壮大。故而，无产阶级同资产阶级都是工业革命的产物，但是无产阶级并没有分得丝毫资产阶级胜利的果实，利欲熏心的资本家为了赚取更多的剩余价值，无情地压榨工人阶级。这使得“劳动”失去了其原有属性，并异化为资本主义私有制条件下特有的非正义劳动。资本家支付给无产者的薪水亦是杯水车薪，甚至都无法满足无产者基本的生存。为了获取更多的剩余价值，资本家将贪婪的双手伸向了女人与儿童，以低廉的劳动力价格雇佣了很多女工与童工。大量未成年人不仅失去了受教育的权利和机会，而且在劳动条件恶劣的情况下过度劳动，造成了身体和心智的双重损害。据此，马克思认为，资本主义条件下的劳动与过去和未来的劳动形式都不一样，它的每一个细节都体现了对劳动者的摧残。正是基于工人劳动异化的悲惨境况，尤其是童工们失去受教育的权利而沦为机器上的“链条”的事实，马克思强调了对儿童实行公共的免

① 严冬:《马克思劳动观的当代德育价值研究》，吉林大学博士学位论文，2022年。

费教育的重要性，即要求把教育与物质生产劳动结合起来。这也可以说是马克思主义劳动教育理论在原初意义上的经典表达。

马克思的教育与物质生产劳动相结合思想是在批判承继莫尔、欧文、卢梭、裴斯泰洛齐等的相关思想中发展起来的。但马克思的这一思想实现了对这些教育家们仅注重形式层面结合，只注重教育和手工业、农业劳动的超越。他深刻地剖析了现代生产与科技之间的本质的、内在的联系，从而提出应当更注重实质层面的结合，即教育同科技的结合，这正是指向了教育与工业生产进行结合的实质问题。在马克思看来，教育承担着引导年轻人迅速地掌握生产系统，在短时间内适应部门间转换需要的重要职能。通过教育，工人得以挣脱旧式分工对自己造成的片面发展，能够以共产主义原则来组织生产劳动并创造新的社会，从而在其中实现自身的全面发展。也只有这样，教育才能和劳动进行实质意义上的结合，避免了形式结合的空洞。①

二、马克思劳动教育理论的基本内容②

（一）劳动教育的基本内涵

马克思以其对劳动本身的理解为出发点，界定了劳动教育的基本内涵：劳动是人本质力量的确证，劳动创造了人本身，从而教育应该与劳动相结合；劳动奠定并确证了唯物史观，而教育是帮助受教育者提高各种能力，是促进生产力和社会进步的方式，故缺乏教育而只是为了生存从事单一的、重复的劳动活动，人便会失去全面发展的能力，逐渐僵化在个人的领域中。因此，马克思强调只有在劳动中进行教育，在教育中落实劳动，方可促进人的自由全面发展。马克思强调劳动和教育二者缺一不可，仅将一项视为发展重点，必将导致发展的畸形与不持续。依循此等逻辑，马克思特别指出，在资本主义社会下只有少部分出生于资产阶级的儿童享有受教育的机会，广大无产阶级及其子女不能接受教育，育人的目标自然无法实现。无产阶级的子女

① 涂莹：《新时代大学生劳动价值观教育研究》，福建师范大学博士学位论文，2021 年。

② 韩大猛：《马克思主义劳动教育思想及其当代价值》，哈尔滨师范大学博士学位论文，2021 年。本书下述相关内容及相关观点均有参考该文，谨此说明。

受生活所迫，幼小的年纪便走向了大大小小的车间与工厂，不仅严重影响了身体的发育，更大程度上阻碍了智力的提高，并造成了道德上的堕落，使工人阶级丧失了对自己生活领域内的支配权。所以，把生产与教育相结合，于劳动者的生存与发展意义重大。据此，在马克思看来，劳动教育不仅能够提升劳动者的劳动能力、劳动兴趣等，还能够唤醒人内心深处的道德情操，提升自我认知度。针对资产阶级中上阶层儿童只是接受理论教育而不从事生产劳动的状况，马克思对此持批评态度。马克思认为，人不能只受知识教育而不劳动，背离劳动实践性的教育只会是“纸上谈兵”。劳动者将自己的教育所得应用到具体的生产实践，可以提高劳动产品的附加值，进而提高社会生产力，更好地满足人民日益增长的美好生活需要。

（二）劳动教育的基本目的

马克思深入揭示劳动教育基本内涵后，进一步指明了劳动教育的目的。马克思指出，作为社会性的人，我们所做的每一件事几乎都是为了一定程度满足我们的需要，劳动也不例外。劳动一方面是人从自然界获取生活资料的桥梁，以满足人的生存需要；另一方面，劳动也是人主体意识的彰显、自我生命价值的确证。因此，劳动教育的目的一方面是解决生存发展问题，另一方面是提升自我意识，而最终目标是实现人的自由全面发展。据此，马克思强调，人类“第一个历史活动就是生产满足这些需要的资料，即生产物质生活本身，而且，这是人们从几千年前直到今天单是为了维持生活就必须每日每时从事的历史活动，是一切历史的基本条件”①。因而，在人类社会发展的任何阶段，劳动首先要发挥满足人的生存所需的这一职能。更为重要的是，马克思认为劳动不应止于人的现实生存层面，更应是人自由生命的表现。由此，劳动应是自我实现的方式，是人类发展的需要。但那是“在共产主义社会高级阶段，在迫使个人奴隶般地服从分工的情形已经消失，从而脑力劳动和体力劳动的对立也随之消失之后”② 才可以实现。在此基础上，马克思强

① 《马克思恩格斯文集》第 1 卷，人民出版社 2009 版，第 531 页。

② 《马克思恩格斯文集》第 3 卷，人民出版社 2009 年版，第 435 页。

调了劳动与人的主体性的内在关联，认为劳动教育有益于工人对自身自由、自觉本性的把握和领悟。这种自由自觉是具有独立、自由、平等、无奴性也不被奴役的精神状态，是与万物共生的和谐状态。在这种状态下人才会感受到劳动带来的愉悦和乐趣，才会认识到自己的劳动是有尊严的创造性活动。

（三）实现劳动教育的基本途径

在教育过程中引入劳动，在劳动的过程中加入教育，是提高人的品质的基本途径。实现自由全面的发展是每一个人的终极目标，无论他是否是无产阶级，将教育与生产劳动相结合从人与社会的角度提高了这一终极目标实现的可能性；实现教育与生产劳动实质性结合，必须让教育活动回归到人的现实的生产劳动过程中去。劳动在资本主义制度下发生严重异化，亦自然影响到了教育领域，具体表现为工人的子孙后代几乎很少有接受教育的权利。针对这种教育不平等的现状，要“对所有儿童实行公共的和免费的教育。取消现在这种形式的儿童的工厂劳动”①。在此基础上，马克思进一步指出：“在合理的社会制度下，每个儿童从 9 岁起都应当成为生产劳动者，就像任何身体健全的成年人一样，必须无例外地服从那普遍的自然规律，即：为了吃饭，必须劳动，不仅要用脑劳动，而且也要用双手劳动。”②只有如此，才能从根本上解决问题。英国在各种舆论的压力下，出台了第一个《工厂法》，强制要求工厂为童工提供至少两小时的义务教育，无论童工是否完成了工作任务。尽管这一要求遭到很多工厂主的强烈抵制，政府还是决定将为童工提供初等教育作为工厂雇佣童工的底线。“这一条款的成就第一次证明了智育和体育同体力劳动相结合的可能性，从而也证明了体力劳动同智育和体育相结合的可能性”③。同时，资产阶级在物欲横流的社会环境中仅仅注重人才的脑力劳动发展，从而在资本竞争中占据优势，这一出发点完全是错误的。对此，马克思提出要通过教育与物质生产劳动相结合来改变这种脱离生产劳动的现象。

---

① 《马克思恩格斯选集》第 1 卷，人民出版社 2012 年版，第 422 页。

② 《马克思恩格斯全集》第 21 卷，人民出版社 2003 年版，第 269 页。

③ 《马克思恩格斯全集》第 44 卷，人民出版社 2001 年版，第 555—556 页。

三、马克思劳动教育理论的三重逻辑[①]

（一）人与自然的逻辑

马克思是在实践的前提下完成了对自然以及人的看法。因此，在其看来，人、劳动和自然界是统一的整体。其中，劳动是人生命和生产活动的过程，自然界是维持生命和投入生产的劳动的对象。正如马克思所言："人靠自然界生活"[②]。据此，人类只有通过劳动这一中介，才能实现人与自然之间的物质变换，才能实现自身的生存。因此，可以说劳动是实现二者对立统一关系的中介，同时也是二者进行物质、能量和信息交换的逻辑起点。马克思从实践的角度，将自然以劳动对象的身份纳入人的现实活动中进行考察，在实践的基石上认识人与自然的关系，以实现二者的和谐统一。人持续不断地进行着实践改造来使自然界满足自己生活和生产的需要，同时也使得自己实现更高层次的追求而达到自由全面的发展。因此，马克思将劳动视为"一个社会摆脱自然力量的统治"的开始，在创造性的活动中建造适用于人的生存的对象世界，劳动使人类从自然界中跃升出来，是人类的内在本质规定性。[③] 在劳动的过程之中，人不仅使自然物发生了预定的变化，也在这个过程中实现了自己的目的。可以说，在这一过程中，劳动既满足了人的生命活动需求，又创造了人本身，使人获得了与动物不同的主体性的存在。

（二）人与社会的逻辑

从人与社会的关系层面上讲，社会关系不是自生的，而是形成于人的现实的劳动实践之中，个人不能脱离社会而孤立存在。自人类社会产生以来，社会生产关系始终是人在劳动过程中形成的最基础、最深沉、最持久的社会关系，它反映了一定的劳动生产力性质、状况和水平，为劳动提供环境和条

---

① 徐海娇、柳海民：《遮蔽与祛蔽：劳动的教育意蕴——基于马克思劳动概念的价值澄明》，《湖北社会科学》2017 年第 6 期。

② 《马克思恩格斯选集》第 1 卷，人民出版社 2012 年版，第 55 页。

③ 张翔宇：《马克思恩格斯的自然观及其当代价值》，成都理工大学硕士学位论文，2016 年。

件。因此，劳动是解开社会生产关系奥秘的“锁钥”，是促进人类社会进步的根本力量，是社会变革和人类自我革命的动力。马克思在《1844年经济学哲学手稿》中，就是从工人的生产劳动状况出发，分析和研究资本主义生产关系，揭露了私有制是资本主义制度的罪恶根源，指出扬弃异化劳动、消灭私有制是实现共产主义和人的全面发展的自由之路。马克思认识到，劳动不是单个人所固有的抽象的生产活动，在其现实性上，它是“个人在一定社会形式中并借这种社会形式而进行的对自然的占有”①。也就是说，劳动不是独立于社会之外的，而是在一定的社会关系条件下进行的生产活动。但这种社会关系不是先验的存在物，而是人在劳动中结成的人与人之间的关系。②一方面，人的劳动实践离不开社会，只有在一定的社会关系和具体的社会形式中才能得以实现和发展。这就是为何马克思认为劳动并非是孤立的人与抽象的自然物之间的简单结合，而是处于一定的社会关系之中的现实的人制造使用价值的有目的的活动。另一方面，劳动增强了人的社会性，劳动的开展大大丰富了人与人之间的社会关系。马克思认为人的本质“不是人的胡子、血液、抽象的肉体的本性，而是人的社会特质”③，而劳动则使得人的社会本质更加凸显。

（三）人与自身的逻辑

随着资本主义生产力的发展，物质财富极大丰盈。资本为了增值，将剩余价值的一部分返还给劳动者，但从根本上来说人并没有从物质资料生产的束缚中解放出来，反而沉浸在物欲的无限膨胀中，逐渐沦为资本增值的消费机器。资本内部的恶性竞争使人与人之间处于分裂对抗状态，人类陷入了空虚、迷茫等存在危机。这就对于人的全面发展形成限定，使劳动无法从谋生手段向自我实现转变，逐渐成为丧失自由、失去全面发展的空间与活力的物化活动。与之相反，马克思实践哲学下的劳动以人的生存需要和存在意义为

① 《马克思恩格斯文集》第8卷，人民出版社2009年版，第11页。

② 崔延强、陈孝生：《马克思劳动教育思想及其当代价值》，《苏州大学学报（教育科学版）》2022年第1期。

③ 《马克思恩格斯全集》第1卷，人民出版社1956年版，第270页。

出发点，将劳动视作从谋生手段转向自我实现的过渡方式，强调通过异化劳动的扬弃来反抗资本逻辑下人的片面发展，以达成满足个体生活需求与凸显自身价值二者的统一。[①] 马克思富有洞察力地发现，人类通过劳动“作用于他身外的自然并改变自然时，也就同时改变他自身的自然”[②]。换言之，劳动使人自身蕴藏着的潜力发挥出来，且能控制潜力发挥出来的后果，使这种潜力的活动受他自己控制。劳动这种“自由自觉的活动”，不仅通过人的对象性活动建立了人化的自然，以及人与人之间在活动中建立了社会关系，更为重要的是在这一过程中创造和发展了人自身。

第三节 新时代劳动教育理论的创新和发展

一、新时代劳动教育鲜明的时代特色

（一）正确的劳动价值观

习近平总书记指出，“正是因为劳动创造，我们拥有了历史的辉煌；也正是因为劳动创造，我们拥有了今天的成就”[③]。回溯历史，一百多年来，一代又一代中国共产党人顽强拼搏、不懈奋斗，涌现了一大批视死如归的革命烈士、一大批顽强奋斗的英雄人物、一大批忘我奉献的先进模范，形成了井冈山精神、长征精神、遵义会议精神、延安精神、西柏坡精神、红岩精神、抗美援朝精神、“两弹一星”精神、特区精神、抗洪精神、抗震救灾精神、抗疫精神等伟大精神，构筑起了中国共产党人的精神谱系。这些精神饱含着中华民族崇尚劳动的民族特色，彰显出中华民族艰苦奋斗的民族特质。故

---

① 李昕潞、陈云奔:《马克思实践哲学视域下劳动教育的价值应然》,《黑龙江高教研究》2022 年第 6 期。

② 《马克思恩格斯选集》第 2 卷，人民出版社 2012 年版，第 169 页。

③ 习近平:《在庆祝“五一”国际劳动节暨表彰全国劳动模范和先进工作者大会上的讲话》,人民出版社 2015 年版，第 4 页。

而，2015年，习近平总书记在庆祝“五一”国际劳动节暨表彰全国劳动模范和先进工作者大会上强调，“无论时代条件如何变化，我们始终都要崇尚劳动、尊重劳动者”[①]。2018年，在全国教育大会上，他再次强调，要“教育引导学生崇尚劳动、尊重劳动”[②]。

除要尊重劳动外，习近平总书记还强调要引导全社会认同劳动最光荣、劳动最伟大的价值观。他指出，“必须牢固树立劳动最光荣、劳动最崇高、劳动最伟大、劳动最美丽的观念，让全体人民进一步焕发劳动热情、释放创造潜能”[③]。众所周知，建成社会主义现代化强国、实现中华民族伟大复兴，绝不是轻轻松松就能完成的，需要广大人民群众发扬艰苦奋斗的精神，付出更为艰巨的努力。劳动书写生活，劳动成就人生，劳动者辛勤劳动是光荣之举，也应为时代所推崇。换言之，只有全社会形成劳动最光荣、最崇高、最伟大、最美丽的价值认同，才能使社会发展既和谐有序又充满生机与活力。[④]习近平总书记曾多次强调，幸福不会从天而降，美好生活靠劳动创造，劳动是一切幸福的源泉，将辛勤劳动、诚实劳动、创造性劳动作为自觉行为，只有通过劳动才能开创美好未来。

（二）积极的劳动育人观

习近平总书记多次强调：“要通过各种措施和方式，教育引导广大青少年牢固树立热爱劳动的思想、牢固养成热爱劳动的习惯，为祖国发展培养一代又一代勤于劳动、善于劳动的高素质劳动者。”[⑤]要“把劳动教育纳入人才培养全过程，贯通大中小学各学段和家庭、学校、社会各方面”[⑥]。将劳动教

① 习近平：《庆祝“五一”国际劳动节暨表彰全国劳动模范和先进工作者大会隆重举行》，人民出版社2015年版，第2—3页。

② 《习近平著作选读》第二卷，人民出版社2023年版，第202页。

③ 《习近平著作选读》第一卷，人民出版社2023年版，第118页。

④ 刘芳芳、吴琼：《习近平关于劳动教育重要论述的思想内涵与时代价值》，《内蒙古社会科学》2021年第3期。

⑤ 《习近平在乌鲁木齐接见劳动模范和先进工作者、先进人物代表 向全国广大劳动者致以“五一”节问候》，《人民日报》2014年5月1日。

⑥ 习近平：《在全国劳动模范和先进工作者表彰大会上的讲话》，人民出版社2020年版，第5—6页。

育贯穿人才培养的全过程，是促进广大青少年、知识分子形成热爱劳动、热爱劳动人民观念的必要环节，更是习近平总书记积极劳动育人观的本质要求。在劳动教育过程中，要将劳动光荣、热爱劳动的观念纳入人才培养的全过程之中，在引导学生理解劳动价值中激发劳动热情，强化劳动情感、提高劳动能力。

习近平总书记强调，要“扎根中国大地办教育，同生产劳动和社会实践相结合”①。习近平总书记的这一重要指示为我们指明了积极的劳动育人观的实践路径，即教育与劳动实践相结合。因此，劳动与教育是密不可分的，是实现“五育并举”全面发展的重要方式。通过劳动教育可以使学生在劳动中获得正确的道德认知，以此培养学生的道德情感；在劳动教育中，学生可以获得丰富的劳动知识和劳动技能，提高思维能力，促进智力发展，强健体魄。

（三）科学的劳动实践观

习近平总书记曾结合自身工作经历指出，“我是崇尚行动的。实践高于认识的地方正在于它是行动”②。因而，劳动实践是实现教育强国目标、推进教育现代化建设、培养高素质劳动者的内在要求。习近平总书记非常重视青年劳动实践观的培育。他强调，“学到的东西，不能停留在书本上，不能只装在脑袋里，而应该落实到行动上，做到知行合一、以知促行、以行求知”，并鼓励青年要多实践，强调“每一项事业，不论大小，都是靠脚踏实地、一点一滴干出来的”③。毫无疑问，在劳动教育中，加强劳动实践有益于青年学生受教育、长才干、作贡献。

习近平总书记强调，“要在学生中弘扬劳动精神，教育引导学生崇尚劳动、尊重劳动，懂得劳动最光荣、劳动最崇高、劳动最伟大、劳动最美丽的道理，长大后能够辛勤劳动、诚实劳动、创造性劳动”④。他还着重强调“特

① 《习近平谈治国理政》第三卷，外文出版社 2020 年版，第 328 页。

② 习近平：《摆脱贫困》，福建人民出版社 2014 年版，第 216 页。

③ 习近平：《在北京大学师生座谈会上的讲话》，人民出版社 2018 年版，第 13 页。

④ 《习近平著作选读》第二卷，人民出版社 2023 年版，第 202 页。

别是要加强对广大青少年的教育，让他们从小就树立起辛勤劳动、诚实劳动、创造性劳动的观念，不要养成贪吃懒做、好逸恶劳、游手好闲、投机取巧、坐享其成等错误观念”①。由此观之，习近平总书记十分重视青少年科学的劳动实践观之养成。

二、新时代劳动教育的三维意蕴

（一）价值之维：提升劳动教育育人成效

习近平总书记在全国教育大会上指出：“要努力构建德智体美劳全面培养的教育体系，形成更高水平的人才培养体系。”② 故而，“五育”作为一个整体，相互间形成了相辅相成、相互促进的关系。③ 各育之间相互渗透并相互促进、相互支撑，从而产生综合效应。其中，德育为“五育”系统提供了根本方向，智育为“五育”系统的核心内容，体育为“五育”系统提供物质载体，美育为“五育”系统提供精神动力，而劳育则为“五育”系统提供践行条件。因此，劳育的价值在于其能通过“实践”以从根本上提升育人成效。

（二）理论之维：丰富劳动教育理论体系

习近平总书记关于劳动教育的重要论述，是以马克思主义劳动理论为支撑，且与中华优秀传统文化相结合，以中国共产党人的劳动教育观为实践镜鉴，丰富了新时代劳动教育理论体系。④ 习近平总书记关于劳动教育的重要论述，充分彰显了其对马克思主义劳动理论、人的全面发展学说和教劳结合思想的坚守与传承，丰富了马克思主义劳动教育的科学内涵。⑤

---

① 习近平：《论党的青年工作》，中央文献出版社 2022 年版，第 47 页。

② 《习近平著作选读》第二卷，人民出版社 2023 年版，第 203 页。

③ 袁圣洁、李前进：《习近平关于劳动教育重要论述的生成逻辑、科学内容与实践路径》，《继续教育研究》2023 年第 3 期。

④ 张泰源、韩喜平：《习近平总书记关于劳动教育的重要论述的四维意蕴》，《教育研究》2022 年第 6 期。

⑤ 王璐、田重：《习近平劳动教育重要论述的理论蕴涵及其价值指向》，《中共太原市委党校学报》2023 年第 1 期。

（三）实践之维：实现劳动教育本质复归

习近平总书记提出："劳动是人类的本质活动，劳动光荣、创造伟大是对人类文明进步规律的重要诠释"[①]，"我们一定要在全社会大力弘扬劳模精神、劳动精神，大力宣传劳动模范和其他典型的先进事迹"[②]，引导人们树立正确的劳动价值观。因此，学校教育的功能，除了传授学科知识外，还要培育学生的生产劳动技能，以活跃其审美活动、丰富其精神生活。[③]

第四节　学校开展劳动教育的实践

劳动是个人实现人生价值及社会价值的重要手段。[④]学校劳动教育作为学校教育体系的重要部分，不仅要提升其地位，更应树立标杆典范，进而打造具有中国特色的学校劳动教育体系。

一、学校开展劳动教育的现实意义

新时代人们的生活水平发生了质的飞跃，然而无论经济如何发展、社会如何变迁，劳动人民吃苦耐劳、艰苦奋斗的优良品质不会变。缺乏吃苦耐劳、艰苦奋斗品质的青年就像无根的浮萍，在任何工作岗位都干不踏实、干不长久；缺乏"劳动最光荣"的劳动价值观就会斤斤计较、做一个精致的利己主义者，缺乏担当奉献精神。劳动教育便是培养大学生吃苦耐劳、艰苦奋斗品质的重要理论依据和实践载体。[⑤]

---

① 习近平：《在庆祝"五一"国际劳动节暨表彰全国劳动模范和先进工作者大会上的讲话》，人民出版社 2015 年版，第 3—4 页。

② 习近平：《在庆祝"五一"国际劳动节暨表彰全国劳动模范和先进工作者大会上的讲话》，人民出版社 2015 年版，第 4 页。

③ 舒志定：《论马克思生产劳动理论赋予教育的当代价值》，《学习论坛》2011 年第 5 期。

④ 晁乐红：《劳动教育在当代高校德育中的重要地位》，《黑龙江高教研究》2003 年第 3 期。

⑤ 侯雨杉：《新时代高校劳动教育的现实困境与实践路径》，《现代商贸工业》2022 年第 21 期。

学校开展劳动教育有利于学生树立正确的劳动价值观。党的十八大以来，习近平总书记围绕劳动发表了一系列重要讲话，形成一系列关于劳动教育的重要论述，开辟了马克思主义劳动学说的新境界。学校为培养社会主义劳动者和建设者，需进一步加强马克思主义劳动价值观教育。新时代劳动教育的主要使命就是要让学生确立正确的劳动价值观。劳模精神、劳动精神、工匠精神始终是鼓舞全国人民勇敢前进的强大精神动力，始终激发着人民的斗志。劳动光荣、创造伟大是马克思主义劳动观的基本观点，是人类发展规律的诠释，更是中华民族的精神基因。劳动是推动人类社会进步的根本力量，人世间的美好梦想，只有通过诚实劳动才能实现；发展中的各种难题，只有通过诚实劳动才能破解；生命里的一切辉煌，只有通过诚实劳动才能铸就。① 当前，各级各类学校要抓好劳动教育，首先要准确把握其内涵，明确重点，把其做实、做细、做到位。

劳动是实现国家富强、民族振兴、人民幸福的必备法宝。党和国家对劳动、劳动者、劳动教育等内容的一系列决策，都体现了对马克思主义劳动价值观、劳动教育观的继承和发展。党的二十大报告将尊重劳动放在尊重知识、尊重人才、尊重创造之前，可见以习近平同志为核心的党中央对劳动及劳动者的重视。习近平总书记多次强调："劳动创造了中华民族，造就了中华民族的辉煌历史，也必将创造出中华民族的光明未来。" ② 新时期国家对学校教育的新要求是培养德智体美劳全面发展的社会主义建设者和接班人。其中，劳动教育则是重要教育内容。劳动教育不仅关系学生的全面发展，更关系着全民综合素质的提升，以及国家的兴旺发达。故而，开展学校劳动教育意义重大。

二、学校开展劳动教育过程中存在的问题

随着中共中央、国务院发布《关于全面加强新时代大中小学劳动教育的

---

① 《充分发挥工人阶级主力军作用　依靠诚实劳动开创美好未来》，《人民日报》2013 年 4 月 29 日。

② 《习近平著作选读》第一卷，人民出版社 2023 年版，第 118 页。

意见》，学校劳动教育的重要性被提升到了新的高度。近年来，全国各级各类学校皆在认真研究落实该意见。诸多学校先后推出学校层面的劳动教育实施方案，在劳动教育课程内容和形式等方面进行了广泛而有益的探索。然而，也有一些学校对劳动教育课程怎么开设、劳动教育实践活动怎么开展、如何与专业育人相结合、劳动教育师资和经费从哪里来，以及如何鼓励劳动教育学术研究等还存在疑问，且尚未推出系统化的实施方案；① 同时，也有学者认为学校劳动教育存在劳动内容浅层化、劳动方式简单化、与大中小学劳动教育混同化等问题。② 诸等问题值得重视，这亦是关涉劳动教育课程在学校课程体系中的地位问题。具言之，在学校劳动教育实践中，现行的劳动教育模式在专业性、个性化等方面还有待提高。

（一）专业性

随着经济社会的高速发展，劳动的实践形式和样态日趋多样化、专业化，这为学校劳动教育带来了挑战与机遇。面对新形势新要求，部分学校依旧沿袭传统的劳动教育组织方式，譬如组织校园绿化劳动、保洁整理等，并以劳动时长作为唯一的评价标准。然而，此类“有劳动无教育”的纯体力劳动，阻碍着劳动教育促进人全面发展的价值向度的实现，学生也无法从中感受到劳动实践的获得感与成就感。学校应以专业能力培养为依托，紧盯国家和社会发展需求，引导学生正确认识新时代劳动教育的意义与内涵，将劳动教育与专业教育有机融合，提高学生劳动素养，指导学生发挥专业特长和综合素质，在实干奉献中实现个人价值。

（二）个性化

家庭教育对学生的身心成长有着重要影响，而智力开发和知识学习一直是家庭教育的重点。遗憾的是，进入 21 世纪以来家庭劳动教育多是浅尝辄止、流于形式。家庭教育对劳动价值的轻视或无视，直接导致学生尚不牢固

---

① 王飞、车丽娜、孙宽宁：《我国高校劳动教育现状及反思》，《中国大学教学》2020 年第 9 期。

② 宁本涛、孙会平：《以“五育融合”之眼看大学生劳动教育》，《劳动教育评论》2020 年第 3 期。

的劳动观念缺少实践之所，缺少从劳动中实现自我肯定和价值的反馈，未能形成主动参与劳动的习惯。“Z 世代”（网络流行语，指 1995—2009 年出生的一代人）学生个性鲜明，自我意识较强，同质化的劳动教育方式通常无法满足其个性成长需求。学校作为劳动教育的供给侧，为了便于评价和管理，通常为全体学生制定了普遍而统一的劳动内容和目标，教学设计上未能因材施教，教育评价更未体现个体差异，评价激励作用不足。而在需求侧方面，学生对于劳动的个性化需求难以得到充分的观照和回应。故而，不区分学生个人能力的模式化教育，容易引起学生对劳动教育课程的轻视甚至反感。学校应制定“基础 + 个性化”模式并赋予学生自主选择权，基于其成长背景、个性特点、认知水平，为其搭建多样化、专业化的劳动平台，以方便其选择适合自身的劳动教育实践方式，进而提升自身劳动素养。

三、新时代学校劳动教育体系构建路径探析

在新时代学校劳动教育体系的构建过程中，应当着眼于不断提升学校劳动教育地位这一主题，在宏观上要构建出适应新时代劳动教育要求的教育体系，在微观上要细化学校劳动教育的具体举措。

（一）优化劳动教育课程体系

要遵循《关于全面加强新时代大中小学劳动教育的意见》《大中小学劳动教育指导纲要（试行）》的基本要求，把马克思主义劳动基本理论、中华优秀传统文化中的劳动思想、劳模精神、职业生涯规划与创新创业教育、劳动法律法规、生态劳动理念、实习实训等内容融入课程体系之中，发挥课堂理论教学的主渠道作用。同时，学校要结合自身特点进行创新，增加新的内容。首先，优化教学内容，改进教学模式，促进学生主动性的发挥和创造性思维的发展。其次，构建以创新意识为目标的模块课程体系，即要将劳动教育纳入学校人才培养方案，建立科学性、实践性和时代性的劳动教育体系。① 最后，

① 衣玉琛、姜同松：《菏泽学院新时代立德树人工程的创新与实践》，《菏泽学院学报》2020 年第 4 期。

要认真组织学生参加劳动实践。譬如，组织学生参加市场调查和科技活动等，让学生在实践活动中学习技能，真正做到在内心深处热爱劳动，进而为个人梦想的顺利实现奠定基础。①

（二）完善形式多样的劳动教育实践体系

劳动教育具有鲜明的实践性导向。创建校内外劳动教育实践基地是进行劳动教育的重要方式。新时代“要求劳动者不仅要具备专业技术能力，同时要具备复合素质。”② 校内劳动教育实践基地包括各实验室、创新创业中心、食堂、宿舍等，实践形式较为单一，效果不佳，学生体验感不强，满意度不高。为切实解决这一问题，学校可以加强与校外企事业单位合作，针对不同年级、不同专业特点建立形式多样的校内外实践基地。譬如，结合企业发展中的难点或痛点，组建项目研究小组，以项目课题为引领，邀请有关专家指导，派请劳动教育老师深入企业，与企业单位进行深度合作，学生参与解决生产中的实际问题，解决教育人才供给和产业发展需求之间的结构性矛盾。在建设劳动教育实践基地的过程中，学校可以积极探索多种校企合作、校地合作的人才培养模式，邀请企业参加人才培养方案修订、劳动教育课程设置及内容改革、劳动教育实践技能培养、专业素质拓展等环节，增强劳动实践教学环节和提高实践教学要求，以要求学生在具体实践中掌握劳动知识和技能，进而打造产学研用一体化的劳动教育体系。

（三）构建劳动教育师资队伍培养体系

教学质量是学校的生命内涵，而教师的素质影响着学校教育的质量。新时代劳动教育对劳动教育教师提出了新的要求，首先要具有深厚的劳动教育理念，内心热爱劳动，勇于创新，愿意将理论知识与劳动实践相结合，有针对性地指导教学。其次要具备扎实的劳动教育知识体系。劳动教育是一门新兴学科，老师通过广泛的学科知识学习，熟悉和掌握专业的劳动知识，做到劳动教育的知行合一。最后，劳动教育教师要具备较强的劳动教育专业实践

---

① 匡延昌、单昕：《新时代高校劳动教育研究》，《现代商贸工业》2019 年第 30 期。

② 曾天山、顾建军：《劳动教育论》，教育科学出版社 2020 年版，第 47 页。

技能，包括多学科的整合能力、实践课程的开发和实施能力、应用和创新能力等。[①] 学校可以开展多种形式的教育培训，增加“双师型”教师比例，鼓励教师多参与企业挂职锻炼、顶岗实践、科技人员帮扶企业行动、产学研合作、专业知识培训等，在企业实践活动中提升教师的动手能力，提升教师适应现代工程教育的能力与水平。在劳动教育教师聘任、考核和评价等方面，学校可以制定相关政策，适当向劳动教育教师倾斜。针对一些学校短时间内劳动教育师资队伍薄弱的实际情况，可以通过聘期长短结合、引培结合等多种形式加以解决。

（四）健全劳动教育评价体系

教育评价事关教育发展方向。学校应依据国家相关文件，结合自身实际，围绕学校、学生、课程三个方面构建劳动教育评价体系，即在学校层面，由教学管理部门牵头，将劳动教育课程和“思政课程与课程思政”教育、专业教育、第二课堂教育等纳入督导评价范畴，并设计出几个评价维度和督导评价点，以此来加强劳动教育课程的科学化设计，纳入学生发展培养目标之中。在学生层面，由教学管理部门牵头，围绕劳动教育搭建一个常态化监测机制，考查学生在校期间劳动素养发展情况，并注重实践与过程的考查，以加强劳动教育第二课堂阶段性多元化评价。另外，还要强化考核结果的运用，要依据劳动教育监测机制和劳动教育学习台账，将学生劳动教育纳入综合测评、党员发展等事项中，以强化劳育激励制度。在课程层面，具体教学实施部门应要求劳动教育任课教师从学生课堂、知识掌握、实践等方面对学生劳动成绩予以正确评定，即任课老师在学校的指引下根据不同年级、专业实际设置不同的评价指标，对学生采用多主体评价方式，激发其参与劳动教育课程学习的积极性。

（五）夯实劳动教育保障体系

首先，要加强劳动教育的组织保障。要紧紧围绕人才培养目标，认真落

① 王红、向艳：《新时代劳动教育教师的专业素质结构研究》，《教育发展研究》2021 年第 22 期。

实“五育融合”总体规划和“大中小一体化”实施细则，“以劳健体”“以劳增智”“以劳育美”“以劳树德”，凸显劳动教育的责任与价值。其次，由于劳动教育与专业课（主课）、公共课（副课）有着较大区别，在实施过程中面临排课量少、教育时间难保证的问题。故而，要加强劳动教育的时间保障。再次，要加强劳动教育的空间保障。劳动教育空间保障既包括校内学习的空间保障，也包括校外实践教学平台的空间保障，还包括一定的网络空间保障，以形成线上与线下、校内与校外的全方位空间保障体系。最后，要加强劳动教育经费的保障。劳动教育涉及的课程教学、师资队伍建设、校内外实践基地建设等都需要一定的经费，各学校要加大资金投入力度并确保其高效合理利用。

概而述之，各学校必须高度重视劳动教育，积极贯彻习近平总书记关于劳动教育的系列讲话精神，在《关于全面加强新时代大中小学劳动教育的意见》的统一部署指导下，根据各地区的地域特色和自身的实际情况，因地制宜、大胆创新，灵活开展形式多样的劳动教育活动，发动全社会的力量，构建系统完善的劳动教育体制机制，切实提升劳动教育在整个学校教育体系中的地位。

第二章 劳动育人

马克思指出，“未来教育对所有已满一定年龄的儿童来说，就是生产劳动同智育和体育相结合，它不仅是提高社会生产的一种方法，而且是造就全面发展的人的唯一方法。”① 苏联教育家苏霍姆林斯基认为，“劳动教育是对年轻一代参加社会生产的实际训练，同时也是德育、智育和美育的重要因素”，“只有当劳动能使个人和集体的智力生活得到丰富，智力兴趣、创造兴趣得到多种内容的充实，道德更加完美以及美感得到提高时，它才能成为教育力量”。② 可见，劳动具有显著的育人功能，且劳育与德育、智育、体育、美育等具有密不可分的关系。

① 《马克思恩格斯选集》第 2 卷，人民出版社 2012 年版，第 230 页。

② 《苏霍姆林斯基选集》第 4 卷，教育科学出版社 2001 年版，第 451—452 页。

第一节　以劳树德

古今中外，道德高尚的人都很重视劳动，都有良好的劳动素养。劳动不仅是人的道德品质的具体表现，也是培养人的道德品质的重要路径。我国把立德树人作为教育的根本任务，把劳动教育作为“五育并举”的重要一环，把劳动素质作为全面发展人才的基本要求，正是基于对劳动育人功能的正确认识。“劳动作为促进学生发展的一种方式，内隐着丰富的德性教化价值，能够激发学生的德性潜质，涵养学生责任、创造、韧性、恻隐之心、良心、实践智慧、公共精神等德性品质，引导学生趋向道德生活，逐步成长为德性完满的人。”①

一、劳动的德育之源

（一）劳动是人类生存发展的德性要求

马克思主义劳动观认为：劳动创造了人本身，是人的生命存在和全部社会活动的前提，是整个人类生活的第一个基本条件，是人的第一需要；劳动不但创造了人的物质生活，也充盈着人的精神世界，使人得以成长。也就是说，劳动给予了人安身立命的条件，人的生存和发展只有在劳动中才能得以实现，故而劳动既是人最基本的权利，也是人最基本的义务，一个人珍惜劳动权利、履行劳动义务，才能真正实现生命的价值和意义，这是人的德性的重要体现。马克思正是以劳动本体论为基础，认为道德起源于劳动，道德的本质也在于劳动。② 换言之，道德的根本和关键在于劳动，道德的实现离不开劳动。“体力劳动是防止一切社会病毒的伟大的消毒剂。”③

① 赵荣辉：《劳动德性论》，《教育学术月刊》2016 年第 1 期。

② 黄云明：《马克思劳动伦理思想的哲学研究》，人民出版社 2015 年版，第 217—224 页、128 页、106 页。

③ 《马克思恩格斯全集》第 31 卷，人民出版社 1972 年版，第 538 页。

苏联教育家马卡连柯也认为，劳动不仅是经济的范畴，而且是道德的范畴，他说：“劳动最大的益处还在于人们的道德上和精神上的发展。这种精神的发展是由和谐的劳动产生的。”① 苏霍姆林斯基对此曾提出：“人在劳动中的表现，正是去获得和理解这些无价的宝藏——道德信念——的途径。如果人没有使出全部的体力和精神力量，手上没有老茧，没有流过汗水，没有疲劳和克服困难，他是不可能取得和理解信念的。”② 蔡元培也说：“是故德者，非必为人生固有之品性，大率以实行本务之功，涵养而成者也。”③

（二）劳动是中华民族的传统美德

勤奋敬业、吃苦耐劳是中华民族的传统美德。“慎之劳，则富”（出自《大戴礼·武王践祚·履屦铭》）、“功崇惟志，业广惟勤”（出自《尚书·周书·周官》）、“民生在勤，勤则不匮”（出自《左传·宣公十二年》）等都是中华传统文化中对劳动的肯定和赞美。《诗经》中的《商颂·殷武》写道：“勿予祸适，稼穑匪解”，《魏风·伐檀》批判了“不稼不穑”的行为，体现了人们对不从事农业劳动、不劳而获的摒弃；《论语》记载孔子教导子路为政时要“先之，劳之”（出自《论语·子路篇》）。可见，古人将劳动的内涵与价值寓于人的品德养成之中。“民劳则思，思则善心生；逸则淫，淫则忘善，忘善则恶心生”（出自《国语·鲁语·公父伯之母论劳逸》）。意即人们勤于劳作、用心思考，灵魂就会向善，反之，贪图安逸就会产生恶念。《尚书·无逸篇》中有云：“不知稼穑之艰难，乃逸乃谚。”意即如果不知道种庄稼的辛苦，就会贪图享乐、粗野不恭。古人还认为是否勤劳不仅会影响个人的思想品德发展，而且关乎国家和民族的盛衰荣辱。《周书》曰“农不出则乏其食，工不出则乏其事，商不出则三宝绝，虞不出则财匮少，财匮少而山泽不辟矣。此四者，民所衣食之原也”。

“耕读传家久，诗书继世长”，中国历朝历代均大力倡导勤劳节俭、艰

① 吴式颖等编：《马卡连柯教育文集》下卷，人民教育出版社 2005 年版，第 530 页。

② ［苏］苏霍姆林斯基：《给教师的建议》，杜殿坤编译，教育科学出版社 1984 年版，第 480 页。

③ 蔡元培：《中学修身教科书》，北京联合出版公司 2014 年版，第 158 页。

苦奋斗的精神，培育了中华民族优秀的劳动文化。其中，既有“一日之计在于晨，一年之计在于春，一家之计在于和，一生之计在于勤”的传世佳话，“欲望子弟大成，当先令其习劳”（出自清·汪辉祖《双节唐庸训》）的金玉良言。面向年轻一代开展劳动教育，应让其在中华优秀传统文化中发现劳动之贵、劳动之美，在劳动中培养高尚的人格风范。

（三）劳动是社会主义核心价值观的重要基石

物质贫乏不是社会主义，精神贫乏更不是社会主义。社会主义是干出来的。“劳工神圣、劳动光荣、实干兴邦，是社会主义现代化事业的精神标识。”①倡导全社会“以辛勤劳动为荣，以好逸恶劳为耻”，弘扬劳动最光荣、劳动者最伟大的观念，是社会主义道德建设的基本任务，从根本上说，这是凝魂聚气、凝心聚力的基础性工程。

党的十八大把敬业作为社会主义核心价值观公民个人层面的基本要求，这是对劳动和劳动者地位、作用、尊严、价值的肯定和推崇。“劳动最光荣、劳动最崇高、劳动最伟大、劳动最美丽。”②习近平总书记反复强调：“我们要在全社会大力弘扬劳动精神，提倡通过诚实劳动来实现人生的梦想、改变自己的命运，反对一切不劳而获、投机取巧、贪图享乐的思想。”③他还充分肯定劳动模范、先进工作者的社会贡献，先后使用“是民族的精英、人民的楷模”④“是我国劳动人民的杰出代表，是祖国和人民的骄傲”⑤“是坚持中国道路、弘扬中国精神、凝聚中国力量的楷模”⑥等表述，来高度评价广大劳动模范和先进工作者，称赞“他们以高度的主人翁责任感、卓越的劳动创造、

---

① 张智：《深刻把握劳动精神的科学内涵和时代价值》，《中国青年报》2021 年 9 月 23 日。

② 习近平：《在全国劳动模范和先进工作者表彰大会上的讲话》，人民出版社 2020 年版，第 5 页。

③ 习近平：《在知识分子、劳动模范、青年代表座谈会上的讲话》，人民出版社 2016 年版，第 9—10 页。

④ 《习近平谈治国理政》第一卷，外文出版社 2018 年版，第 46 页。

⑤ 《习近平在乌鲁木齐接见劳动模范和先进工作者、先进人物代表　向全国广大劳动者致以“五一”节问候》，《人民日报》2014 年 5 月 1 日。

⑥ 习近平：《在庆祝“五一”国际劳动节暨表彰全国劳动模范和先进工作者大会上的讲话》，人民出版社 2015 年版，第 4 页。

忘我的拼搏奉献，为全国各族人民树立了学习的榜样。”①

二、劳动的德育内涵

（一）个人服从集体

劳动是一种社会行为，劳动关系是社会关系的重要组成部分。树立正确的劳动价值观，回答好为谁劳动、劳动成果由谁分享的问题是实现劳动德育功能的关键。个人的发展归根到底离不开集体的支持，正确的价值观必须始终坚持以集体利益为先，以求个体在维护集体利益的同时实现个性追求，促进社会的真正进步，这体现着个人的道德责任和集体的道德权威。

马克思还强调："历史承认那些为共同目标劳动因而自己变得高尚的人是伟大人物；经验赞美那些为大多数人带来幸福的人是最幸福的人……如果我们选择了最能为人类福利而劳动的职业，那么，重担就不能把我们压倒，因为这是为大家而献身；那时我们所感到的就不是可怜的、有限的、自私的乐趣，我们的幸福将属于千百万人，我们的事业将默默地、但是永恒发挥作用地存在下去，而面对我们的骨灰，高尚的人们将洒下热泪。"②显然，马克思在这里将全人类的幸福置于个人幸福之上，认为幸福不是"个人的私事"或"一个人的幸福"，"为人类工作"，实现全人类的幸福，个人才能真正获得并享受幸福。

（二）劳动不分贵贱

劳动有行业之别，劳动者有工种之分；但劳动不分贵贱，劳动者也无贵贱之别。科学家、工程师、艺术家的劳动固然重要，门卫大爷、保洁阿姨、快递小哥的劳动同样不可或缺，我们的美好生活是所有劳动者辛勤劳动的结晶，每一位劳动者的地位都是平等的，都应该得到所有人的尊重。习近平总书记多次强调要尊重劳动、尊重劳动者，早在2005年，他在《浙江日报》"之江新语"专栏发表《人生本平等，职业无贵贱》一文中就指出：

---

① 习近平：《在庆祝"五一"国际劳动节暨表彰全国劳动模范和先进工作者大会上的讲话》，人民出版社2015年版，第4页。

② 《马克思恩格斯全集》第40卷，人民出版社1982年版，第7页。

“三百六十行，行行都是社会所需要的。不管他们从事的是体力劳动还是脑力劳动，是简单劳动还是复杂劳动，只要有益于人民和社会，他们的劳动同样是光荣的，同样值得尊重。”[①]2015 年，他又提出：“任何时候任何人无论何时都不能看不起普通劳动者，都不能贪图不劳而获的生活。”[②]2016年，他再次强调：“劳动没有高低贵贱之分，任何一份职业都很光荣。”[③]要求所有公民都应当对劳动和劳动者表示应有的尊重，同时勉励大家积极参与劳动，通过辛勤劳动获得幸福生活。

（三）人与自然和谐

人的劳动，无论是何种劳动，都直接或间接地要从自然界获取资源，在这一人和自然的互动过程中，人们必须思考与自然的关系，必须养成尊重自然、敬畏自然、保护自然的良好品质。中国历来有生产劳动要遵循自然规律的思想。如孟子主张“不违农时，谷不可胜食也；数罟不入洿池，鱼鳖不可胜食也；斧斤以时入山林，材木不可胜用也”（出自《孟子·梁惠王上》）。意思是说，只要不违背农时、耽误百姓耕种，粮食就吃不完；不用细密的网在池塘里捕捞，鱼鳖就吃不完；按照时令采伐林木，木材就用不完。《左传·宣公十二年》也有记载：“商农工贾，不败其业。”意即商贩、农民、工匠、店主都不废时失业。新时代，中国共产党更加重视促进人与自然和谐共生，提出必须牢固树立绿水青山就是金山银山的理念，指出“大自然是人类赖以生存发展的基本条件。尊重自然、顺应自然、保护自然，是全面建设社会主义现代化国家的内在要求。”[④]

---

① 习近平：《之江新语》，浙江人民出版社 2007 年版，第 137 页。

② 习近平：《在庆祝“五一”国际劳动节暨表彰全国劳动模范和先进工作者大会上的讲话》，人民出版社 2015 年版，第 5 页。

③ 习近平：《在知识分子、劳动模范、青年代表座谈会上的讲话》，人民出版社 2016 年版，第 9 页。

④ 习近平：《高举中国特色社会主义伟大旗帜，为全面建设社会主义现代化国家而团结奋斗——在中国共产党第二十次全国代表大会上的报告》，人民出版社 2022 年版，第 49—50 页。

（四）珍惜劳动成果

人的生活离不开柴米油盐酱醋茶，离不开吃穿住行用、学乐康安美（指学习、快乐、健康、安全、美丽），但“天上不会掉馅饼”，要满足这些需求唯有通过辛勤劳动，人们赖以生存和发展的所有物质财富和精神财富，无一不是劳动者辛勤劳动的成果。“锄禾日当午，汗滴禾下土。谁知盘中餐，粒粒皆辛苦。”唐朝诗人李绅的诗篇《悯农》，传颂千年，深刻道出了劳动的艰辛和劳动成果的宝贵。

勤俭节约、反对浪费，是中华民族传承数千年的优良品质。《尚书·大禹谟》道：“克勤于邦，克俭于家。”《左传·庄公二十四年》记载：“俭，德之共也；侈，恶之大也。”《道德经》写有“三宝”：一曰慈，二曰俭，三曰不敢为天下先。慈故能勇；俭故能广；不敢为天下先，故能成器长。墨子进一步提出“俭节则昌，淫佚则亡”：勤俭节约，国家才能昌盛；骄奢淫逸，国家就会灭亡。明末清初朱柏庐在《治家格言》中教育世人：“一粥一饭，当思来处不易；半丝半缕，恒念物力维艰。”

“节约光荣、浪费可耻”的文明理念，也是中国共产党始终大力倡导的社会风尚。早在中央苏区时期，党就领导苏区军民开展了轰轰烈烈的节约运动，1934 年在第二次全国工农兵代表大会上，毛泽东同志指出“财政的支出，应该根据节省的方针。应该使一切政府工作人员明白，贪污和浪费是极大的犯罪”①。新中国成立初期，1951 年年底在全国发起的“三反”运动，其中就包括“反对浪费”。1982 年，国家将“厉行节约、反对浪费”写入宪法，标志着“勤俭建国”方针被提升到了一个新的高度。

（五）锤炼意志品格

劳动并非一朝一夕，而是经年累月；收获劳动成果也非一蹴而就，而需长期坚持。“不同形式的劳动都是对体力、智力等身体机能的运用，不可避免地会造成一定的体力和智力的消耗，在劳动过程中，特别是在高强度的劳动中，人们的体力、智力等集中运转，需要自我培育起相应的抗压能力以平

① 《毛泽东选集》第一卷，人民出版社 1991 年版，第 134 页。

衡劳动带来的疲惫感，这为意志的锻造提供了土壤，为道德意志的培养提供了一般性的前提条件。”[①] 不管是体力劳动还是脑力劳动，小到洗衣做饭，大到科技攻关、工程建设，都需要具备坚持不懈的精神。中国人自古就有“故天将降大任于是人也，必先苦其心志，劳其筋骨，饿其体肤，空乏其身，行拂乱其所为，所以动心忍性，曾益其所不能”（出自《孟子·告子下》）的坚韧品格，也有“只要功夫深，铁杵磨成针”的坚强意志。古有战国时期政治家苏秦“锥刺股”发奋读书，汉代读书人孙敬“头悬梁”刻苦学习，司马迁耗时 13 年完成鸿篇巨著《史记》，今有 20 世纪 60 年代 3 万余民工历时近十年开凿出长达 1500 公里的“人工天河”红旗渠，还有“山凿一尺宽一尺，路修一丈长一丈”、带领乡亲们敢向绝壁要“天路”的毛相林。习近平总书记也曾指出：“当老师，就要心无旁骛，甘守三尺讲台，‘春蚕到死丝方尽，蜡炬成灰泪始干’。做研究，就要甘于寂寞，或是皓首穷经，或是扎根实验室，‘板凳要坐十年冷，文章不写一句空’。”[②] 这些无不说明坚持劳动是对一个人意志品格的考验。

三、劳动的德育路径

（一）严私德：热爱劳动、辛勤劳动

我国宪法赋予公民劳动的基本权利，同时也规定劳动是公民应尽的义务。一切有劳动能力的社会成员都必须参加劳动，凭劳动获得个人生活资料。多劳多得、“不劳者不得食”的社会普遍认知，以及按劳分配为主体、多种分配方式并存的分配制度，都充分体现了社会和国家对劳动和劳动者的认可。“四体不勤，五谷不分”的好逸恶劳者和“十指不沾阳春水”的养尊处优者，向来为世人所诟病；“吃嘛嘛都香，干啥啥不成”的游手好闲、好吃懒做之徒，自然被人所鄙夷；那些奢望不劳而获的人，在当今社会是无立锥之地的。只有热爱劳动、辛勤劳动，通过劳动自食其力的劳动者，才有

---

① 刘建军、王婷婷：《论劳动育人功能的四个维度》，《贵州师范大学学报》2022 年第 3 期。

② 习近平：《在知识分子、劳动模范、青年代表座谈会上的讲话》，人民出版社 2016 年版，第 4 页。

资格享受生活、追求幸福。“日常生活劳动、生产劳动、服务性劳动等覆盖了生产生活的方方面面，是践行与体悟道德规范的绝佳场域。”①农民种地打粮，工人做工生产，教师教书育人，医生救死扶伤，军人保家卫国，学者著书立说，官员造福一方，这些既是对劳动者的职业道德要求，也是公民必须具备的基本个人修养。

（二）守公德：崇尚劳动、诚实劳动

首先，要让劳动成为一种社会风尚。只有全社会都崇尚劳动，拥有一支奋战在各条战线的劳动大军，才能生产出丰富的物质产品和精神产品，才能提高人们的生活水平，促进社会的文明进步，实现国家的繁荣富强。习近平总书记指出：“全社会都要贯彻尊重劳动、尊重知识、尊重人才、尊重创造的重大方针，维护和发展劳动者的利益，保障劳动者的权利。要坚持社会公平正义，排除阻碍劳动者参与发展、分享发展成果的障碍，努力让劳动者实现体面劳动、全面发展。全社会都要热爱劳动，以辛勤劳动为荣，以好逸恶劳为耻。”②从这个意义上来说，劳动不仅仅是个体的品德体现，还关系到全社会集体道德观念的形成，一个人不但要有热爱劳动的行为，同时也要有尊重劳动、珍惜劳动成果、维护劳动者切身利益的自觉意识，让“劳动最光荣、劳动最崇高、劳动最伟大、劳动最美丽”蔚然成风，成为人人尊崇的道德准则。

其次，劳动过程中来不得半点虚假。劳动固然重要，但更重要的是以什么样的态度和方式去劳动。人们常说：“一分耕耘，一分收获”，“不劳而获的珍宝，不如劳动得来的羊羔。”“诚实”是劳动的根本特点，诚实品质是劳动得以完成的基本条件。不诚实的劳动不仅不会创造出积极的价值，反而还会影响到社会的良性发展，损害人民群众的切身利益。譬如：农民的劳动如果不诚实，地里就不会有收成，正如中国农业大学农民问题研究所所长朱启臻所说“你欺骗不了土地，你骗土地，它就不长东西”。工人的劳动如果不

① 刘建军、王婷婷：《论劳动育人功能的四个维度》，《贵州师范大学学报》2022 年第 3 期。
② 《习近平谈治国理政》第一卷，外文出版社 2018 年版，第 46 页。

诚实，就生产不出合格的产品，工厂就会倒闭。教师的劳动如果不诚实，就会误人子弟。医生的劳动如果不诚实，就治不好病人的病，甚至危及人的健康和生命……这里所说的“诚实劳动”，一方面指的是劳动要“用力”，不能偷奸耍滑、偷工减料、投机取巧，另一方面指的是劳动要“用心”，要成为行家里手，遵循劳动规律、学习劳动知识、掌握劳动技能、遵守劳动纪律，不能不懂装懂、胡乱蛮干，更不能违法乱纪。“栽什么苗结什么果，撒什么种子开什么花”，只有老老实实做人、踏踏实实做事，勤勤恳恳、善作善成，才能创造美好人生和幸福生活。“人世间的美好梦想，只有通过诚实劳动才能实现；发展中的各种难题，只有通过诚实劳动才能破解；生命里的一切辉煌，只有通过诚实劳动才能铸就。”①

（三）明大德：以劳动托起中国梦

劳动光荣，成就梦想；劳动者伟大，创造历史。中国共产党领导中华民族从站起来到富起来再到强起来，凝结着无数劳动者的心血和汗水。从“宁愿一人脏，换来万家净”的掏粪工人时传祥、“宁肯少活二十年，拼命也要拿下大油田”的“铁人”王进喜，到摘取科学皇冠明珠的陈景润、“杂交水稻之父”袁隆平，再到新时期技术型工人包起帆、许振超……不同的岗位，同样的精神，鼓舞着一代又一代中国人奋发有为。今天，中国特色社会主义已进入新时代，中国人民已阔步迈上建设社会主义现代化国家的新征程，我们比历史上任何时期都更接近、更有信心和能力实现中华民族伟大复兴的目标。但是，中华民族伟大复兴，绝不是轻轻松松、敲锣打鼓就能实现的，其间需要亿万中华儿女砥砺奋斗。“说到底，实现中华民族伟大复兴的中国梦，要靠各行各业人们的辛勤劳动”②。“人民创造历史，劳动开创未来。劳动是推动人类社会进步的根本力量。幸福不会从天而降，梦想不会自动成真。实现我们的奋斗目标，开创我们的美好未来，必须紧紧依靠人民、始终为了人民，必须依靠辛勤劳动、诚实劳动、创造性劳动。我们说‘空谈误国，实干

① 《习近平谈治国理政》第一卷，外文出版社 2018 年版，第 46 页。

② 习近平：《在知识分子、劳动模范、青年代表座谈会上的讲话》，人民出版社 2016 年版，第 9 页。

兴邦’，实干首先就要脚踏实地劳动。”[①]“劳动创造了中华民族，造就了中华民族的辉煌历史，也必将创造出中华民族的光明未来。”[②]实现中国民族伟大复兴是一场接力长跑，当代青年的人生道路恰与实现中国民族伟大复兴的宏伟目标同行。青年强则国强，青年一代要接过接力棒，大力弘扬劳动精神，刻苦练就劳动本领，胸怀国之大者，自觉把个人梦想融入中国梦，踔厉奋发，勇毅前行，努力把自己锻造成为建设社会主义现代化事业的高素质劳动者，积极践行“以劳动托起中国梦”[③]的奋斗誓言。

第二节　以劳增智

一、劳动的智育之源

（一）劳动与人脑的发育

在人类漫长的进化过程中，是什么原因促成了“人脑”这个复杂器官的产生呢？是劳动起到了决定性的作用。达尔文的生物进化学说证明，类人猿由于自然界的原因被迫从树上转到树下，逐渐学会直立行走，使前肢得以解放成为双手。由于拥有了手，人类就能够更好地制造和使用工具来从事劳动。劳动是一个复杂的操作过程，也是复杂的思维过程，用什么做工具、用什么做原料、怎么去加工、派什么用途等，都需要思考、判断和推理。劳动的过程正是使用、锻炼和发展“脑”的过程，长期的劳动实践使手脑的配合、各种器官的协调日趋完善，促进了大脑皮层的功能分区。同时，人类在共同的劳动中需要交流思想，于是产生了语言。语言的使用给予了大脑更频繁的刺激。正是在劳动和语言的影响下，猿脑逐渐进化成人脑，人类开始拥

① 《习近平谈治国理政》第一卷，外文出版社 2018 年版，第 44 页。

② 《习近平谈治国理政》第一卷，外文出版社 2018 年版，第 46 页。

③ 习近平：《在庆祝“五一”国际劳动节暨表彰全国劳动模范和先进工作者大会上的讲话》，人民出版社 2015 年版，第 14 页。

有了超越所有其他动物的智慧，成为“万物之灵”。

（二）劳动与社会的进步

生产力是人类社会发展的最终决定性因素。马克思主义唯物史观认为，生产力决定生产关系，当一种旧的生产关系已经不能适应生产力的发展时，必然引起生产关系的调整和变革，从而推动社会形态由低级向高级不断更替。人类社会每一新的社会形态由初步形成到进一步完善发展，以至最后走向灭亡或消亡的过程，归根到底都是由生产力的发展所决定的。

那么，劳动与生产力有着怎样的关系呢？以生产工具为主的劳动资料、引入生产过程的劳动对象、具有一定生产经验与劳动技能的劳动者，构成了生产力的三大要素。由此可得出结论：劳动是推动生产力发展的根本动力。正是劳动，决定着人类社会的整个历史发展进程，成为促使社会历史发展的根本推动力量。因此马克思指出，“整个所谓世界历史不外是人通过人的劳动而诞生的过程”①。习近平总书记也强调：“劳动者素质对一个国家、一个民族发展至关重要。劳动者的知识和才能积累越多，创造能力就越大。”②

（三）劳动与智慧的关系

1. 劳动产生智慧

劳动是创新的动力，智慧是文明的象征，而劳动是智慧的源泉。劳动作为一种社会活动，包括对劳动工具的运用和对劳动对象的改造，潜藏着劳动主体独特的心智模式和特有的思维方式，这有利于劳动主体在感性认识的基础上学会理性思考，从而发展自身智能，创造社会价值。苏霍姆林斯基说：“劳动能够有力地促进智力的发展。”③ 劳动和智慧总是相伴而行的，因为劳动可以触发灵感、激发创造。苏霍姆林斯基说：“智慧源自指尖。”世界上无数的发明成果皆由劳动创造，或是发明家从劳动者长期、反复的劳作过程中“幡然顿悟”或是“灵光一现”，如鲁班手被茅草划破发明锯子，毕昇做印

---

① 《马克思恩格斯文集》第1卷，人民出版社2009年版，第196页。

② 习近平：《在庆祝“五一”国际劳动节暨表彰全国劳动模范和先进工作者大会上的讲话》，人民出版社2015年版，第9页。

③ 《苏霍姆林斯基选集》第5卷，教育科学出版社2001年版，第812页。

刷铺学徒时在前人雕版印刷的基础上发明了活字印刷术，瓦特从祖母烧水时“跳动的壶盖”得到启发发明了蒸汽机，彭奈迪脱斯因为在做实验时偶然碰倒“摔不破的瓶子”而发明了安全玻璃，等等。陶行知先生就曾说过：“在劳力上劳心，是一切发明创造之母，事事在劳力上劳心，便可得事物之真理。”此外，劳动还能给人带来思想上的启迪、精神上的洗礼，“劳动自身也是一门博大精深的学问，蕴藏着无穷智慧。如果能够沉下身去，悉心感悟，会别有一番天地”[①]。“手把青秧插满田，低头便见水中天。心地清净方为道，退步原来是向前”（出自唐代布袋和尚的《插秧偈》）。深邃的人生哲理，往往就潜藏在细微的劳动当中。

2. 劳动需要智慧

劳动是具有一定生产经验和劳动技能的劳动者使用劳动工具进行的有目的的生产活动。任何劳动，不管是体力劳动还是脑力劳动，不管是简单劳动还是复杂劳动，都必须具备相应的知识技能。卫星上天、“嫦娥”奔月、“祝融”探火、“蛟龙”下海、“北斗”组网、“天宫”遨游太空、高铁飞驰大地、港珠澳大桥飞架三地、大兴国际机场凤凰展翅……这些科技成就、大国重器、超级工程，无不是知识的力量、智慧的结晶。就以最为常见的水稻种植为例，在20世纪七八十年代之前，我国水稻亩产最多四五百斤，而据国家统计局公布的数据，2021年我国水稻平均亩产量已达800斤左右，其原因就是杂交品种的培育和现代农业技术的广泛应用。而对农民个体来说，似乎所有的人都会种地，但同样的年份同样的土地，不同人家的作物长势和收成却不一样，这就跟每个人掌握的农事知识有关了，比如选种、育秧、翻土、间苗、除草、施肥、灌溉、防病防虫等等。

3. 劳动增长智慧

按传统分类方法，劳动分为脑力劳动和体力劳动两大类。脑力劳动特征在于劳动者在生产中运用的是智力、科学文化知识和生产技能，故亦称“智力劳动”，是质量较高的复杂劳动；体力劳动是以人体肌肉与骨骼的劳动为

---

① 刘建军、王婷婷：《论劳动育人功能的四个维度》，《贵州师范大学学报》2022年第3期。

主、以大脑和其他生理系统的劳动为辅的人类劳动。在现实当中，无法完全分割体力或者脑力劳动，只是“体力”或“脑力”各有侧重而已，因为任何劳动都是脑力与体力的相互作用，是手脑并用的过程。在这一过程中，劳动者要明确劳动目的、规划劳动计划、分析劳动对象、选择劳动工具、协调劳动关系、开展劳动实践等等，这些行为，不仅是对劳动者肢体的锻炼，而且也是对劳动者思维的训练。人在劳动时，血液循环加快，心、脑等机体的功能处于较高水平，神经系统的调节功能增强，得以有效刺激大脑积极思考，保持大脑的兴奋度、活跃度，使人思维敏捷、反应灵活、精力旺盛，对提高劳动者的智力水平大有裨益。同时，劳动还是一项社会活动，广泛存在着师傅传徒弟、老师教学生、大人带小孩以及朋辈互助、同行交流的“传帮带”现象，有利于促进劳动知识和技能的继承和创新，有利于劳动者不断开阔眼界、增长见识、积累经验，对培养和提高劳动者的聪明才智有着重要作用。

二、劳动的智育内涵

（一）尊重知识、尊重人才

科技是第一生产力，创新是第一驱动力，人才是第一资源。“功以才成，业由才广”，当今世界，面对日趋激烈的国际竞争，一个国家发展能否抢占先机、赢得主动，越来越取决于国民素质特别是广大劳动者的素质。

社会发展离不开知识和人才。1977 年 5 月，邓小平同志在与王震、邓力群两位同志谈话时就指出：“我们要实现现代化，关键是科学技术要能上去。发展科学技术，不抓教育不行。靠空讲不能实现现代化，必须有知识，有人才”，“一定要在党内造成一种空气：尊重知识，尊重人才。要反对不尊重知识分子的错误思想。不论脑力劳动，体力劳动，都是劳动。从事脑力劳动的人也是劳动者”。[①] 在这次谈话中，邓小平同志第一次明确提出了“尊重知识、尊重人才”的思想。1984 年 10 月，《中共中央关于经济体制改革的决定》指出，进行社会主义现代化建设，必须尊重知识、尊重人才，同一切轻视科学

① 《邓小平文选》第二卷，人民出版社 1994 年版，第 40—41 页。

技术、轻视智力开发、轻视知识分子的思想和行为作斗争。进入新时代，以习近平同志为核心的党中央也十分重视尊重知识、尊重人才。习近平总书记指出："全社会都要贯彻尊重劳动、尊重知识、尊重人才、尊重创造的重大方针，维护和发展劳动者的利益，保障劳动者的权利。"①2021 年 9 月 27 日至 28 日，他在中央人才工作会议上的重要讲话中再次强调："综合国力竞争说到底是人才竞争。人才是衡量一个国家综合国力的重要指标。人才是自主创新的关键，顶尖人才具有不可替代性。国家发展靠人才，民族振兴靠人才。我们必须增强忧患意识，更加重视人才自主培养，加快建立人才资源竞争优势。"②

贤良之士众，则国家之治厚；贤良之士寡，则国家之治薄。党和政府以及全社会都要大兴尊重知识、尊重人才之风，尊师、重教、兴学、培智，识才、爱才、聚才、用才，把中华大地建设成全球知识园地、人才高地，着力建设一支高素质劳动者大军，为实现中华民族伟大复兴的中国梦提供强大的人力和智力支持。

（二）学以致用、知行合一

"纸上得来终觉浅，绝知此事要躬行"（出自宋代陆游的《冬夜读书示子聿》）等古今箴言印证着劳动实践对于科学文化知识学习的重要性，有着理论学习不可替代的效果。③

一方面，学习是劳动者的第一需要，人不是生而知之，任何知识和技能都是后天学习所得，不会学习就不会劳动；任何学习，最终都是为了将所学知识运用到劳动实践中去，不是为了劳动的学习，就是"纸上谈兵"。另一方面，实践出真知，实践不仅是对已有知识的检验，也是知识更新的唯一来源。正如高尔基所说：真理是认识事物的工具，是人们前进和上升道路上的阶梯，真理都是从人类的劳动中产生的。

---

① 《习近平谈治国理政》第一卷，外文出版社 2018 年版，第 46 页。

② 习近平：《深入实施新时代人才强国战略 加快建设世界重要人才中心和创新高地》，《求是》2021 年第 24 期。

③ 刘建军、王婷婷：《论劳动育人功能的四个维度》，《贵州师范大学学报》2022 年第 3 期。

故而，劳动过程是“知”与“行”相结合的纽带，劳动成果是智慧和力量共同作用的产物，知行合一是劳动者的基本素养，借助劳动，劳动者实现了从“知”的理性认识到“行”的实践飞跃，进而通过“行”的实践来深化和发展对“知”的认识。

《尚书·说命中》说：“非知之艰，行之惟艰”，意思是知道怎么做是容易的，但真正地实行起来并不容易。一名合格的劳动者，首先要加强学习，从书本中、课堂上“知其然”并“知其所以然”，其次要身体力行，亲身参与、切身体验，将所学所悟、所思所想与劳动实践紧密融合，在劳动中不断摔打、磨砺，在实践中求得真知识、练就真本领。

（三）术业专攻、精益求精

从事不同行业的劳动者，自然需要具备本行业的专业技能，正所谓“隔行如隔山”“专业的人做专业的事”。要在本行业占有一席之地，不但要有“匠心”作保证，也需“匠技”为资本。《庄子》所载游刃有余的“庖丁解牛”，《核舟记》中的奇巧人王叔远，《卖油翁》中的“惟手熟尔”，讲的都是行业内的“牛人”故事；“耕则问田奴，绢则问织婢”（出自《魏书》），“人生在世，会当有业，民则计量耕稼，商贾则讨论货贿，工巧则致精器用，伎艺则沉思法术，武夫则惯习弓马，文士则讲议经书”（出自南北朝·颜之推《颜氏家训·勉学》），说的就是术业有专攻的道理。

“学不精勤，不如不学”（出自《周书·列传·卷二十五》）无论从事什么劳动，都是靠勤学长知识、靠苦练精技术、靠创新求突破。“心心在一艺，其艺必工；心心在一职，其职必举。”（出自清·纪昀《阅微草堂笔记·槐西杂志二》）“三百六十行，行行出状元”，一切劳动者，只要肯学肯干肯钻研，具备“择一事终一生”的执着专注、“干一行钻一行”的精益求精、“偏毫厘不敢安”的一丝不苟、“千万锤成一器”的卓越追求，就能在本行业和本领域担大任、干大事、成大器、立大功。

三、劳动的智育路径

（一）动脑学习：让劳动开出智慧之花

劳动知识技能是个体从事一定劳动所必须具备的知识、技术、技巧及综合运用这些知识、技术、技巧的能力。当今世界，战略性新兴产业、先进制造业、现代服务业的发展和新业态的出现，以及互联网技术的应用、传统产业转型升级等，都对劳动者所应具备的知识技能提出了新的更高要求。爱迪生说："没有任何权宜之计可以让人逃避真正的劳动——思考。"在劳动中学会思考，通过劳动增长智慧，成为新时代劳动者的基本素养。习近平总书记强调："素质是立身之基，技能是立业之本。广大劳动群众要勤于学习，学文化、学科学、学技能、学各方面知识，不断提高综合素质，练就过硬本领。要立足岗位学，向师父学，向同事学，向书本学，向实践学。"[①]青年一代是社会主义现代化国家建设的重要力量，更凸显出掌握丰富的专业知识、练就高超的职业技能的重要性。青年一代要把握时代脉搏、紧跟时代步伐，增强主动学习、积极思考的意识，注重养成良好的思维习惯、正确的思维方式，善于挖掘、发挥自身聪明才智，善于运用新知识、新技能来认识新事物、解决新问题，让劳动更奇巧、更高效。

（二）动手实践：让智慧结出劳动果实

美国社会学家理查德·桑内特认为："所有技能都是从身体的实践开始的，哪怕最抽象的技能也不例外。"[②]动手实践是劳动的本质要求，没有实践，不动手去做，就不是真正的劳动，正如俗语所说"光说不练假把式"。墨子就主张"士虽有学，而行为本"（出自《墨子·修身》），他认为知识的学习与行为的实践是紧密相关的，二者不可分割，只有学习各种有实用价值的生产知识或管理技能，才能实现生存的底线要求。

劳动实践促进知识和技能的提升，这是显而易见的。"在身体力行的劳

① 习近平：《在知识分子、劳动模范、青年代表座谈会上的讲话》，人民出版社 2016 年版，第 8 页。

② 理查德、桑内特：《匠人》，李继宏译，上海译文出版社 2015 年版，第 15 页。

动中，人们可以设身处地地感受抽象的理论知识在现实生活中的具体呈现，可以对此有着更好的理解与掌握，而且具体实践有助于加强记忆、巩固知识。”① 只有在“实践”这块试验田上，将书本理论转化为实际操作，将课堂知识扎进土壤落地生根，才能检验理论的真伪、知识的多寡、技能的高低，而且，当劳动过程中遇到的具体问题超出自身的能力范畴时，又会推动劳动者自主学习、深入反思，从而使自身的知识和技能得以不断丰富和提高。

劳动实践的过程，实质上都是动手动脑、出力出汗的过程。不管这一过程有多简单或有多复杂，劳动者都是实实在在地在使用劳动工具去改造劳动对象，都是为达到劳动目的、收获劳动成果在付出智慧和力量。区别在于，谁出力多、谁技能强，谁的收获就大。习近平总书记指出：“三百六十行，行行出状元。任何一名劳动者，无论从事的劳动技术含量如何，只要勤于学习、善于实践，在工作上兢兢业业、精益求精，就一定能够造就闪光的人生。”②

（三）手脑并用：让劳动创造美好未来

劳动既要动手也要动脑。光动手不动脑的劳动，是蛮干，结果是干不成事或干成坏事；光动脑不动手的“劳动”，是空想，结果只能是一无所获。陶行知先生曾写过一首儿歌：“人生两个宝，双手与大脑。用脑不用手，快要被打倒。用手不用脑，饭也吃不饱。手脑都会用，才算是开天辟地的大好老。”③ 任何有效的劳动，均是手脑并用的结果；一切美好的事物，都是人手和人脑共同创造的。

在劳动的过程中，人们有着极为广阔的空间去尝试、体验、探索和创造，这是对一个新鲜和未知事物的接触和认知的过程，也是培养自我兴趣爱好和能力特长的过程。“动手动脑，心灵手巧”，通过体力的支出、自主的思考和一定的技巧，顺利、圆满地完成某项劳动任务，既能增强个人的自信

① 刘建军、王婷婷：《论劳动育人功能的四个维度》，《贵州师范大学学报》2022 年第 3 期。

② 习近平：《在知识分子、劳动模范、青年代表座谈会上的讲话》，人民出版社 2016 年版，第 8—9 页。

③ 陶行知：《手脑相长歌》《行知的歌》，太平洋影音有限公司出品，2021 年。

心，也能让人保持对新事物的好奇心，激发人们创造新事物的无限热情。

当代青年大多具有较高学历，专业教育为其成为某一领域的专门性、创新型人才打下了坚实的基础，只要用知识去开发思维的潜能，用实践去激发创造的动力，两者完美结合、有机融合，肯学肯干肯钻研，就一定能在劳动中发现广阔的天地，在劳动中实现价值、展现风采、感受快乐、作出贡献。

第三节　以劳强体

一、劳动的体育之源

（一）健康是劳动的本钱

一名合格的劳动者，劳动知识和劳动技能是必备的素质，这很重要；但更为重要的是劳动者的身心要健康，因为健康是所有劳动者从事劳动的基本前提，如果没有健康这个“1”在前面作保证，后面再多的知识和技能也只能是“0”。因此，在一定程度上可以说，没有健康，就不会有劳动。一名身心疾病患者，重则丧失劳动能力，轻则不能正常参加劳动，即便具有“带病”工作的意志和精神，其劳动能力、劳动效率也要大打折扣。法国思想家卢梭说：“因为身体要健康，才能听从精神的支配。”①

青年人正值青春年华，思想活跃、精力充沛、浑身是劲，正是身体机能最好的阶段，但往往这时候最容易忽视健康的重要性，或者说恰好是健康意识最淡薄的时候。譬如：有的年轻人作息没有规律，长期熬夜，“黑白”颠倒；有的年轻人以“宅”为荣，足不出户，既不锻炼也不劳动，甚至懒得走动；有的年轻人不注意饮食，经常点外卖，长期吃速食、喝碳酸饮料；还有的年轻人以自我为中心，“精致利己”，或者沉迷网络、封闭自己，不与人交往……这些不良习惯和不良心理，是在用“青春赌健康”，是极不可取的，

① 卢梭：《爱弥儿》（精选本），彭正梅译，上海人民出版社 2011 年版，第 14 页。

与社会主义建设者和接班人的身份格格不入，应当坚决摒弃。树立“每天锻炼一小时，健康工作五十年”的理念，建立正确的自我认知，保持“顺境、逆境都是人生常态，得意、失意都是人生财富”的积极乐观心态，这才是新时代青年正确的健康观。

（二）劳动是健康的秘诀

劳动过程中，人们利用生产工具或徒手从事生产活动，在生产出产品的同时，身心也得到了锻炼，表现为生理机能的调适和心理上的放松、精神上的满足。

劳动使人健康长寿的观点，已被千百年来劳动人民的生产实践活动所证实。如我国唐代著名医药学家和养生学家孙思邈活了 101 岁，是我国从事医药实践活动最长的一位医药学家，被誉为“药王”，他年近百岁时还身强体健。有人问他长寿的奥秘，他的回答是：四体勤奋，每天劳动，行医看病，上山采药，节制饮食，细嚼慢咽。他在《千金方》中记述：“且流水不腐，户枢不蠹，以其运动故也。”据调查，我国的长寿老人绝大多数长期坚持劳动，勤于劳动是他们长寿的重要因素之一，如著名的长寿之乡广西巴马地区，有的百岁老人仍参加一些适当的劳动。长期不参加劳动的人，会变得很“懒”，懒得动手、懒得动身，“四体不勤”，健康状况就会变差。

（三）生命因劳动而存在

一方面，劳动维系生命的本体。劳动是人类的本质特征之一，与人的生命本体密不可分，不仅为人“赋形”，也为人“赋神”，从而把人与动物从根本上区别开来，并始终成为维持人类生存与发展的最基础的手段。首先，劳动创造了人并改造人，同时推动人类社会的发展，在人类的生存和生活场域发挥着决定人类命运的作用。其次，劳动是实践性的，在实践过程中创造财富并改造自然、改造世界、改造人类，推动人类从低级向高级、从野蛮向文明前进。最后，劳动是人类生存生活、发展进步的需要，在一定的阶段是人谋生的手段，是人类生活的第一需要。正如恩格斯在《劳动在从猿到人的转变中的作用》一文中指出："劳动是整个人类生活的第一个基本条件，而且达到这样的程度，以致我们在某种意义上不得不说：劳动创造了人本身。"①

另一方面，劳动实现生命的价值。劳动不仅仅是为了谋生，而且是为更健康、更充实、更幸福地活着。"一个人的社会实践的真正价值在于通过劳动奉献自己的智慧和力量；同时，通过劳动来创造自己真正的人生。"②现代中医骨科大夫张时奎在94岁高龄时，仍然为病患者按摩、接骨，他说：劳动可说是我生活的第一需要。我觉得活得很有意义，从中获得的乐趣是无穷的。苏联的长寿者马列耶夫在95岁时也曾说：我对长寿的看法是：为了活得长久，应该多做工作。劳动，就是生命的重要源泉。

二、劳动的体育内涵

（一）劳动健体

"动"是宇宙的客观规律。18世纪法国启蒙思想家伏尔泰讲过一句格言："生命在于运动。"与体育运动一样，体力劳动同样可以强身健体，因为"大部分的劳动形态都是建立在四肢的运用配合上，所以在进行劳动时，可以先让身体活动起来"③。

劳动能运动形体、锻炼筋骨，促进身体机能的协调配合，增强肌肉的弹性和张力，使人肌肉结实，关节灵活，动作敏捷，反应迅速；劳动能够消耗人体的能量，使人强壮而不肥胖；劳动能改善心肌的营养和代谢，使五脏气血旺盛，百脉通畅，增强心肺功能；劳动能阻抑体内胆固醇的合成，防止心、脑血管疾病的发生；劳动还能调节人的大脑神经，使人精神放松、食欲旺盛，吃得香甜、睡得安然；等等，正所谓"动则不衰，用则不退"。故有"动摇则谷气得消，血脉流通，病不得生，譬犹户枢不朽是也"（出自魏晋陈

---

① 《马克思恩格斯选集》第3卷，人民出版社2012年版，第988页。

② 陈先浩：《生活与哲学》，苏州大学出版社2010年版，第31页。

③ 刘建军、王婷婷：《论劳动育人功能的四个维度》，《贵州师范大学学报》2022年第3期。

寿的《三国志·魏书·华佗传》)，清代文人徐荣《劝民》诗中说："不见闲人精力长，但见劳人筋骨实。"康有为在《上清帝第二书》中也说："体动则强健，久卧则委弱。"

（二）劳动养生

我国传统养生学认为："劳其行者长年，安其乐者短命。"古今无数事实告诉我们：劳则不衰，动则延年。《吕氏春秋·达郁》说："凡人三百六十节，九窍、五藏（脏）、六府（腑），肌肤欲其比也，血脉欲其通也，筋骨欲其固也，心志欲其和也，精气欲其行也。若此，则病无所居而恶无由生矣。病之留、恶之生，精气郁也。"这段话说明，保持气血畅通是养生防病的主要目标。那么，如何才能保持气血畅通？《吕氏春秋·季春纪·尽数》说："形不动则精不流，精不流则气郁。"故而养生要靠"形动"。

劳动养生，古人还有许多精辟的论述。三国时的名医华佗提出一个口号"人体当得劳动"，《后汉书·华佗传》中就有记载："动摇则谷气得消，血脉流通，病不得生。"相传由清代名医生叶桂所创的《十叟长寿歌》中也有"服劳自动手"之说。现代科学也主张劳动养生，医生经常建议体弱多病的人适度运动，可以帮助恢复体力，提高免疫力，增强体质。

适当忙碌，是防止早衰、养生延年的重要原则。实践证明，经常劳动的人，由于具有一定的运动量，增加了肌肉对氧和营养物质的需要量，阻止或减慢了肌肉的生理性萎缩，并能有效地防止关节回直、动作失灵及骨骼脆弱易断等衰老现象，为健康长寿打下了良好的基础。

宋代大文豪苏东坡对王公贵人好逸恶劳而体弱多病、农夫平民勤劳而身强刚健之理，论述得淋漓尽致。他在《教战守策》写道："王公贵人所以养其身者，岂不至哉？而其平居常苦于多疾。至于农夫小民，终岁勤苦，而未尝告病，此其故何也？夫风雨、霜露、寒暑之变，此疾之所由生也。农夫小民，盛夏力作，而穷冬暴露，其筋骸之所冲犯，肌肤之所浸渍，轻霜露而狎风雨，是故寒暑不能为之毒。今王公贵人，处于重屋之下，出则乘舆，风则袭裘，雨则御盖。凡所以虑患之具，莫不备至。畏之太甚，而养之太过，小不如意，则寒暑入之矣。是以善养身者，使之能逸而能劳；步趋动作，使其四体狃于寒暑之变；然后可以刚健强力，涉险而不伤。”

（三）劳动怡情

“春天到了，播下阳光的种子，会长出美好的心情，开垦生活的荒地，让爱的梨针，耕耘，心头烦乱的忧愁，把云朵种在黑夜，朝霞会长在灿烂的黎明，把想象撒向天空，翅膀会伸向无边的宇宙”（作者：王新元，笔名大本）。这是一首歌颂劳动的小诗，字里行间充满着快乐和遐想。

当然，劳动确有李绅所描写的“锄禾日当午，汗滴禾下土”的劳累和艰辛，但同时也能增加人们生活的情趣。“劳动的创造性特征可以让人们感受到一定的趣味性，产生探索欲，从而激发起劳动的热情，在身体活动中感受到快乐。”[①]无论是在田间地头，还是在工厂车间，抑或是在其他的劳动场所，在这种热闹或是忙碌的生产场域之中，劳动者付出了辛勤的汗水，当收获累累果实时，劳动自然就成为欢乐和享受，正如陶渊明“晨兴理荒秽，带月荷锄归”的淡泊明志，李白“渔子与舟人，撑折万张篙”的一往无前，王维“持斧伐远扬，荷锄觇泉脉”的怡然自得，范成大“昼出耘田夜绩麻，村庄儿女各当家”的宁静致远，这些都是劳动产生愉悦心境的真实写照。

（四）劳动育心

劳动不仅是身体的锻炼，也是心理的锻炼，是身心的互动，可以为人的成长提供不可或缺的心理营养。

1. 劳动提高幸福指数

苏霍姆林斯基说：“一个人把自己的智慧、技艺和对事业的无私的热爱变成劳动的物质成果，他会享受到光荣感、自尊感，为自己的成就而自豪。”[②]李大钊也曾说：“我觉得人生求乐的方法，最好莫过于尊重劳动。一切乐境，都可由劳动得来，一切苦境，都可由劳动解脱。”[③]劳动者通过自身的劳动，取得劳动成果、实现自我价值，使他（她）们在心理上产生慰藉感、获得感、充实

① 刘建军、王婷婷：《论劳动育人功能的四个维度》，《贵州师范大学学报》2022 年第 3 期。

② ［苏］苏霍姆林斯基：《给教师的建议》，杜殿坤编译，教育科学出版社 1984 年版，第 481 页。

③ 《李大钊全集》第 2 卷，人民出版社 2013 年版，第 439 页。

感、愉悦感、幸福感，从而使其生活更加丰富多彩、心理更加活泼阳光。真正对劳动感兴趣、热爱劳动的人，往往也是热爱生活、珍惜生命的人，他们能够在劳动中忘却烦恼，所以很少有精神上的困惑。

2. 劳动锤炼心理品质

“劳动最光荣、劳动最崇高、劳动最伟大、劳动最美丽。”①之所以对劳动有如此之高的评价，是因为社会主义是干出来的，新时代也是干出来的，“中华民族伟大复兴，绝不是轻轻松松、敲锣打鼓就能实现的。”②“劳动创造幸福，实干成就伟业。”③“一分耕耘，一分收获”，国家的富强、社会的进步、老百姓的富足生活，都是劳动者辛勤劳动的结果。劳动总是和“拼搏”“奋斗”相伴而行，因为劳动的过程是艰辛的，需要劳动者具备吃苦耐劳的精神，持续保持干劲、闯劲、钻劲，既考验人的身体，也磨砺人的意志。因此，长期坚持劳动，可以增强人的心理韧性、意志品格，促进人的身心成熟、心智健全。

3. 劳动塑造完美人格

其一，劳动过程是体力和智力的付出，劳动成果是力量和智慧的结晶，劳动可以提高人的认知能力，增强人的自信心。其二，劳动是一种社会活动，在一定的生产关系的基础上结成各种各样的社会关系，有利人们适应社会、融入社会，学会与人交往，懂得合作与尊重。其三，劳动的价值本质上是服务他人、奉献社会、成就自己，这需要有精神的力量来支撑。“劳模精神、劳动精神、工匠精神是以爱国主义为核心的民族精神和以改革创新为核心的时代精神的生动体现，是鼓舞全党全国各族人民风雨无阻、勇敢前进的强大精神动力。”④正是这些精神，为增强人们的社会责任感、时代使命感提供了不竭源泉，成为塑造人们健全、完美人格的重要力量。

---

① 习近平：《在全国劳动模范和先进工作者表彰大会上的讲话》，人民出版社 2020 年版，第 5 页。

② 《习近平谈治国理政》第三卷，外文出版社 2020 年版，第 12 页。

③ 《习近平向全国广大劳动群众致以节日的祝贺和诚挚的慰问》，《人民日报》2021 年 5 月 1 日。

④ 习近平：《在全国劳动模范和先进工作者表彰大会上的讲话》，人民出版社 2020 年版，第 4 页。

三、劳动的体育路径

（一）体力劳动为主

体育医学的研究者认为：人是动物，必须运动。这里所指的运动，实际包括体育运动和体力劳动。劳动的体育功能主要依靠体力劳动来实现，因为体力劳动出力出汗，与体育运动一样，是对身体的锻炼。反观脑力劳动，若经常伏案久坐，反而对健康不利，所以俄国著名作家托尔斯泰说：一个埋头脑力劳动的人，如果不经常活动四肢，那是非常痛苦的事。

长期参加体力劳动的人，相对肌肉较为结实、体格较为强壮、身体更有力量，对疾病的免疫力、抵抗力也更强。正如法国大革命时期思想家卢梭所说：装饰的华丽可以显示出一个人的富有，优雅可以显示出一个人的趣味，但一个人的健康与茁壮则须由另外的标志来识别，只有在一个劳动者的粗布衣服下面，而不是在嬖幸者的穿戴之下，我们才能发现强有力的身躯。

但随着科学技术的迅速发展，人们过分依赖于电气化、自动化、信息化，现代人的体力劳动逐渐减少，劳动强度也大为降低，如此“享福”，倘若不适当参加体育运动或体力劳动，无疑会使机体各器官、系统的功能降低，导致免疫能力下降，衍生“富贵病”，医学上称之为“现代闲逸病”。《黄帝内经·素问·宣明五气》就有记载：“久视伤血，久卧伤气，久坐伤肉。”可见，过静过逸，对健康是不利的。尤其是教师、学生和政府机关、科研机构、企事业单位的众多“上班族”，因本身工作、学习的特点，一天中往往长时间坐在课桌、办公桌前，注视着电脑屏幕，很少活动身体，更容易受到这种“现代闲逸病”的“青睐”，诸如体形虚胖、四肢酸软、体质虚弱，久而久之，甚至可能引发消化不良、血压升高和颈椎、腰椎增生等身体疾病。

苏联教育家克鲁普斯卡娅说：良好的健康状况和高度的身体训练，是有效的脑力劳动的重要条件。脑力劳动者要警惕身体“亚健康”，防止“现代闲逸病”，拒绝“弱不禁风”，切不可以学习、工作忙为理由，以“没时间”为借口，既不参与体育运动，也不参加体力劳动。产生“现代闲逸病”的原因多是一个“懒”字，而治疗“现代闲逸病”的方法，只需一个

“勤”字，我们要勤于参加各种体力劳动，特别是青年学生，更要养成健康的生活习惯，在紧张的学习之余，积极参加体育锻炼，主动承担劳动任务。

（二）量力而行为度

苏霍姆林斯基说：“在任何劳动中，都允许有正常的疲劳，但是绝不允许过度地耗费体力和神经系统。”①劳动是对人的体力和精力的消耗，而人的体力和精力是有限度的，超过了这个限度，人就会筋疲力尽，感觉“吃不消”。因此，劳动要因人而异，应根据劳动者自身的身体条件，掌握好恰当的尺度，而并非时间越长、强度越大越好。那么这个尺度应如何把握？华佗认为，当运动到了“沾濡汗出（衣服微湿）”时就应停止，孙思邈主张“小劳养生法”，也明确提出应以“汗出为度”。

生命活动既不能过静过逸，也不能过动过劳。上文所述《黄帝内经·素问·宣明五气》的完整记载是：“久视伤血，久卧伤气，久坐伤肉，久立伤骨，久行伤筋，是谓五劳所伤。”认为“五劳”的产生是因为某种活动过“久”，由此提出了“形劳而不倦”的运动理论。从现代劳动者的视角来理解，该理论主要包含三层含义：

不做持久不息的劳动。东晋医药学家、养生家葛洪著《抱朴子》曰：“体欲常劳，劳勿过极。”宋代文人蒲处贯著《保生要录》曰：“养生者，形要小劳，无至大疲”，“坐不欲至倦，行不欲至劳”。意思都是说要坚持劳动，但不可劳累过度，否则物极必反，伤及自身。如行走时间长，会使两腿上的筋脉过度劳累，从而导致筋伤；站立过久，会影响骨骼组织健康，如工厂流水线上的装配工、火炉前的铁匠、手术台前的外科医生，都是站立姿势工作，时间一长易患腰背痛、下肢静脉曲张等疾病。在劳逸结合方面，长寿诗人陆游的做法就很值得今人借鉴，他在《书意》中写道：“整书拂几当闲嬉，时取曾孙竹马骑。”得空整理一下书籍，打扫一下几案，有时还童心大发拿曾孙的竹马来骑，不要以为他是没事可做，其实他是在“忙里偷闲”。

---

① ［苏］苏霍姆林斯基：《给教师的建议》，杜殿坤编译，教育科学出版社 1984 年版，第 482 页。

不做力所不及的劳动。人的体质有强有弱，体力有大有小，劳动时不要做不能胜任的事。中医认为，勉强从事力所不及的强力劳动，是伤人致病的重要因素。轻则损伤筋骨肌肉，引起腰腿关节疼痛；甚则损伤内脏，导致久咳、吐血，就是老百姓常说的“累吐血了”。特别是老年人体质已衰，筋软骨脆，更不宜进行过重的体力劳动，否则容易造成身体弯曲、骨裂骨折；青年人体质虽好，也不可凭着一股激情，咬着牙挑战自己身体承受力的极限，否则只会伤身，比如很多腰椎间盘突出患者，有的就是年轻时用力过猛埋下健康的隐患。“养生之道，无作搏戏强用气力，无举重，无疾行”，“常欲小劳，但莫大疲及强所不能堪耳”（出自唐代孙思邈的《备急千金要方》）。

不做恶劣环境下的劳动。劳动是要具备环境条件的，底线是能满足正常劳动的基本要求，不超出劳动者身体的适应能力。譬如：工人在厂房、车间上班，必须保持工作场所的通风、通气；高空、高温等特殊作业，必须要有安全措施；农民在田间劳作，烈日当空或是电闪雷鸣、暴风骤雨时，就应该收工回家；等等，不一而足。

总之，劳动有益于健康，但要适度，注意量力而行、劳逸结合，如劳动时间长了要停下来休息，挑不起扛不动的不要逞能蛮干，外界条件恶劣时应暂时避开。我们在倡导热爱劳动、辛勤劳动的同时，必须强调尊重劳动规律，关心关爱劳动者的身心健康。

第四节　以劳育美

一、劳动的美育之源

（一）劳动本身就是美

1. 劳动的形体之美

“田夫抛秧田妇接，小儿拔秧大儿插。笠是兜鍪蓑是甲，雨从头上湿到胛”（出自宋代杨万里的《插秧歌》）。这是描写雨中插秧的劳动场景，“抛”“接”“拔”“插”四个动词活化出的劳动形态，给人以强烈的灵动画面感。农民唤牛犁田、渔民撒网捕鱼、牧民策马放牧、教师执鞭授课、医生把脉问诊、军人持枪戍边、绣女穿针引线……劳动者的一举手一投足，或有行云流水的协调之美，或有铿锵顿挫的力量之美，或有缜密思考的恬静之美……这些劳动之“美”，自然而然地植根于人们的心中，日学而不觉、日用而不察。许许多多的摄影、绘画、歌曲、舞蹈等艺术作品，都直接取材于劳动人民的劳动形象，都不约而同地聚焦劳动者的形体之美，如唐代画家韩干的《牧马图》、陕北民歌《赶牲灵》、藏族舞蹈《打阿嘎》、摄影家路易斯·韦克斯·海因的《动力房》、朱宪民的《摆渡的农民》等。

2. 劳动的心灵之美

花美在绿丛中，水美在小溪中，云美在天空中，话美在道理中，而人美在劳动中。尊重劳动、热爱劳动、辛勤劳动、珍惜劳动成果，是一个人良好品质的具体表现，既是劳动之美，也是人性之美、心灵之美。通过劳动创造物质财富和精神财富的广大劳动者，从小了说，他们自食其力改善了自己及家人的生活；从大了说，他们是在为国家富强、社会进步作贡献。他们之所以能坚持劳动，是因为他们肩上有责、心中有节，具备自律、利他的品格操守。而那些好吃懒做、好逸恶劳之辈，多半连养家糊口都难以为继，表面看来是“懒”字在作怪，但本质上是品德方面出了问题、人格方面存在缺陷，贪图不劳而获、投机取巧，滋生了等、靠、要的不良心理。

3. 劳动的精神之美

劳动是需要有一定精神的，这既包括了作为合格劳动者的劳动精神，也包括了作为专业型劳动者的工匠精神和作为楷模型劳动者的劳模精神。习近平总书记指出：“伟大的事业需要伟大的精神，伟大的精神来自于伟大的人民。我们一定要在全社会大力弘扬劳模精神、劳动精神，大力宣传劳动模范和其他典型的先进事迹，引导广大人民群众树立辛勤劳动、诚实劳动、创造性劳动的理念，让劳动光荣、创造伟大成为铿锵的时代强音，让劳动最光荣、劳动最崇高、劳动最伟大、劳动最美丽蔚然成风。”[①] 劳动的精神之美，是劳动之美的最高层次，是引导人们向上向善、形成良好社会风尚的宝贵精神财富，是引领人们创新创造、开创美好未来的不竭力量。

（二）美是劳动创造的

劳动创造了美，“既表现为创建具有审美价值的对象化产物，也表现为对具有审美能力主体的实践塑造。”[②]

1. 劳动产生了创造美的原动力

人的劳动过程，实质上是有目的地认识自然、改造自然的过程，这个“有目的”，显然是人的主观意愿，换句话说，人是按照自己的喜好标准来进行劳动的，美产生于人的劳动实践，美的根源就在于人自身。区别于动物的无意识、无目的的本能活动，人能够遵循美的规律、以满足自身审美需求为目的来进行劳动，“动物只是按照它所属的那个种的尺度和需要来构造，而人却懂得按照任何一个种的尺度来进行生产，并且懂得处处都把固有的尺度运用于对象；因此，人也按照美的规律来构造。”[③] 正是劳动，使人具备了审美的能力，也随之产生了创造美的动力。

2. 劳动创造了世间的美好事物

马克思强调：“劳动创造了宫殿……劳动创造了美”[④]。法国文学家巴尔扎克也说：持续不断地劳动，是人生的铁律，也是艺术的铁律。神秘的金字塔、“完美建筑”泰姬陵、“东方艺术明珠”莫高窟、巍峨雄伟的万里长城；达·芬奇的《蒙娜丽莎》、莎士比亚的《罗密欧与朱丽叶》、王羲之的《兰亭序》、徐悲鸿的《奔马图》、冼星海的《黄河大合唱》、路遥的《平凡的世界》、张继钢的《千手观音》，还有中华文化瑰宝汉乐唐诗宋词元曲、明清

---

① 习近平：《在庆祝“五一”国际劳动节暨表彰全国劳动模范和先进工作者大会上的讲话》，人民出版社 2015 年版，第 4—5 页。

② 王彬羽：《新时代美术院校劳动教育的意义与路径探析》，《陕西教育（高教）》2021 年第 6 期。

③ 马克思：《1844 年经济学哲学手稿》，人民出版社 2018 年版，第 53 页。

④ 《马克思恩格斯全集》第 42 卷，人民出版社 1979 年版，第 93 页。

“四大名著”……一个个名胜古迹，一件件传世之作，无一不是劳动人民创造的人间“美景”。在当今，起早贪黑的清洁工是“城市美容师”，辛勤劳作的园丁是“美的使者”，夺金摘银的中国女排被盛赞为“风雨彩虹、铿锵玫瑰”，勇敢的舰载机飞行员被誉为“刀尖上的舞者”……基于劳动创造的美是真实动人的，正是因为有了千千万万在各行各业挥汗奋斗的劳动者，我们的世界才如此美好，我们的生活才如此幸福。革命先驱邓中夏就曾饱含深情地说：看呀，世界不是劳动的艺术品吗？没有劳动就没有世界。

二、劳动的美育内涵

（一）劳动的过程美

“生产劳动给每一个人提供全面发展和表现自己的全部能力即体能和智能的机会，这样，生产劳动就不再是奴役人的手段，而成了解放人的手段，因此，生产劳动就从一种负担变成一种快乐。”[①]在《詹姆斯·穆勒〈政治经济学原理〉一书摘要》中，马克思又指出：“我的劳动是自由的生命表现，因此是生活的乐趣。”[②]在马克思看来，劳动的过程，是实现自我发展、自我价值的过程，因而劳动是快乐的。快乐总是与美相伴相生的，因为“人们在劳动过程中，即在与自然、与他人产生联系的过程中，可以直观地感知‘美’，既直观地感受着自然之美，也切身地经验着人性之美。”[③]

1. 感受自然之美

亲近大自然、与大自然零距离接触，是劳动人民特别是在户外劳动的劳动者的“特殊待遇”，他们置身于大自然的怀抱，沐浴着温暖阳光，呼吸着新鲜空气，与花草树木、山峦河流、飞鸟鱼虫亲密无间，感觉到天更蓝、山更绿、水更清，让自然之美就在身边、就在眼前，可谓美不胜收、醉美心田，与大自然“产生着强大的共情感，体悟着‘一花一世界，一叶一菩提’的奥秘。在这一过程中，人们自然而然地感知着自然的节奏律动，甚或生发

① 《马克思恩格斯选集》第3卷，人民出版社2012版，第681页。

② 《马克思恩格斯全集》第42卷，人民出版社1979版，第38页。

③ 刘建军、王婷婷：《论劳动育人功能的四个维度》，《贵州师范大学学报》2022年第3期。

出一种‘天人合一’‘物我两忘’的通透旷达之感，这种情感浸润着人们的审美感官，使得人们能够深切领悟到‘此中有真意’。即使‘欲辨已忘言’，但对于自然之美的强烈感受与向往已经落地生根，成了滋养人们审美心灵的汩汩活水。”[①]“江南可采莲，莲叶何田田”（出自汉乐府民歌《江南》）、“采菊东篱下，悠然见南山。山气日夕佳，飞鸟相与还”(出自东晋陶渊明的《饮酒》)、“雨里鸡鸣一两家，竹溪村路板桥斜。妇姑相唤浴蚕去，闲看中庭栀子花”（出自唐代王建的《雨过山村》）等诗句，字里行间跳跃着人与自然的和谐相融，恰似“人在画中游，画在景中走”，这正是古人在劳动中发现自然之美、欣赏自然之美的生动写照。

2. 体验人性之美

“作为一种社会性的实践，劳动是多人共同参与其中、分工协作的活动。良好劳动效果的实现，需要参与其中的每一个人的精诚合作、共同付出，在这一过程中，人与人之间结成了紧密联系，逐渐产生了不一般的亲密情感。进一步而言，人们在劳动合作中，既成就了社会，更彼此成就着自己和劳动伙伴，人们被团结、忠诚、友爱、奉献等人性之中的美好情感环绕着、簇拥着。人性的光辉普照着人们内心最隐秘、最柔软的角落。”[②]也就是说，劳动不仅产生了人与自然之间的关系，也产生了人与人之间的关系，人们在劳动时，打破了性别、年龄、职务、学识、出身等身份限制，结成了同学、同事、同门、同行、同仁、同志等多重社会关系，消弭了相互之间的物理隔阂，拉近了彼此的心理距离，使人得以交流、交往、沟通、合作，从而产生思想共鸣、精神交融，建立起理解、尊重、包容、互助的人际关系，展现出人性的真善真美，营造出“各美其美，美人之美，美美与共，天下大同”的文明风尚。

（二）劳动的结果美

风吹麦浪、瓜果飘香、碧波万顷、稻花乡里说丰年、风吹草低见牛

① 刘建军、王婷婷：《论劳动育人功能的四个维度》，《贵州师范大学学报》2022 年第 3 期。

② 刘建军、王婷婷：《论劳动育人功能的四个维度》，《贵州师范大学学报》2022 年第 3 期。

羊……农村欣欣向荣的丰收景象，令人喜上眉梢、美在心田；同样，工人生产的产品上市、医生医治的病人康复、教师教授的学生成才、科学家研究的项目突破攻关、建筑师设计的大厦竣工交付、艺术家创作的作品杀青收官……，又何尝不让人产生满满的获得感和成就感？“一分耕耘一分收获”，耕耘的过程也许是艰辛的，但收获的喜悦肯定是美好的。

（三）劳动的价值美

“若不能深入生产生活劳动，人浮于事，所创造出来的以及所追捧的‘美’，多是极尽感官刺激的产品，貌似华丽葳蕤，实则虚空浅陋。”[①]故而真正的“美”，绝不仅仅是能吸引人的眼球，更重要的是能触及人的灵魂，鞭策人们求真、向善，在全社会营造驱恶邪、扬正气的良好风尚；而劳动之所以美，正是因为劳动的价值不仅体现在创造了物质财富，解决了人的生存问题，更体现在劳动创造了精神财富，推动了人类社会的文明发展。劳动给人们带来的是生活的富足、市场的充裕、文化的繁荣、社会的进步，可以说，是劳动让人尽享人生美好、发展美好，是劳动让人类的前途充满光明和希望。认识劳动的价值美，是“美在劳动”到“美哉劳动”的升华。

三、劳动的美育路径

（一）善于发现美

“美”是客观存在的，但并不等于每个人都能与它“不期而遇”，它需要有一个“被发现”的契机，而劳动是创造这一契机的最佳途径。在劳动过程中，人们动手动脑、手脑并用，感官高度灵敏、精神高度集中，对身边的事物、人物可以用眼睛去看、用耳朵去听、用心去感受，通过直观的接触，认知事物的本性和人物的品性，感知周围世界的自然之美和人的心灵之美。可以说，一场美景、一件好事、一个好人，无一不可以通过劳动来发现，但结果的呈现是否被劳动者认同为“美”，关键在于劳动者在主观上有没有发现美的自觉，以及对认识对象的“美”的标准的认可。当然，这里所指的

---

① 刘建军、王婷婷：《论劳动育人功能的四个维度》，《贵州师范大学学报》2022 年第 3 期。

“发现”，并非仅仅指劳动者听到的、看到的，更指劳动者在听到、看到的基础上，基于自身知识水平和审美价值对认识对象的分析和理解，从而对认识对象产生是否为“美”的自我判断。

（二）懂得欣赏美

好听、好看、好吃、好玩，山美、水美、人美，环境美、语言美、行为美、心灵美……以上是人们对“美”的最朴素的表达，是感官的直接体验。但要真正理解何为“美”？为何“美”？从“知其然”到“知其所以然”，却并不是每个人都能做到的。劳动是促使人们知“美”识“美”的重要途径，因为劳动者劳动的过程同时也是涵养自身素养、丰富人生阅历的过程，有利于劳动者增长见识、开阔眼界，提高劳动者辨别真假、判断善恶、分辨美丑。

但凡美的事物，或悦耳，或养眼，但更重要的是润心。故而，真正的欣赏美，应将认识对象的外形之美内化于心，把对“美”的欣赏升华为对“美”的情感认同和精神寄托。譬如：一片金灿灿的稻田，不仅是令人流连忘返的田园风光，更是农民朋友辛勤劳作后收获的希望；一道色香味俱全的佳肴，不仅让人称赞厨师的烹饪厨艺，还贵在能让食客品出生活的烟火味道；一件精美的工艺品，在感叹能工巧匠们心灵手巧的同时，更敬佩他们精益求精的意志品格；一篇优美的文字，最感动人的肯定不是华丽的辞藻，而是作者在文字中抒发的真挚情感；一件艺术作品，如一帧照片的曝光、构图，一幅书画的幅式、技法，一首乐曲的曲牌、音调……这些艺术手法固然重要，但最能打动人的却是这些作品在歌颂什么、赞美什么，讲述了怎样的故事，传递了怎样的力量。总之，劳动者若能从享受自然之美到懂得珍惜自然界的馈赠、从感触人性之美到积极维系与人为善的人际关系、从接受“美”的潜移默化的教育到树立向善向美的价值追求——简言之，能从认识物质世界的美升华到感悟精神世界的美，才能称得上是真正意义上的欣赏美。

（三）学会创造美

当劳动者具备一定的审美能力、形成自身独特的审美观后，便能通过积极的、能动的、有效的劳动，创造出“美”的事物。当然，这里所指的“审美能力”和“审美观”，可能是自发地、无意识地养成的，也可能是自觉地、有意识地培养的，前者如各行各业的大部分普通劳动者，后者如专业的文化艺术工作者。他们中虽然有学历之分、职业之别，但无一例外，他们热爱世界、热爱生活的价值取向是一致的，都是在通过辛勤劳动，源源不断地创造物质财富和精神财富，让世界五彩缤纷，让生活多姿多彩。

青年人是劳动者的生力军，有着活跃的创新思维和扎实的创造能力，也有着强烈的追求美、崇尚美的“爱美之心”，因而具备了创造美的内在动力。但这一内在动力能否转化为“美的生产力”，青年人能否成长为“美的生产者”，能否达到应然与实然相统一的“能然”，关键还要看青年人是否葆有劳动热情，能不能“在劳动实践中学会认识世界，从而习得‘有积极意义的价值体验’，通过劳动‘提升人的精神品位和人生价值’”①。为此，青年人要牢固树立“劳动最光荣、劳动最崇高、劳动最伟大、劳动最美丽”的理念，积极投身劳动实践，在劳动中健全审美人格，塑造审美价值观，探究美的规律，传播美的思想，践行美的精神，创造美的成果，将赢得美好人生与建设美好中国结合起来，自觉将个人梦融入“中国梦”，努力成长为担当民族复兴大任的时代新人，让青春在全面建设社会主义现代化国家的实践中绽放绚丽之花。

第五节　以劳教劳

培养德智体美劳全面发展的社会主义建设者和接班人是我国教育的根本目标。如前文所述，劳动可树德、增智、强体、育美，即劳动在德育、智育、体育、美育等方面能发挥重要作用，这是“五育”融合的具体表现。毋庸置疑，劳动当然也具有“劳育”之功能，也就是说劳动本身也是劳动教育的一部分，即所谓“以劳教劳”。

① 康晓：《从实践育人视角论开展大学生劳动教育的意义》，《科教文汇》2021 年第 25 期。

一、“以劳教劳”需要回归劳动和劳动教育的“本真”

劳动是指人们运用一定的生产工具，作用于劳动对象，创造物质财富和精神财富的有目的的活动。“劳动教育是在培养受教育者具备基本劳动技能的基础上，通过提升受教育者劳动素养的方式，培养受教育者树立正确的劳动价值观，实现受教育者身心全面发展的教育目标，推动其投身于中华民族伟大复兴的实践。”①把劳动当成做苦力、把劳动教育视为一种惩戒的方式等错误认识。让劳动和劳动教育回归“本真”，是实现“以劳教劳”目标的重要前提。

（一）摒弃“劳心”与“劳力”的二元对立思想

“劳心”与“劳力”有分工不同，但并无贵贱之分，且两者不可截然分开，只有二者结合，“教劳心者劳力”“教劳力者劳心”，才能培养出人格完整、全面发展的高素质劳动者，这也正是劳动教育的应有之义和目标指向。“劳动教育要帮助学生在青少年时期就建立这种平衡，要让学生懂得，进入职业生涯后，以脑力劳动为主的人，应该在生活中保持一些体力的劳动；而以体力劳动为主的人，应该主动进行一些脑力劳动来调节身心；以情感劳动为主的人，则要用独处与沉思来加以平衡。”②

（二）防止劳动教育的窄化、虚化、异化和泛化等问题

近几年来，国家高度重视劳动教育，《关于全面加强新时代大中小学劳动教育的意见》《大中小学劳动教育指导纲要（试行)》印发后，各级各类学校纷纷开设劳动课、开展劳动实践活动，劳动教育呈现出前所未有的蓬勃生机。但毋庸置疑，劳动教育在实施过程中还是出现了一些不容忽视的问题，突出表现在：

1.窄化为娱乐活动的问题

如一些学校组织学生、家长带着孩子，找些经营性质的农庄，举办挑

---

① 檀传宝：《劳动教育的概念理解——如何认识劳动教育概念的基本内涵与基本特征》，《中国教育学刊》2019 年第 2 期。

② 娄雨：《什么是“劳动的独特育人价值”——论劳动之于“体、技、心”的教育意义》，《中国教育学刊》2020 年第 8 期。

粮、运土、锄地、担水、种菜、抓鱼等体验式的“劳动竞赛”（或者类似学校组织的有家长参与的亲子活动）。此类活动可以让学生特别是城市里的孩子了解一些劳动常识，有一定的积极意义；但切不可将其等同为真正的劳动，因为这些活动没有实质的劳动过程，也无法收获真正的劳动成果。

2. 虚化为形式应付的问题

《关于全面加强新时代大中小学劳动教育的意见》印发后，高校的人才培养方案中开始有劳动课的课时要求并赋予了学分，中小学的课表上也安排了劳动课，但由谁来上劳动课？课程怎么考核？成绩或学分怎么评定？如何明确教育的责任主体及评价方式问题成为困扰劳动教育的一大难题。由于没有专业的师资，没有科学的评价，使得劳动教育的操作性、实效性大打折扣。

3. 泛化为社会实践的问题

对于在校学生来说，劳动与社会实践有着密切的关系，一方面，广义上说，“劳动是人类特有的基本社会实践活动”①，即劳动本身就是一种社会实践，另一方面，“在某种程度上，社会实践是落实学校劳动教育的方式之一……基于两者之间的关联，学校劳动教育可以有效融合社会实践，充分利用这一方式进行劳动教育”②。但在学校教育这一特殊场域内，两者还是有明显区别的：社会实践主要强调的是学生要理论联系实际，将书本所学运用到实践中，侧重提高学生的动手能力，或者是通过引导学生走出校门、深入社会，去了解国情民情，完成特定的实践任务，以提高学生的社会适应能力；而劳动教育既可与学生课堂所学有关，也可与学生课堂所学无关，学生参与的是生活劳动、生产劳动、服务性劳动、创造性劳动等具体的劳动实践，重点是培养学生的劳动观念和劳动能力，引导学生树立正确的劳动观，做到崇尚劳动、热爱劳动、辛勤劳动、诚实劳动。因此，“不能把劳动教育泛化为社会实践，否则将淡化和削弱劳动教育的价值。”③

---

① 冯顺利：《为何要高度重视劳动与劳动教育》，《人民教育》2020 年第 1 期。

② 钟飞燕：《新时代学校劳动教育研究》，吉林大学博士学位论文，2021 年。

③ 钟飞燕：《新时代学校劳动教育研究》，吉林大学博士学位论文，2021 年。

4. 异化为惩戒手段的问题

比如有的学校将一些调皮、犯了错的“不听话”的学生罚去劳动——比如打扫卫生等。久而久之，在孩子们心目中，可能对劳动产生错误的认知，即是“卑微的”而非光荣的、“痛苦”的而非快乐的。这不利于学生真正认识劳动的价值、树立正确的劳动观。

综上，真正的劳动是动手动脑、出力出汗，是手脑并用、知行合一，学校劳动教育应区分大中小学不同学段学生的特点，做到形式多样、内容丰富，将课堂教学和课外实践相结合、学校教育和家庭教育相融合，政府、社会、学校、家庭齐抓共管、同频共振，“通过劳动教育，使学生能够理解和形成马克思主义劳动观，牢固树立劳动最光荣、劳动最崇高、劳动最伟大、劳动最美丽的观念；体会劳动创造美好生活，体认劳动不分贵贱，热爱劳动，尊重普通劳动者，培养勤俭、奋斗、创新、奉献的劳动精神；具备满足生存发展需要的基本劳动能力，形成良好劳动习惯。”①

二、“以劳教劳”需要树立科学的劳动观

“学校劳动教育不仅要引导学生掌握基本的劳动知识和技能，养成劳动习惯和品质，更需要引导其树立科学的劳动观。新时代学校劳动教育目标以促进学生的全面发展为目的，遵循培育马克思主义劳动观的意识形态指向，从引导青少年理解‘为何劳动’、认同‘何人劳动’、践行‘如何劳动’、感悟‘何以劳动’四个方面进行科学定位……重点引导青少年理解‘为何劳动’，树立正确的劳动价值观；认同‘何人劳动’，树立正确的劳动主体观；践行‘如何劳动’，树立正确的劳动过程观；感悟‘何以劳动’，树立正确的劳动关系观。”②

（一）“为何劳动”：树立正确的劳动价值观

“为何劳动”是劳动价值观的根本问题。理解“为何劳动”是劳动教育的首要目标，也是劳动教育的起点。

---

① 《中共中央　国务院关于全面加强新时代大中小学劳动教育的意见》，人民出版社 2020 年版，第 4 页。

② 钟飞燕：《新时代学校劳动教育研究》，吉林大学博士学位论文，2021 年。

1. 人类社会生存发展的需要

其一，劳动创造了人本身。是劳动把人与动物区别开来，同时维系人类社会的发展，在人类的生存和生活场域发挥着决定人类命运的作用。“人类是劳动创造的，社会是劳动创造的。”[①]其二，劳动创造了社会财富，满足了人们物质文化生活的需要。“我们首先应当确定一切人类生存的第一个前提，也就是一切历史的第一个前提，这个前提是：人们为了能够‘创造历史’，必须能够生活。但是为了生活，首先就需要吃喝住穿以及其他一些东西。因此第一个历史活动就是生产满足这些需要的资料，即生产物质生活本身，而且，这是人们从几千年前直到今天单是为了维持生活就必须每日每时从事的历史活动，是一切历史的基本条件。”[②]其三，劳动推动人类社会不断从低级向高级、从野蛮向文明前进。人们通过劳动改造自然、改造世界、改造人自身，习近平总书记指出“劳动是推动人类社会进步的根本力量”[③]，“劳动是人类的本质活动，劳动光荣、创造伟大是对人类文明进步规律的重要诠释”[④]。由此，人类存在和发展的前提，是必须从事生产劳动，正如马克思所言：“任何一个民族，如果停止劳动，不用说一年，就是几个星期，也要灭亡，这是每一个小孩子都知道的。”[⑤]

2. 个人成就人生价值的需要

首先，劳动是人类的本质特征之一，劳动让人实现了人之为人的自由本质。其次，劳动为人的全面发展提供了条件。“生产劳动给每一个人提供全面发展和表现自己的全部能力即体能和智能的机会，这样，生产劳动就不再是奴役人的手段，而成了解放人的手段，因此，生产劳动就从一种负担变成

① 习近平：《在知识分子、劳动模范、青年代表座谈会上的讲话》，人民出版社 2016 年版，第 9 页。

② 《马克思恩格斯选集》第 1 卷，人民出版社 2012 年版，第 158 页。

③ 《习近平谈治国理政》第一卷，外文出版社 2018 年版，第 44 页。

④ 习近平：《在庆祝“五一”国际劳动节暨表彰全国劳动模范和先进工作者大会上的讲话》，人民出版社 2015 年版，第 3—4 页。

⑤ 《马克思恩格斯选集》第 4 卷，人民出版社 2012 年版，第 473 页。

一种快乐。”[①]再次，劳动是人的幸福之源。习近平总书记强调劳动创造人生价值，“只有奋斗的人生才称得上幸福的人生”[②]，“一切劳动者，只要肯学肯干肯钻研……就都能在劳动中发现广阔的天地，在劳动中体现价值、展现风采、感受快乐”[③]。

3. 中华民族伟大复兴的需要

要实现国家富强、民族振兴、人民幸福，必须依靠千千万万劳动者的辛勤劳动。对此，习近平总书记提出了“以劳动托起中国梦”的重要论断，强调伟大事业“始于梦想”“基于创新”“成于实干”[④]，“劳动是一切成功的必经之路”[⑤]，“我们说‘空谈误国，实干兴邦’，实干首先就要脚踏实地劳动”[⑥]，“中华民族伟大复兴，绝不是轻轻松松、敲锣打鼓就能实现的”[⑦]，“我们所处的时代是催人奋进的伟大时代，我们进行的事业是前无古人的伟大事业，我们正在从事的中国特色社会主义事业是全体人民的共同事业。全面建成小康社会，进而建成富强民主文明和谐的社会主义现代化国家，根本上靠劳动、靠劳动者创造”[⑧]。这些重要论述充分彰显了一个基本观点，即“社会主义是干出来的”[⑨]，只有在劳动实践中，中华民族伟大复兴的“中国梦”才有可能变成现实。

---

① 《马克思恩格斯选集》第 3 卷，人民出版社 2012 年版，第 681 页。

② 习近平：《祝福全国各族人民新春吉祥　祝愿伟大祖国更加繁荣昌盛》，《人民日报》2018 年 2 月 14 日。

③ 习近平：《在庆祝“五一”国际劳动节暨表彰全国劳动模范和先进工作者大会上的讲话》，人民出版社 2015 年版，第 10 页。

④ 《国家主席习近平发表二〇一九年新年贺词》，《党建》2019 年第 1 期。

⑤ 习近平：《在乌鲁木齐接见劳动模范和先进工作者、先进人物代表　向全国广大劳动者致以“五一”节问候》，《人民日报》2014 年 5 月 1 日。

⑥ 《习近平谈治国理政》第一卷，外文出版社 2018 年版，第 44 页。

⑦ 《习近平谈治国理政》第三卷，外文出版社 2020 年版，第 12 页。

⑧ 习近平：《在庆祝“五一”国际劳动节暨表彰全国劳动模范和先进工作者大会上的讲话》，人民出版社 2015 年版，第 2 页。

⑨ 习近平：《在北京大学师生座谈会上的讲话》，人民出版社 2018 年版，第 14 页。

（二）“何人劳动”：树立正确的劳动主体观

1. 劳动既是公民享有的权利，也是公民应尽的义务

《中华人民共和国宪法》规定，“中华人民共和国公民有劳动的权利和义务”，“劳动是一切有劳动能力的公民的光荣职责”，“坚持按劳分配为主体、多种分配方式并存的分配制度”。充分体现了尊重劳动的法律精神，鼓励多劳多得、优劳优酬，反对坐享其成、不劳而获。故而，每一位公民都应当以国家主人翁的态度积极参加劳动，承担起建设社会主义现代化事业的神圣责任。

2. 尊重劳动群众的主体地位

“人民群众是历史的创造者，是推动社会历史发展的根本力量”，这是马克思历史唯物主义的基本观点。进入新时代，以习近平同志为核心的党中央始终坚持马克思主义唯物史观，形成了“以人民为中心”的劳动主体思想，提出中华民族的伟大复兴“必须紧紧依靠人民、始终为了人民”[①]，强调“全党要坚持全心全意为人民服务的根本宗旨，树牢群众观点，贯彻群众路线，尊重人民首创精神”[②]。“群之所为事无不成，众之所举业无不胜”，无论是工人、农民、知识分子，还是科学家、工程师、大国工匠，抑或是环卫工作者、快递小哥、出租车司机……千千万万的普通劳动群众都是社会主义的建设者和参与者，都应获得社会的尊重。

3. 弘扬劳动精神、劳模精神、工匠精神

毛泽东同志说过“人是要有一点精神的”[③]，习近平总书记也指出“伟大的事业需要伟大的精神”[④]。劳动精神、劳模精神、工匠精神是鼓舞广大劳动群众的强大精神动力，其中，“劳模精神具有政治性、引领性、示范性；工匠精神具有专业性、技术性、严谨性；劳动精神则具有普遍性、广泛性、基

---

① 《习近平谈治国理政》第一卷，外文出版社 2018 年版，第 44 页。

② 习近平：《高举中国特色社会主义伟大旗帜　为全面建设社会主义现代化国家而团结奋斗——在中国共产党第二十次全国代表大会上的报告》，人民出版社 2022 年版，第 70 页。

③ 《毛泽东文集》第七卷，人民出版社 1999 年版，第 162 页。

④ 习近平：《在庆祝“五一”国际劳动节暨表彰全国劳动模范和先进工作者大会上的讲话》，人民出版社 2015 年版，第 4 页。

础性。”[①]这“三种精神”，是激励人们从争做合格劳动者，到专业型劳动者，再到楷模型劳动者的价值指引；弘扬这“三种精神”，对引领千千万万劳动者辛勤劳动、不懈奋斗、开拓创新、勤勉奉献，具有重要的理论和实践意义。习近平总书记就曾深情寄语全体劳动者：“希望广大劳动群众大力弘扬劳模精神、劳动精神、工匠精神，勤于创造、勇于奋斗，更好发挥主力军作用，满怀信心投身全面建设社会主义现代化国家、实现中华民族伟大复兴中国梦的伟大事业。”[②]

4. 青年要成为劳动者的生力军

“青年兴则国兴，青年强则国强”，是否具有深厚的劳动情怀、积极的劳动意识、扎实的劳动能力，关系到年轻一代能否成长为社会主义的合格建设者和接班人。2013 年 10 月，习近平总书记在同全国总工会新一届领导班子成员集体谈话时指出：“特别是要加强对广大青少年的教育，让他们从小就树立起辛勤劳动、诚实劳动、创造性劳动的观念，不要养成贪吃懒做、好逸恶劳、游手好闲、投机取巧、坐享其成等错误观念。这是真正关系我们民族发展的一个长远大计，一定要抓好。”[③]此后他又多次对加强广大青少年的劳动教育提出了殷切期望：“要通过各种措施和方式，教育引导广大青少年牢固树立热爱劳动的思想、牢固养成热爱劳动的习惯，为祖国发展培养一代又一代勤于劳动、善于劳动的高素质劳动者”[④]，“要教育孩子们从小热爱劳动、热爱创造，通过劳动和创造播种希望、收获果实，也通过劳动和创造磨炼意志、提高自己”[⑤]。2018年9月，习近平总书记在全国教育大会上再次强

---

① 彭维锋：《新时代劳模精神、劳动精神、工匠精神的理论内涵与实践导向》，《江西社会科学》2021 年第 5 期。

② 《习近平向全国广大劳动群众致以节日的祝贺和诚挚的慰问》，《人民日报》2021 年 5 月 1 日。

③ 中共中央文献研究室编：《习近平关于青少年和共青团工作论述摘编》，中央文献出版社 2017 年版，第 23—24 页。

④ 习近平：《在乌鲁木齐接见劳动模范和先进工作者、先进人物代表 向全国广大劳动者致以“五一”节问候》，《人民日报》2014 年 5 月 1 日。

⑤ 习近平：《在庆祝“五一”国际劳动节暨表彰全国劳动模范和先进工作者大会上的讲话》，人民出版社 2015 年版，第 5 页。

调："要在学生中弘扬劳动精神，教育引导学生崇尚劳动、尊重劳动，懂得劳动最光荣、劳动最崇高、劳动最伟大、劳动最美丽的道理，长大后能够辛勤劳动、诚实劳动、创造性劳动。"①

（三）"如何劳动"：树立正确的劳动过程观

1. 培养积极的劳动态度

其一，要自觉劳动。劳动是谋生的手段，自食其力是一个劳动者最起码的人格修养，"不劳者不得食"，"天上不会掉馅饼"，不劳动就得挨饿受冻，日子就没法过下去——这是人人皆知的最浅显的道理。因此，以主动的而非被动的、积极的而非消极的态度去参加劳动，既是人的本质要求，也是人的生存需要。其二，要辛勤劳动。"民生在勤，勤则不匮"（出自《左传·宣公十二年》），财富是劳动创造的，幸福生活也是劳动创造的，俗话说："一勤天下无难事，一懒世间万事休"，"一分耕耘一分收获"，有付出才会有回报，劳动就是要身体力行、出力出汗，而怕苦怕累、拈轻怕重、散漫懒惰的态度是难以结出劳动果实的。

2. 选择恰当的劳动方式

首先要诚实劳动。正如前文所述，"诚实"是劳动的根本特点，是劳动者道德品质的基本要求，表现为劳动既要"用力"，也要"用心"。古人云："君子爱财，取之有道"（出自《增广贤文·上集》），"富与贵，是人之所欲也，不以其道得之"（出自《论语·里仁篇》），投机取巧、偷工减料、偷奸耍滑、损人利己、不当得利、违法获利等不诚实的劳动，不仅不会创造出积极的价值，反而还会影响到社会的良性发展，损害人民群众的切身利益。其次要创造性劳动。创造性劳动是推动经济高质量发展的必然选择，"因为创造性劳动……是解放生产力、发展生产力的客观要求，是人类社会历史发展的必然。新时代，科技发展和产业变革使生产力要素发生了质变，大数据、人工智能、物联网、量子科技等不断影响着劳动者的生产生活，为创造性劳

① 中共中央党史和文献研究院编：《十九大以来重要文献选编》上，中央文献出版社 2019 年版，第 653 页。

动的发展提供了史无前例的基础。相对于传统的简单重复劳动，创造性劳动在时代发展中扮演越来越重要的角色。”[①]青年人大多是接受了高等教育的高智商、高学历人群，理应着力培养创新思维，提高创新能力，成为开展创造性劳动的排头兵。为此，《关于全面加强新时代大中小学劳动教育的意见》重点强调“高等学校要注重围绕创新创业……适应科技发展和产业变革，针对劳动新形态，注重新兴技术支撑和社会服务新变化”，同时也特别指出高等学校要注重围绕创新创业，培育学生创造性劳动能力，使学生“重视新知识、新技术、新工艺、新方法的运用，提高在生产实践中发现问题和创造性解决问题的能力，在动手实践的过程中创造有价值的物化劳动成果”。

（四）“何以劳动”：树立正确的劳动关系观

中共中央、国务院印发的《关于构建和谐劳动关系的意见》中指出，“劳动关系是生产关系的重要组成部分，是最基本、最重要的社会关系之一。”劳动与资本的关系是马克思劳动关系理论的核心。

习近平总书记高度重视构建和谐劳动关系，在推进马克思劳动关系理论中国化、时代化方面作出了重大贡献。早在 1992 年，在他所著的《摆脱贫困》一书中就指出：“社会主义生产资料的主人是广大劳动者，这种主人翁地位决定了劳动者之间是平等互助的同志式关系。”[②]2005年，他在《浙江日报》“之江新语”专栏发表的《人生本平等，职业无贵贱》一文中指出，三百六十行，行行都是社会所需要的。不管他们从事的是体力劳动还是脑力劳动，是简单劳动还是复杂劳动，只要有益于人民和社会，他们的劳动同样是光荣的，同样值得尊重。在 2011 年的全国构建和谐劳动关系先进表彰暨经验交流会议上，他对劳动关系的重要性作出了一个全面性的阐述：构建和谐劳动关系，是建设社会主义和谐社会的重要基础，是增强党的执政基础、巩固党的执政地位的必然要求，是坚持中国特色社会主义道路、贯彻中国特色社会主义理论体系、完善中国特色社会主义制度的重要组成部分……要把

---

① 钟飞燕：《新时代学校劳动教育研究》，吉林大学博士学位论文，2021 年。

② 习近平：《摆脱贫困》，福建人民出版社 1992 年版，第 115 页。

和谐劳动关系的构建作为一项紧要的政治任务抓实抓好。[①]在党的十九大报告中，习近平总书记又再次强调："使人人都有通过辛勤劳动实现自身发展的机会。完善政府、工会、企业共同参与的协商协调机制，构建和谐劳动关系。"[②]

青少年是未来劳动大军的预备队，是将来劳动关系的主要参与者。为此，教育引导青少年准确把握马克思劳动关系理论的精髓，深刻认识中国特色社会主义和谐劳动关系的要义，牢固树立正确的劳动权益观，以此激励青少年积极承担劳动责任，自觉遵守劳动法规，依法维护劳动权益，是当前各级各类学校劳动教育的重要任务。

三、"以劳教劳"需要认识劳动是最好的"劳动教育"

"劳动和劳动教育密不可分、相辅相成。劳动教育在某种程度上更是'劳动育人'的化身，是对人的灵魂的塑造和精神的培养。"[③]新时代劳动教育的本质是教会受教育者崇尚劳动、热爱劳动、学会劳动，切不可"纸上谈兵"，不可光在"象牙塔"传道，而要重视具身体验，引导受教育者身体力行参与劳动，因为只有在手脑并用、出力出汗的劳动实践中，才能掌握必要的劳动技能、培养优秀的劳动品质——也就是说，劳动本身才是最好的劳动教育。

（一）只有亲身参与劳动，才能真正学会劳动基本技能

劳动首先是谋生的手段，通过劳动来获取"劳酬"，是一个人维持正常生活的最基本的前提。一方面。劳动是一门"技术活"，需要具备一定的知识和技能。而劳动的过程本身就是学习的过程，这是一个对新鲜和未知事物接触和认知的过程，也是培养自我兴趣爱好和能力特长的过程。在这一过程中，通过体力的支出、自主的思考和恰当的技巧，不断尝试、琢磨、探索、

① 《全国构建和谐劳动关系先进表彰暨经验交流会在京举行》，《人民日报》2011年8月17日。

② 习近平：《决胜全面建成小康社会　夺取新时代中国特色社会主义伟大胜利——在中国共产党第十九次全国代表大会上的报告》，人民出版社2017年版，第46页。

③ 徐长发：《新时代劳动教育再发展的逻辑》，《教育研究》2018年第1期。

改进和创造，努力完成某项劳动任务，既能增强个人的自信心，也能让人保持对新事物的无限热情。“我们深信每一个人都能够在某一劳动领域里达到高度的技巧，因此我们也要尽力激发这一部分学生的创造性的开端。在这里，起决定作用的是劳动、坚持精神、意志力、克服困难的勇气和遇到挫折不气馁的精神。”[①]另一方面，劳动过程实质是一个一体化过程，是检验理论知识的“试验田”，在这块试验田上，课堂知识得以扎进土壤落地生根，书本理论将转化为实践操作，从而加深人们对已有理论知识的理解，增强人们解决实际问题的能力。

（二）只有亲身参与劳动，才能真心感恩劳动者的付出

陶行知先生的生活教育理论提出：“生活教育是给生活以教育，用生活来教育”“教育要通过生活才能发出力量而成为真正的教育。”[②]生活中，每一个人都在消费社会财富，同时，每一个人身边又都是忙忙碌碌的劳动者。在这些劳动者中，有家人、有同事、有亲朋好友，更多的是素不相识的人，正是因为有了千千万万的普通劳动者付出的辛劳和汗水，人民的衣食住行才有保障，全社会才能做到幼有所育、学有所教、病有所医、老有所养、住有所居、弱有所扶——然而，正如孙中山先生所言“盖其事既为世所通行，又为人之习而不察者”（出自孙中山的《心理建设（孙文学说）》），这些生活中浅显的道理却往往容易被人所忽视——如果没有切身的劳动体验，似乎一切的物质和精神享受都是理所当然的。因此，“当家才知盐米贵，出门才晓路难行”，人只有亲身去参加劳动，亲自品尝了劳动的滋味，才能领悟“一粥一饭”“一丝一缕”的来之不易，才能体会劳动人民的艰辛付出，才能懂得珍惜劳动成果、尊重劳动大众。

（三）只有亲身参与劳动，才能真情感受劳动带来快乐

通常，人们在谈论劳动时，总是习惯性地把劳动与苦和累挂起钩来，与“面朝黄土背朝天，一身力气百身汗”“足蒸暑土气，背灼炎天光”“日出而

---

① ［苏］苏霍姆林斯基：《给教师的建议》，杜殿坤编译，教育科学出版社 1984 年版，第 263 页。

② 《陶行知全集》第 3 卷，湖南教育出版社 1985 年版，第 25—28 页。

作，日落而息”“字字看来都是血，十年辛苦不寻常”等联系在一起。毋庸置疑，无论是体力劳动还是脑力劳动，确实都很辛苦。然而，我们必须看到劳动给人们带来的快乐的一面——不仅给自己带来快乐，也给别人带来快乐，可以说，世间的一切快乐都是由劳动带来的。因为没有劳动，就无法维系生命、维持生活，当然就不会有快乐；相反，正是因为有了劳动，生命才有价值，生活才有意义。马克思在《詹姆斯·穆勒〈政治经济学原理〉一书摘要》中就指出：“我的劳动是自由的生命表现，因此是生活的乐趣。”① 事实也早已证明，劳动的付出与劳动的收获通常是成正比的，“春种一粒粟，秋收万颗子”，那种收获劳动果实后的成就感、被人褒奖认可时的存在感，是每一位劳动者都曾经体悟过的。“一种持久的、基本的人性冲动，是为了把事情做好而把事情做好的愿望。”② 就如杜甫“为人性僻耽佳句，语不惊人死不休”的苦思冥想，倘若他终于吟出“佳句”，我们完全可以想象出他当时的喜悦心情。

（四）只有亲身参与劳动，才能真切感悟劳动创造幸福

“幸福不会从天而降，梦想不会自动成真。”③ 幸福是靠劳动创造的，美好生活是靠劳动得来的，正如一句谚语所说“不是靠天吃饭，全靠两手动弹”。而谁最能感受到劳动带来的幸福？当然是那些亲身参与劳动的劳动者，因为劳动能“使人获得一种‘完整的幸福感’。幸福感不是一种感觉，而是从创造幸福到体验幸福的全过程，也是从浅层次的幸福到深层次的幸福的提升过程。实现成长和创造，实现自我和社会的价值，劳动在其中是必需的”④。参与劳动的过程，不仅是创造幸福的过程，同时也是感悟幸福的过程。“男儿在劳动中成长，土地在劳动中变绿”，劳动教育就是要引导青少年牢固树立“劳动创造幸福，奋斗开创未来”的劳动观念，最终目标是让青

---

① 《马克思恩格斯全集》第 42 卷，人民出版社 1979 年版，第 38 页。

② 理查德·桑内特：《匠人》，李继宏译，上海译文出版社 2015 年版，第 12 页。

③ 《习近平谈治国理政》第一卷，外文出版社 2018 年版，第 44 页。

④ 娄雨：《什么是“劳动的独特育人价值”——论劳动之于“体、技、心”的教育意义》，《中国教育学刊》2020 年第 8 期。

少年珍惜当下、奋发图强，自觉自愿地、主动积极地参与劳动，让劳动成就幸福生活，而不能让懒惰吞噬未来的希望。

四、“以劳教劳”需要具备对“好的劳动”的判断力

劳动是体力和脑力的付出，人之所以用心、用力劳动，是希望通过劳动创造更多的财富，产生正向的、积极的价值，以此改善人的生活，促进社会的进步，也就是说，劳动具有建设性。但如果没有科学的劳动价值观、正确的劳动观念作保证，劳动也可能表现出“破坏性”。如何充分发挥劳动的建设性，避免劳动的“破坏性”，关键是要具备识别“好的劳动”和“不好的劳动”的判断力。那么，什么是“好的劳动”和“不好的劳动”？简言之，适度的、实用的、高效的、安全的、非排他的、保护自然环境的，就是“好的劳动”；反之，过度的、无用的、低效的、不安全的、排他的、破坏自然环境的，则是“不好的劳动”。

（一）“好的劳动”是适度的劳动

劳动要量力而行，恰当把握劳动的时间和强度，不可超越人体能够承受的极限，要“理解‘8 小时工作制’的来之不易和可贵价值，以及‘8 小时工作、8 小时休息、8 小时家庭生活’的平衡理念。不过度鼓吹牺牲健康的奋斗，不鼓励加班文化。对某些劳动时间偏长的职业，或是身不由己的劳动者，可以接受确实有必要的延长劳动时间，但是仍然要以保护健康和生活为根本，建立平衡的劳动观念”①。

（二）“好的劳动”是实用的劳动

劳动应该是有用的、管用的，而不是“做无用功”，因此，劳动应有明确的目的、周密的计划，很清晰地明白要做什么、应该怎么做，能够很好地利用好现有的劳动资源，不“瞎忙活”，否则，“干了也是白干”，还白白浪费体力、精力、物力。

① 娄雨：《什么是“劳动的独特育人价值”——论劳动之于“体、技、心”的教育意义》，《中国教育学刊》2020 年第 8 期。

（三）“好的劳动”是高效的劳动

劳动要遵循规律、把握技巧，熟练掌握劳动技能，采取科学的劳动方法，要“苦干加巧干”而不是蛮干，通过合理分配劳动时间和人力、物力来提高劳动效率，达到“事半功倍”的劳动成效，而不是“事倍功半”空耗许多劳动资源。

（四）“好的劳动”是安全的劳动

安全是劳动的底线，是保护劳动者健康和生命的不可触碰的红线，任何劳动都必须把确保安全放在第一位。在开展劳动之前，要先对劳动工具、劳动设备、劳动环境进行安全检查，采取安全措施，消除安全隐患，一旦出现影响劳动安全的因素，必须立即停止劳动，撤出劳动场所，并予以坚决整改，直至达到安全要求。《关于全面加强新时代大中小学劳动教育的意见》强调：“各学校要加强对师生的劳动安全教育，强化劳动风险意识，建立健全安全教育与管理并重的劳动安全保障体系。科学评估劳动实践活动的安全风险，认真排查、清除学生劳动实践中的各种隐患特别是辐射、疾病传染等，在场所设施选择、材料选用、工具设备和防护用品使用、活动流程等方面制定安全、科学的操作规范，强化对劳动过程每个岗位的管理，明确各方责任，防患于未然。”

（五）“好的劳动”是非排他的劳动

劳动活动本质上是一种社会活动，劳动者首先是一名社会人，劳动过程中必然会结成各种各样的劳动关系，劳动关系是社会关系的重要组成部分。良好的劳动关系建立在非排他性上，表现在劳动者之间的合作和不损害他人利益等方面。其一，劳动不是劳动者个人的“单干”，是直接或间接与其他劳动者的合作，要么是同事、工友，要么是为其提供生产工具等生产资料的其他行业的劳动者，在当今生产力高度发展的时代，纯粹的脱离社会关系的劳动是不存在的。其二，劳动者创造的劳动成果不仅供劳动者本人享用，同时也可通过交换供他人享用，劳动的价值不仅体现在实现劳动者个人发展上，更体现在促进社会进步上。其三，劳动者的劳动必须是诚实的，劳动所得必须是合法的，任何劳动者在通过劳动获利时必须以不损害他人和社会的利益为前提。

（六）“好的劳动”是保护自然的劳动

劳动是劳动者改造自然、从自然界获取资源的实践活动，但自然界的资源是有限的，人对自然的改造也应是有限度的。在正确认识自然的基础上处理好人和自然的关系，这是一名合格劳动者必备的劳动素养。因此，劳动者必须学会敬畏自然、尊重自然、保护自然，不可向自然界无限度地索取，也不可违背自然规律野蛮生产。在劳动教育的实际工作中，我们应时刻把握这一点，教育引导青少年“要学会‘敬天爱地’。……人能改造世界，但人不是世界的主宰，人类应该有所为而有所不为”[①]。

具备了以上对“好的劳动”的判断力，形成了“好的劳动”的标准，会促使劳动者适时调整劳动的目标、手段和方法，努力改进过度、低效以及对自身、他人和自然界有伤害性的劳动，“不断用科学技术和聪明才智推动劳动本身更加进步，越来越向‘好的劳动’发展”[②]，从而确保“以劳教劳”的实际效果。

五、“以劳教劳”需要建立长效的劳动教育体系

一个人劳动观念的形成、劳动习惯的养成、劳动技能的习得，不是一蹴而就、一朝一夕的事，需要长期坚持、从小培养。因此，劳动教育要落地，就要从小学开始把劳动教育纳入日常教育教学体系，根据不同学段的劳动教育要求，确定相应的教育内容，切实保证教育的系统性、实效性、可持续性，特别是要鼓励学生多参加劳动，让劳动真正成为劳动教育的最佳方式。

（一）劳动教育内容应以实践教学为主

实践出真知、长才干。《关于全面加强新时代大中小学劳动教育的意见》指出：“实施劳动教育重点是在系统的文化知识学习之外，有目的、有计划

① 娄雨：《什么是“劳动的独特育人价值”——论劳动之于“体、技、心”的教育意义》，《中国教育学刊》2020年第8期。

② 娄雨：《什么是“劳动的独特育人价值”——论劳动之于“体、技、心”的教育意义》，《中国教育学刊》2020年第8期。

地组织学生参加日常生活劳动、生产劳动和服务性劳动，让学生动手实践、出力流汗，接受锻炼、磨炼意志，培养学生正确劳动价值观和良好劳动品质。”落实这一要求的关键，是根据不同学段学生的特点、不同地区教育条件的差异，做到因人而异、因地制宜。

因人而异。低学段学生以参加生活劳动为主，如个人清洁、打扫卫生、整理房间、洗衣做饭等，主要是使学生学会生活自理，养成劳动习惯；高学段学生要积极参加服务性劳动，适当参加生产劳动，如志愿服务、社区服务、敬老服务等义务性、公益性劳动和工农业生产劳动，主要是使学生掌握一定的劳动技能，强化社会责任感，培养良好的社会公德；高校学生要结合所学专业，围绕创新创业，积极开展创造性劳动，主要是使学生积累职业经验，提升就业创业能力。

因地制宜。农村地区和城镇地区的劳动教育条件是有差异的，即使同是农村地区或同是城镇地区也各有不同，因为各地的文化传统和产业特点不一样，这就为学校开展劳动教育提供了多个选项。譬如：“在农村地区，可把‘农耕教育进校园’作为开展中小学、幼儿园劳动教育的特色举措，……让孩子们在亲近自然、体验农耕中增长知识，养成热爱劳动的习惯。在城镇，可借助工商企业力量，适时举办‘工业产品展示进校园’‘建筑沙盘展示’等活动，激发学生对工业生产、建筑生产的兴趣，体会工人劳动的艰辛。”① 又如：在赣南地区，家具和脐橙是当地的两大支柱产业，属地学校可充分利用这些丰富的产业资源，努力争取政府和企业的支持，把组织学生深入厂房、果园学习有关家具制作、脐橙种植方面的知识和技能作为开展劳动教育的特色举措。

（二）劳动教育课堂应以劳动场域为主

让学生学会劳动、热爱劳动是劳动教育的终极目标，要达成这一目标，光在教室里生硬枯燥地“空谈理论”“空洞说教”显然是不行的，只有把课堂搬到劳动场域中，通过教师“手把手”的示范、学生“手脑并用”的实践才有可能。这些劳动场域可以是校外的农田、社区、厂房，也可以是校内的

① 王玮：《劳动就是劳动教育的最佳方式》，《中国教育报》2020 年 5 月 21 日。

宿舍、图书馆、食堂；既可以在校外建立劳动实践基地，也可以在校内划分劳动包干区。打破传统的课堂模式，依托这些户外劳动场域，有针对性地安排教学计划、教学内容，让学生有身临其境的劳动现场感，从而真切感受劳动者的身份角色和行为体验，这是劳动教育取得实效的必需方式和手段。

（三）劳动教育师资应以专兼结合为主

没有专门的师资力量是当下各级各类学校劳动教育面临的普遍问题，这使很多学校的劳动教育课陷入“无人来教”的尴尬境地。《关于全面加强新时代大中小学劳动教育的意见》指出，要“采取多种措施，建立专兼职相结合的劳动教育师资队伍。根据学校劳动教育需要，为学校配备必要的专任教师。高等学校要加强劳动教育师资培养，有条件的师范院校开设劳动教育相关专业”。但事实是，目前各级各类学校并无严格意义上的劳动教育课教师，因为高等学校（包括师范院校）并无“劳动学科”“劳动专业”一说，也就无从培养劳动课的“专业”师资；同时，受中小学校教师编制所限，也没有“多余”的编制为劳动教育课配备“专任教师”，从而也很难产生劳动教育“专业师资”的需求，也就不会有“师范院校开设劳动教育相关专业”的可能。简言之，在当前条件下，要解决劳动教育师资问题，还应以“专兼结合”为主。

专职教师。这里所指的“专职”，与“专业教师”和“专任教师”是有区别的，应该称为教学管理人员更为合适，是专门负责劳动教育的日常教学管理工作的教师，其工作职责与“教务办”或“教研室”的教学秘书相类似，主要任务是做好劳动课的教学安排、任课教师的聘任、成绩录入、校内外劳动实践基地的建设和管理等。

兼职教师。主要承担劳动课的教学任务（包括劳动理论课和劳动实践课），最好由校内外具有相关专业背景的教师或持有职业资格的“双师型”教师、技师来担任，也可邀请某个行业的劳动能手、劳动模范、能工巧匠以专题讲座、事迹报告的方式来授课。

其他教师。《关于全面加强新时代大中小学劳动教育的意见》规定：“除劳动教育必修课程外，其他课程结合学科、专业特点，有机融入劳动教育内容。”一定程度上，每一个学科的教师都应该是一名称职的劳动教育教师，因为他们所教授的课程，最终都是要教给学生某项专门知识，让学生学会一技之长，为将来学生从事某个职业打下坚实的基础，因此需要特别强调实际动手能力的培养，这不仅是素质教育的基本要求，也是劳动教育的应有之义。

（四）劳动教育评价应以过程导向为主

教育评价问题是劳动教育的一个难点问题，因为劳动课程难以量化，也很难标准化。有些学校仅以布置学生交书面作业、写体会文章的方式来评定学生的劳动课成绩是不可取的，这既不客观，也无法衡量学生真实的劳动素养。

《关于全面加强新时代大中小学劳动教育的意见》要求“将劳动素养纳入学生综合素质评价体系，制定评价标准，建立激励机制，组织开展劳动技能和劳动成果展示、劳动竞赛等活动，全面客观记录课内外劳动过程和结果，加强实际劳动技能和价值体认情况的考核。建立公示、审核制度，确保记录真实可靠”。由此，对劳动教育的评价应着重强调学生参加劳动实践的过程评价，包括主观上自觉、自发参与劳动的态度，客观上乐于“动手去做”，真正“劳动”起来，不怕苦不怕脏不怕累，不摆姿势做样子搞花架子，再辅之以劳动技能的熟练程度和劳动结果的优劣高低来给予相对客观公正的评价。至于劳动过程的记录，应建立申报、审核和备案制度，其内容可包括劳动课的课堂表现情况、劳动周（劳动月）的表现情况、班务值日情况、家务劳动情况、志愿服务情况、宿舍卫生情况等方面。

总之，劳动和教育紧密相连，劳动具有树德、增智、强体、育美的综合育人价值。但需要指出的是，劳动首先是和劳动教育密不可分的，“以劳教劳”是劳动育人的“主责主业”，只有通过劳动才能真正抓好劳动教育，这是新时代实施劳动教育的必然选择。当然，这里还必须强调：“劳动教育中的劳动，不是按照成人的标准、用人单位的立场、资本的逻辑去安排的劳动，而是要以青少年的身心健康发展为出发点，真正以‘教育’为立场的劳动。”①

---

① 娄雨：《什么是“劳动的独特育人价值”——论劳动之于“体、技、心”的教育意义》，《中国教育学刊》2020年第8期。

第三章　劳动技能

习近平总书记强调，“全社会都要贯彻尊重劳动、尊重知识、尊重人才、尊重创造的重大方针”①。无论经济社会面貌如何改变、科学技术发展到何种程度，劳动始终是中国社会发展的重要推动力量。学生是建设社会主义现代化国家的见证者和参与者，培养劳动意识、激发劳动热情、锻炼劳动能力、提升劳动素养尤为重要。劳动教育是大中小学生提升解决问题和创新创造能力的重要途径。新时代，教育与生产劳动相结合的内涵发生重大变化，作为教育的主阵地学校必须提高站位，从教育链对接创新链、创新链重塑教育链的视角，构建实践育人体系，加强学校教育与社会生活、生产实践的直接联系，把劳动教育作为学生认知社会、服务社会、改造社会的有效载体，把科研创新、咨政服务、服务社会的报国强国实践转化为生动的育人场景。

---

① 习近平：《在庆祝“五一”国际劳动节暨表彰全国劳动模范和先进工作者大会上的讲话》，人民出版社 2015 年版，第 5 页。

第一节　生活性劳动

一、家务劳动

（一）家务劳动是学会生存的基点

家务劳动是指家庭成员在日常的家庭生活中必须从事的一种无报酬劳动。联合国教科文组织提出，21 世纪教育的核心是“学会生存”。[①] 劳动是人类生存的最基本的活动方式，劳动是做人的根本，而家务劳动是最基础、最常见的劳动形式。许多家庭对孩子关心备至，衣食住行全包，使孩子失去了“独立空间”。殊不知，学生自身长期处于一个优越而特殊的位置，极不利于基本素质的提高。

（二）家务劳动是培养学生生活能力和责任意识的重要途径

简单的家务劳动包括洗衣做饭、照看孩子、购买日用品、清洁卫生、照顾老人或患者等。在不同的文化和不同的社会中，家务劳动的分工情况有所不同。但无论何种性质的劳动，都对学生的生活能力和责任意识的提高等有积极的意义。一是有利于培养独立生活能力。学生掌握生存的技能越多，独立能力就越强，从而增强生活自信和对生活的适应能力，更好地面对生活中所遇到的问题，并努力克服和解决问题。二是能够锻炼身体协调能力和动手能力，而且有助于逻辑思维能力的提高和锻炼对事情分析、判断、统筹安排的能力，能够更好地认识事物。三是锻炼与人交流、合作的能力，以及团结的意识。在家务劳动过程中，需与父母就劳动任务和目标进行沟通，分工合作，在各自的努力中达成目标。在这个过程中，锻炼了学生的分析能力和沟通技巧，也培养了合作意识和团结精神。四是培养责任意识。家务劳动能使学生感受到他是家庭中的一分子，懂得做家务人人有责。五是有助于构建和谐的家庭氛围。亲身体验家务的繁重与琐碎，切身体会到父母终日辛劳的不

---

① 韦钰：《学会生存——教育世界的今天和明天》，教育科学出版社 2017 年版。

易，可以帮助学生懂得关心父母、体贴父母和孝敬父母。

二、内务整理

老子云："合抱之木，生于毫末；九层之台，起于累土；千里之行，始于足下。"荀况《劝学篇》里说："故不积跬步，无以至千里，不积小流，无以成江海。"

良好的劳动教育，需要从最基础的整理内务开始。保持干净整洁卫生的宿舍环境、温馨友爱的宿舍氛围，应是对宿舍成员的共同要求。尤其是对于背井离乡进入高校求学的大学生而言，大学宿舍便是他们的家；是他们自学、休闲、休息的多功能场所；是他们大学生活的重要组成部分。一般高校对大学生的宿舍管理都有一定的规定，比如大学生不得在宿舍留宿外人、不得在宿舍使用违章电器、要搞好宿舍的卫生环境等。学会内务整理，美化生活环境，不仅可以愉悦心情，创造良好的学习生活环境，也有助于培养责任意识和团队精神。

三、校园保洁

几年前南昌某高校撤掉保洁员，让学生自行维护寝室楼道卫生，这项学生"自主保洁"的政策全面推行一周即遭遇重挫，学生的反应强烈，楼道垃圾成堆，厕所堵塞，恶臭扑鼻。尽管参与保洁可获勤工俭学补贴，但学生并不买账。该学校校长表示，推行"自主保洁"的初衷是让学生通过劳动懂得艰辛、分享成果、学会协作，增强劳动观念、锤炼意志等；同时传承中华民族优秀的文化，让学生在人格方面变得更加健全，素质修养更完善。他坦言，学生"自主保洁"之所以引起争议，除了部分师生认识不到位，还与学校管理部门与学院班级衔接不到位有关，但并不会因此中断"自主保洁"这项活动。

（一）学生参加校园保洁有意义

近年来，很多学生由于父母的溺爱，甚至不会自己洗衣服。从这个角度来说，推行学生自主保洁，要求学生自己动手打扫卫生，从培养学生的劳动习惯出发，体会体力劳动的不易，有着较强的现实意义。学生阶段是形成独立的世界观、塑造独立人格的最佳时机，这个时候，更应该通过自主保洁等方式，改变其原来不合理的观念，树立服务大众、服务社会的意识。若真能做到这一点，对于个人、社会、国家来说，都是好事一桩。

学生多参加劳动，这一着眼点没有错，但推行者应尊重学生的意愿，不能操之过急。新时代学生崇尚平等沟通而非强制要求。一项大规模的学校管理事务，涉及全体师生切身利益，在推行前应达成共识。要尊重学生心理，采取公开透明的协商程序。当代学生对自身权利维护呈现新特点，如善于表达和行动。这种变化也对现行教育方法提出了挑战，推动教育改革。

（二）校园保洁的基本分类

每日常规清洁。每日常规清洁是指对容易造成污染及有必要的部位所做的清洁。例如，对地面、楼梯、卫生间、垃圾桶等应进行每日常规清洁。每日常规清洁的次数则依据环境卫生的标准要求和人流量的大小而确定。

周期性大清洁即按一定的周期，在每日清洁的基础上，将不必每天清洁或因在每天清洁中不彻底、不易做到的项目进行彻底的清洁。例如，天花板、墙壁、照明灯具和某些门窗的清扫，用洗地机清洗地面及用地毯清洗机清洗地毯等项目。周期性大清洁面广、工作量大，考虑到使用机具的配备和人手的调动等因素，在作业安排上采用定期循环式或一次性完成式。

日间巡回保洁，其是指在不影响人们正常的工作和生活秩序的前提下，每天由保洁人员巡查，对一些易污染、影响观瞻的部位和地方进行重点清洁。例如，及时用尘推拖净大堂；及时用干地拖拖干卫生间的积水；随时捡起地上的垃圾；巡回中用干毛巾轻抹金属栏杆、扶手，电梯按钮，厅门，自动扶梯步级、扶手，标志牌等易留污迹的地方。

四、垃圾分类

垃圾分类一般是指按一定规定或标准将垃圾分类储存、分类投放和分类搬运，从而使其转变成公共资源的一系列活动的总称。垃圾分类的目的是提高垃圾的资源价值和经济价值，力争物尽其用。进行垃圾分类可以减少垃圾处理量和处理设备，降低处理成本，减少土地资源的消耗，具有社会、经济、生态等方面的效益。

（一）学会垃圾分类

1. 可回收物

可回收物主要包括废纸、塑料、玻璃、金属和布料五大类。废纸主要包括报纸、期刊、图书、各种包装纸等。但是，纸巾和厕所纸由于水溶性太强而不可回收。

塑料主要包括各种塑料袋、塑料泡沫、塑料包装（快递包装纸是其他垃圾 / 干垃圾）、一次性塑料餐盒餐具、硬塑料、塑料牙刷、塑料杯子、矿泉水瓶等。

玻璃主要包括各种玻璃瓶、碎玻璃片、暖瓶等（镜子是其他垃圾 / 干垃圾）。金属主要包括易拉罐、罐头盒等。布料主要包括废弃衣服、桌布、洗脸巾、书包、鞋等。

2. 厨余垃圾

厨余垃圾包括剩菜剩饭、骨头、菜根菜叶、果皮等食品类废物。经生物技术就地处理堆肥，可生产大量有机肥料。

3. 有害垃圾

有害垃圾含有对人体健康有害的重金属、有毒物质或者对环境造成现实危害或者潜在危害的废弃物，包括电池、荧光灯管、灯泡、水银温度计、油漆桶、部分家电、过期药品及其容器、过期化妆品等。这些垃圾一般使用单独回收或填埋处理。

4. 其他垃圾

其他垃圾主要包括砖瓦陶瓷、渣土、卫生间废纸、纸巾等难以回收的废弃物及尘土、食品袋（盒）。其他垃圾危害较小，但是没有再次利用的价值，一般采取填埋、焚烧、卫生分解等方式。

（二）垃圾分类立法

2020 年修订的《中华人民共和国固体废物污染环境防治法》明确规定，国家推行生活垃圾分类制度，并授权设区的市可以结合实际制定本地方生活垃圾具体管理办法。

如今，随着人们生活水平的提升，制造的垃圾数量也“水涨船高”。有统计数据显示，在我们的日常生活中，城市居民平均每人每天会产生约1公斤的垃圾。因此，垃圾分类、变废为宝显得格外重要。垃圾分类处理作为一项利国利民的事情，全国各地已经实施多年，分类垃圾箱在公共场合、路边、社区几乎随处可见。

第二节　生产性劳动

一、生产性劳动永远不会过时

“劳动”是马克思主义的基本范畴，是理解马克思主义形成过程的逻辑主线。在马克思主义理论的形成与发展中，“劳动”始终占据着独特而重要的地位。马克思、恩格斯多次强调，“劳动创造了人本身。”[①] 关于“劳动”与“生产劳动”的关系，在马克思、恩格斯的论述中存在两种情况。一种是将两者等同视之，比如，“当我们从劳动过程的一切历史形式所共有的最简单的方面来对它进行研究，即把它作为人和自然之间的行为来研究时已经看到：‘如果这整个运动从其结果即产品的角度加以考察，那么劳动资料和劳动对象二者都表现为生产资料，劳动本身则表现为生产劳动。’”[②] 在这里，所谓劳动，明确是指生产劳动，或者说社会物质生产劳动。另一种是将两者区别看待，在论述教育与生产劳动相结合时大体是这种认识，而且注意区分了“生产劳动”的三种不同含义。

一是“工厂劳动”。伴随着技术的革新和机器大工业生产的发展，资本主义经济取得了极大进步。为适应这种发展的要求，工厂劳动成为重要的社

① 《马克思恩格斯选集》第3卷，人民出版社2012年版，第988页。

② 《马克思恩格斯全集》第43卷，人民出版社2016年版，第533页。

会活动方式，而且它打破了使人终身只能从事一种行业的旧式分工，个人的全面流动性增强，劳动的专业性质下降，劳动的变换成为可能。大工业生产的发展，产生的一个积极影响就是促使生产劳动同教育结合起来。恩格斯在《共产主义原理》中指出："教育将使年轻人能够很快熟悉整个生产系统，将使他们能够根据社会需要或者他们自己的爱好，轮流从一个生产部门转到另一个生产部门。因此，教育将使他们摆脱现在这种分工给每个人造成的片面性。"①工厂劳动是生产劳动的直接直观表现形式，与机器大工业生产有着密切的关系。马克思、恩格斯从资本主义社会生产方式变革的深刻洞察出发，在探讨教育与生产劳动相结合时，自然而然地把工厂劳动看作与教育相结合的重要内容。

二是"物质生产劳动"。在《资本论》第三卷第二节中，马克思从资本主义生产过程的角度，区分了劳动的两种形式——物质生产劳动和非物质生产劳动，并进而认为生产劳动不包括非物质生产劳动，专指物质生产劳动。《1861—1863年经济学手稿》中也指出，生产劳动可以归结为生产商品、生产物质产品的劳动。这些论述表明，在马克思看来，生产劳动在很大程度上是物质生产劳动的代名词，指代的是生产物质产品的劳动，是劳动者按照预定的目的借助劳动资料，使自己的劳动作用于劳动对象，最终生产出某种产品的活动。非物质生产劳动虽然存在，但大多数劳动者还不是从事这种劳动，与资本主义生产的数量相比微乎其微。它只能作为服务来享受，不能独立于劳动者之外，也不能转化为与劳动者分开的活动，可以把它们完全撇开不谈，甚至完全可以置之不理。也就是说，马克思虽然区分了生产劳动的两种形式，但在论述生产劳动以及教育与生产劳动相结合时，坚持所有的劳动都是物质的，劳动是有目的地对物质进行某种程度的转变。当时并未有意识地将非物质生产劳动纳入生产劳动的范畴进行分析，当然也就没有将教育与"非物质生产劳动"相结合的问题进行专门探讨。

---

① 《马克思恩格斯选集》第1卷，人民出版社2012年版，第308页。

三是“脑力劳动”与“体力劳动”。马克思、恩格斯理解的“劳动”包含“体力劳动”在内，这是没有异议的。马克思指出：“尽管工厂法的教育条款整个说来是不足道的，但还是把初等教育宣布为儿童劳动的强制性条件。这一条款的成就第一次从实践上证明了智育和体育同体力劳动相结合的可能性，反过来也证明了体力劳动同智育和体育相结合的可能性。”①“脑力劳动”是不是包含在马克思关于教育与生产劳动相结合的论述范围内、是不是属于“生产劳动”的范畴，对这个问题的认识一直颇有争议。如果从上面相关论述来看，马克思、恩格斯确实没有将“脑力劳动”纳入在内。但在其他论著中，尤其是对未来社会教育进行构想时，他们并没有排斥“脑力劳动”，而是把“脑力劳动”也作为生产劳动的一个重要组成部分来看待。“当社会成为全部生产资料的主人，可以在社会范围内有计划地利用这些生产资料的时候，社会就消灭了迄今为止的人自己的生产资料对人的奴役。……生产劳动给每一个人提供全面发展和表现自己的全部能力即体能和智能的机会，这样，生产劳动就不再是奴役人的手段，而成了解放人的手段，因此，生产劳动就从一种负担变成一种快乐。”②

在诸多关于“生产劳动”的不同含义中，从共时性考察和历时性分析的视角看，马克思、恩格斯对“生产劳动”的认识有两个方面值得重视。其一，马克思、恩格斯在论述资本主义社会条件下教育与生产劳动相结合时，谈到的“生产劳动”主要指代的是“大工业生产”“物质生产劳动”，主要关心的是“工厂劳动”如何与教育结合，主要针对的是资本主义大工业生产带来的身心对立而引发的对“体力劳动”与教育结合的重视。其二，马克思、恩格斯在勾勒未来共产主义社会条件下教育与生产劳动相结合时对“生产劳动”的阐发，既不限于“工厂劳动”，也不限于“体力劳动”，甚至不是局限在“大工业生产”“物质生产”的意义上探讨“生产劳动”。他们是把“脑力劳动”与“体力劳动”、“物质生产劳动”与“非物质生产劳动”

---

① 《马克思恩格斯全集》第 43 卷，人民出版社 2016 年版，第 509 页。

② 《马克思恩格斯选集》第 3 卷，人民出版社 2012 年版，第 681 页。

整合在一起，都作为共产主义社会生产劳动的基本内容。

“体力劳动我相信永远不会过时，即使是在机械化程度很高的时代，我们的物质财富、精神财富，主要是通过劳动创造的……体力劳动是劳动的基础，我们说劳动创造世界、劳动创造人、劳动创造财富，都要通过体力劳动。体力劳动和脑力劳动是两种劳动形态，各自有各自的作用。”[①]教育部相关负责人表示。

《关于全面加强新时代大中小学劳动教育的意见》和《大中小学劳动教育指导纲要（试行）》中，共同强调了一个观点，就是在劳动教育过程中，要以体力劳动为主，注重手脑结合。

这两份文件中提出以体力劳动为主，其原因，一是针对当前存在的最突出问题，即青少年学生不会劳动、不爱劳动，轻视体力劳动、轻视普通劳动者的情况，我们制定文件的过程中明确提出，首先要抓好体力劳动，让学生亲身经历劳动过程，在劳动实践中出力流汗。二是劳动教育要强化劳动观念，弘扬劳动精神，这些观念、精神必须在具体的劳动实践过程中才能形成。靠简单的知识讲解、概念灌输，不可能使学生真正形成对劳动的真情实感和正确认识。另外，从德智体美劳“五育”并举的培养体系看，每一育都有独特的育人功能、育人价值和教育内涵。劳动教育一方面强调体力劳动和脑力劳动相结合，另一方面要防止以“智育”取代劳动教育，避免单纯通过在课堂上教知识、讲劳动来实施劳动教育。既要防止“泛化”，也要防止“窄化”。

二、教育必须与生产性劳动相结合

当今教育至少有三方面突出的变化：一是全覆盖，即教育指代的是“德智体美劳”诸育，而且把劳动教育提高到前所未有的地位；二是全口径，即教育不只是指学校教育，还指代家庭教育、社会教育，全社会都担负起青少

① 《教育部：体力劳动永远不会过时　劳动教育要防止泛化或窄化》，光明网，见 http：//m.gmw.cn/baijia/2021-08/24/1302508377.html。

年成长成才的责任；三是全周期，即教育不只是指向青少年，而且涵盖人从出生到去世全生命周期。再比如，在对“生产劳动”的认识上，一系列劳动的新形态已被纳入生产劳动的范畴，科技劳动正跃升为愈益重要的生产劳动形式，经营管理也已成为生产劳动的重要范畴，生产劳动向社会服务和精神文化领域的延伸态势日趋鲜明。

总体来看，“教育与生产劳动相结合”今天的含义已大大拓展，可以从宏观和微观两个层面来认识。

从宏观层面上看，第一，教育与经济社会发展要求相适应。这是教育与生产劳动相结合最宏观的视角，也是最为广义的表达。邓小平同志曾指出：“现代经济和技术的迅速发展，要求教育质量和教育效率的迅速提高，要求我们在教育与生产劳动结合的内容上、方法上不断有新的发展……更重要的是整个教育事业必须同国民经济发展的要求相适应。”① 邓小平同志的这段论述视野宏阔，把教育与生产劳动相结合放在宏大的经济社会背景下来分析，对认识和把握教育与生产劳动相结合有着至关重要的指导意义。新时代要进一步下好教育“先手棋”，更好地发挥教育在经济社会发展中先导性、战略性、基础性作用，推进教育高质量发展、建设高质量教育体系，以教育现代化推进国家现代化等。

第二，教育要培养现代社会经济发展所需要的人才。在现代社会，教育与生产劳动是两个独立的过程，其结合点非常重要地表现为教育要培养社会生产劳动需要的人才。现代教育是将体力和经验为主的传统劳动者转化为以智力为主的现代劳动者、将一般和简单劳动者转化为专门和复杂劳动者、将知识形态的可能或潜在生产力转化为技术形态的现实生产力的基本途径。要着眼于经济社会发展的时代需要，牢牢把握培养什么人、怎样培养人、为谁培养人等基本问题，把造就有用人才的数量和质量作为衡量判断教育是否适应经济社会发展的根本标准。

第三，建立与现代社会经济结构相适应的教育体系。经济结构概指国

---

① 《邓小平文选》第二卷，人民出版社 1994 年版，第 107 页。

民经济的组成和构造。随着生产力和市场经济的发展，现代社会经济结构正产生越来越大的变化。适应这种变化，无论是基础教育，还是职业教育、高等教育等，都需要作出相应的调整，构建与经济发展要求相协调的现代教育体系。

从微观层面看，第一，促进学校和社会生产部门的联系对接。马克思在《资本论》中根据不同产品在社会再生产过程中的不同作用，从实物形态上把社会总产品分为生产资料的生产和消费资料的生产两大部类。前者指从事物质资料生产并创造物质产品的部门，包括农业、工业、建筑业、运输邮电业、商业等；后者指不从事物质资料生产而只提供非物质性服务的部门，包括科学、文化、教育、卫生、金融、保险、咨询等部门。今天的社会生产领域虽与马克思所处时代有了很大差异，但对社会生产部类的分析仍有重要指导意义。教育与生产劳动相结合，在学校整体层面上，就是要求在办学思想、办学理念上开门办学、开放办学，拆除学校与社会生产部门之间的藩篱，积极与社会生产部门链接，既吸纳社会生产部门的有益信息，将其纳入育人的整体范畴之内，也要积极回应社会生产部门的需求，调整课程结构、教学内容与教学方法，为社会生产提供更多优质人才。

第二，德智体美劳诸育与生产劳动相结合，推进“五育”融合。与马克思所处的时代相比，今天的教育从表现形态和内容上都已有了很大变化，德育、智育、体育、美育、劳动教育已成为教育的基本类型。在讲到教育与生产劳动相结合时，既指这五种类型的教育以及教育整体都需要紧密联系生产劳动，将生产劳动相关的要求、要素等纳入教育之中；同时又指五种类型的教育要做到“五育”融合，在德育、智育、体育、美育与劳动教育的融合中促进学生的成长与发展。需要注意的是，“五育”在不同类型的课程中表现出不同的内涵与方式，例如，各类课程中的劳动教育目标，不仅仅是劳动习惯和劳动技能，更重要的是未来必备的创造性思考和创造性劳动；各类课程中的体育目标，不仅包含运动和竞技类内容，还可以是灵敏的反应、准确的表达、身体的协调等等。因此，要根据“五育”融合课程目标，设计课堂教学目标、内容、情境、任务、活动以及评价等要素，推动学生在各类课堂互动中通过是非判断、价值判断和审美判断发展“真善美”品质，让“五育”在各类课堂中真实发生并体现整体性、累积性与建构性。

第三，有效实施科学教育。现代教育和生产劳动的关系，正越来越多地呈现为既相互独立又有机联系的独特状态。现代化生产要求每个劳动者必须掌握现代科学技术，这就必须不断提高各级各类学校的科学教育水平。相关教材要反映生产劳动的新成就，加速教学内容的现代化。同时，应根据现代生产的要求，改革课程的结构，学生既要学好基础理论，又要掌握高深的专业知识和实用技能，形成良好的科学素养。

实践是创新精神的源泉。实践是学生了解人生、了解社会、了解国情的重要途径，是激励学生学习和掌握知识的动力源泉，是将理论知识转化为能力、智慧、精神、品格的必要途径，也是铸就创新精神和能力的重要途径。因此，实践教学是培养学生创新精神过程中贯穿始终的、不可缺少的重要组成部分。创造条件既要让学生参加科学研究实践（课堂上、实验室和参与教师的科研实践活动），还要让学生参加社会实践（实习、见习、参观、社会调查、业余兼职、社会服务）等。在实践活动中，不仅能使学生证明和接受已有的知识和理论，而且还会发现新的现象和新的问题，增强创新能力和创新精神。

努力培养广大青年学生特别是大学生的创新意识、创造能力和创业精神，造就一代适应未来挑战的高素质人才，是实现中华民族伟大复兴的时代要求。

三、大学生生产劳动的主要形式

（一）专业实训

实训是职业技能实际训练的简称，是指按照人才培养规律与目标，对学生进行职业技术应用能力训练的教学过程。

（二）专业见习

专业见习是学生在进行专业实习前，通过学校组织或经学校同意后自主联系等方式，到相关单位进行一段时间观摩学习以熟悉工作纪律、了解工作流程和规范，为实习教育奠定基础的教育教学安排。专业见习的作用主要有提升专业自豪感和归属感，巩固理论知识和实践技能，提高综合能力，推进教学改革，提升教学质量。

（三）顶岗实习

顶岗实习是学生在完成规定课程后，在写毕业论文之前会进入企业进行综合性专业实习。师范专业及旅游管理、传媒、法律等应用性专业学生的专业实习往往以顶岗实习的形式开展。顶岗实习是学生能够在实际岗位上独立工作，并且能够初步完成该岗位的生产任务的实习，是校外企事业单位的相关专业岗位上直接参与生产的一种实践教学形式。顶岗实习要求学生具备独立工作的能力，能够独当一面，这对学生来说具有很大的挑战性。学生进入岗位劳动，是干不是看，既增长了知识、培养了才干，也锻炼了实际操作和动手能力，同时在岗位和项目中也作出了贡献。

四、学生生产性劳动的主要内容

（一）劳动工具的上手

马克思说："人的劳动能力的发展特别表现在劳动资料或者说生产工具的发展上。"① 马克思以实践的观点看待劳动工具，把劳动工具的发展同人类社会的劳动活动这种基本实践活动的发展，以及作为劳动活动主体的劳动者的发展，乃至整个人类社会历史的发展联系起来，从根本上阐明了劳动工具的本质及其在人类社会历史发展中的地位和作用。因而，劳动工具是一定程度上表征人类生产能力进步水平的客观尺度，是人类劳动力发展的测量器，也是劳动借以进行的社会关系的指示器。

发明和制造劳动工具是人类社会发展与进步的标志。从农业社会到工业社会，人类创造、发明了许许多多生产、生活所必需的工具，极大地提高了劳动效率和生活质量，同时也推动了社会不断进步。

劳动工具的发展史经历了六个阶段：简单工具、复合工具、天然动力工

① 《马克思恩格斯全集》第 32 卷，人民出版社 1998 年版，第 62 页。

具体系、蒸汽机器体系、电气机器系统和自控机器系统。

自18世纪进入工业社会以来，科技与生产力的发展突飞猛进，从机械化到电气化，从自动化到信息化，目前正在加速踏入智能化进程。

在机械化和电气化时代，人们利用蒸汽机、电动机等驱动机械替代人的体能进行劳作，创造了“力大无穷、永不疲倦”的动力工具。进入信息社会后，人类又不断制造出功能强大的新型信息工具，使我们获取和传输信息的能力变得空前强大。如今，任何人都能通过智能手机、互联网等“眼观六路、耳听八方”的信息工具，随时随地获取来自全世界的信息。

劳动工具运行趋向自动控制化，功能趋向智能化，彻底改变了劳动者的劳动职能，对劳动者的素质提出了“硬性”的要求：劳动者如果不具备有关劳动工具和其他附属设备的结构原理和性能方面及相应的加工工艺方面的知识，没有对生产中各类复杂情况进行综合判断和随机处理的能力，就将是人—劳动工具系统功能正常发挥的一个消极环节。具有足够有关劳动工具、生产工艺和劳动内容方面的专门知识和创造性思考能力的熟练劳动者，将是人—劳动工具系统中的积极因素，这种新型的人—机关系可称为“弹性联系”。

劳动工具的质量是劳动效率的重要因素。制造工具和使用工具是人类劳动区别于动物活动的最重要的标志。因此，学生在生产劳动过程中要将劳动工具的上手、改良和创新纳入实践内容，主动观察分析劳动工具（专业机器设备、仪表设计等）是否符合人的生理、心理特点，是否让人容易感知、理解和传达信息，检查设备、管路等有形物资的外形、着色、标志等基本设计是否科学合理，并根据劳动实践提出劳动工具改良和创新的方案。

（二）劳动过程的适应

马克思认为，劳动过程是劳动者通过有目的的活动，借助劳动资料对劳动对象进行加工而生产出使用价值的过程，是创造使用价值的一般人类活动。

在社会主义生产关系下，生产资料由全体人民或劳动集体所有。劳动者在生产过程中实现自身价值，并以劳动量为主要标准参与利润分配。科技进步是劳动过程发展的重要动力，民主管理是劳动过程发展的主要方向，生产关系变革是劳动过程发展的历史结果。

互联网、大数据、人工智能等技术既提供了智能化的机器和产品，还实现了对海量数据的精准处理。管理者得以借助智能设备提高企业经营效率，并依托数据分析结果优化组织结构。在此背景下，劳动过程有了巨大的变化，具体表现为生产的智能化、管理的科学化、劳动对象虚拟化。

随着新一轮科技革命的蓬勃兴起，共享经济、零工经济等新型经济发展模式层出不穷，劳动者在生产过程中的职能和地位也发生了重大变化。劳动过程与生产过程进一步分离。重复简单工作的普通工人逐渐被替代，具备研发创新能力和企业管理能力的复合型人才则在劳动过程中拥有更高的价值。

（三）企业服务与服务创新能力培养

全球产业结构正从“产品经济”向“服务经济”转变，通过服务创新实现差异化，不仅能够帮助企业获取可持续的竞争优势，推动服务业自身发展，还可以促进其他产业转型升级，转变经济增长方式。

基于制造企业“服务化”的企业服务创新。随着信息技术革命的逐步深化，制造业企业的发展模式和成长机制正在发生深刻变革，传统制造业与服务业之间的边界日益模糊，制造业服务化成为全球制造业企业转型升级的趋势和方向。

基于服务贸易竞争的服务创新。服务创新是服务业发展和经济增长的关键因素。服务创新不仅可以提高服务产品的竞争力，调整和优化服务贸易结构，为服务经济创造新的增长点，而且有利于在国际服务市场上形成优势地位。服务创新涵盖了产品设计、技术研究、生产过程、交付流程等多方面创新，具体包括：产品创新、过程创新、组织创新、市场创新、技术创新、传递创新、重组创新、专门化创新和形式化创新等。服务设计是帮助创新和改善现有服务，使用户觉得有用、能用和令人满意的，使机构觉得高效而有效的服务劳动。

服务创新需要复合型服务创新人才予以支撑，服务创新的人才多样化需求日益凸显。服务创新的不断发展，推动新服务项目、新商业模式不断涌现，服务细分领域增多也依赖于多样化的人才。大学生在生产劳动中可以跨专业、跨学科，开展综合劳动实践，不断提高服务设计和服务创新能力，逐渐成长为复合型服务创新人才。

五、学生的生产劳动实践

生产劳动是学生的主要劳动形式，学生要重视新知识、新技术、新工艺、新方法在生产劳动中的运用，在生产劳动中发现问题和创造性解决问题，提升专业劳动和职业劳动能力，尤其是创新劳动能力。

生产性实践劳动活动环节不仅要从最基本、最原始的简单劳动开始，引发学生深入思考，教育学生爱劳动、会劳动，更要与专业学习、实践实习、创新创业等相结合，使学生在专业学习上做到脚踏实地，通过劳动获取真知、深研学术，实现全面发展。

第三节　创意性劳动

一、创意性劳动的概念

创意性劳动是一个古老而又新鲜的劳动方式。它之所以古老是因为自石器时代起，当人类产生了通过创造性劳动改造天然工具并且逐步过渡到创造劳动工具时，抽象意义上的创意性劳动就开始出现在人类社会之中。创意性劳动之所以是一个新鲜的概念，关键原因就在于：首先，创意产业和创意经济作为一组术语被固定下来仅有十几年的时间，而且迄今为止，关于创意还没有一个公认的完整定义；其次，现代科技的进步和网络信息技术的发展为创意劳动的内涵和外延的拓展提供了更加便捷的条件。

创意性劳动是面对新问题，在知识积累的基础上，运用创造性思维，形成事物之间全新结合方式的活动，是艺术化思维加理性化执行的创造性活动。

创意性劳动具体包含了以下几个方面的内容：

第一，创意性劳动是一个面对新问题，从而为这个问题提供解决方案的劳动。雇佣工人的劳动、管理劳动、信息劳动、知识劳动等虽然也是在劳动的过程中提供能够满足人的生存或发展的某种需要的使用价值或是构成最终形态使用价值一部分的劳动。但是，创意性劳动与这些劳动的最大区别在于，创意性劳动是发现问题并用新方法解决问题的劳动，而后者是按照既定思路和程序解决问题的劳动。就是说，创意性劳动的出发点不是寻找问题的答案，而是寻找问题本身。从这个意义上说，创意性劳动十分接近于马克思所提出的本真劳动中关于劳动者的描述，即劳动者在劳动过程中是支配者和主导者，而不是用一定方法刻板训练出来的自然力。所以，对于创意性劳动者来说，首要问题就是发现问题，因为这是决定创意性劳动成果是否具有价值的前提。

第二，创意性劳动是在大量知识积累的基础上进行的复杂脑力劳动。通常人们提到创意，大多将其理解为“好点子”“好主意”“新想法”等灵光一现的词汇。创意作为创意性劳动的直接结果，在例如艺术、音乐等领域中看上去的确是创作者在某一时刻“突发奇想”的产物。但是大量脑科学研究和认知领域的相关研究显示，创意并非凭空出现，而是以大量相关资料和知识的积累为前提的。按照发生认识论的创始人瑞士心理学家皮亚杰的观点，这个阶段被称为图式（schema）的积累阶段。在创意性劳动的概念范畴中，图式的积累包括了对两种知识的积累：其一，是与创意性劳动的劳动对象相关的知识和信息的储备与搜集工作；其二，是与创意性劳动的劳动过程有关的解决问题的方法和技巧。这方面知识的积累除了包括在创意学上通常被称为“用脑素质”的积累之外，还应当包括创意性劳动的劳动者将自己的设想呈现出来的方法，也就是说是将已经产生于创意性劳动者大脑之中的设计和没有成形的零乱的概念，按照创意性劳动者的设想，以适当的方式表现出来的方法和技巧。

第三，创意性劳动是一种以创造性思维活动为主导的脑力劳动。所谓创造性思维顾名思义就是超越常规，跳脱出程式化、惯性化、线性化和惰性化思维方式的超越型信息处理方式。创造性思维的运用是创意性劳动区别于其他劳动类型的核心要素。出现在知识经济社会中的新劳动形态，例如信息劳动、知识劳动、管理劳动等，从它们的信息处理方式上来看，不外乎数学、逻辑分析、计算机仿真等信息处理方式，而创造性思维则是一种人类大脑特有的超越传统信息处理方式的超越型信息处理方式。

第四，创意性劳动是艺术化思维加理性化执行的创造性劳动。艺术化思维强调创意性劳动是一种生产美的劳动，强调了创意性劳动的新颖性和独特性，它决定了创意性劳动的内核。而创意性劳动者的天马行空一般的思维以怎样合理的方式呈现出来，怎样从仅仅存在于人的大脑中的编码或构想变成有形产品，都是由创意性劳动的理性化执行过程决定的。执行阶段的创意性劳动所要遵循的准则不再单纯地只是以“美”作为标准，而是以产品的结构、功能、外观、产品的成本—收益等原则作为标准。因此，它是从生产者和使用者的观点把一个系统转变为连贯的统一。从这个意义上来看，创意性劳动的过程是一个严肃的创造性劳动过程。创意性劳动的艺术化要求赋予了创意性劳动产品的内核，而创意性劳动的理性化要求决定了创意性劳动走向现实并且能够继续生存和发展。可以说，创意性劳动的这两个层面互为表里，互相依赖，缺一不可。

二、创意性劳动与传统劳动的区别

从劳动方式上来看，创意性劳动与传统工业社会的劳动方式有很大不同。

第一，从劳动的场所来看，传统产业工人的劳动在一个固定的场所中进行，劳动过程以进入工作场所为始，以离开工作场所为终。创意性劳动由于是一种以复杂脑力劳动为主的劳动，所以它的工作场所在信息社会发生了延伸，工作场所不再固定，劳动者的自由度更大。

第二，从劳动时间来看，传统产业工人的劳动时间同他所处的场所的变更是同步的。而对于创意性劳动来说，由于劳动场所的不固定，它的劳动时间就变得更具灵活性。也就是说，创意性劳动的劳动时间随时处于可以继起的状态。而传统产业劳动只有进入劳动场所，劳动者的劳动时间才能够持续。

第三，从劳动与自由、闲暇的关系来看，三者在传统工业劳动时间划分上是分明的。劳动过程的结束意味着自由时间和闲暇时间的开始；劳动过程的开始，意味着自由时间和闲暇时间的结束。而在创意性劳动这种特殊的劳动方式中，劳动与自由、劳动与闲暇之间的界限就变得不再明显。甚至这三者之间还存在着一种相互渗透、相互融合的关系。劳动时间在创意性劳动过程中变得更具灵活性，而且随时可以继起。这样就会导致劳动时间与非劳动时间之间的划界不再简单地按照工作场所和非工作场所的交替而变更。根据马克思对自由的理解，自由体现在两种活动之中：一种活动是“用于消费产品”，另一种是“用于从事自由活动”。第二种自由可以理解为，劳动在劳动者自觉自愿的条件下是自由的、在劳动成为一种创造性活动时是自由的、在作为一种有目的的改造主体的活动时是自由的。所以，从这个意义上讲，作为一种按照劳动者自由意志的、创造性活动的创意性劳动，它与自由之间的关系不仅不是对立的，而是融合的，是自由劳动的一种实现形态。

三、智能时代创意性劳动的价值

尽管智能时代劳动创造价值的形态发生了很大变化，但劳动创造价值的本质没有改变；尽管智能机器带来社会转型、失业等问题，但最终也将人类从各种繁重的劳动中解放出来。我们要采取主动的应对策略，立足马克思劳动价值论，运用马克思劳动价值论解决当下人工智能时代的新问题，赋予马克思劳动价值论以新的时代意义，推动中国特色社会主义社会发展及人的自由全面发展。

习近平总书记曾强调，“人工智能是引领这一轮科技革命和产业变革的战略性技术，具有溢出带动性很强的‘头雁’效应。”① 因此，应紧跟时代步

① 中共中央党史和文献研究院编《习近平关于网络强国论述摘编》，中央文献出版社2021年版，第119页。

伐，抓住第四次工业革命的机遇期，迎接智能时代的到来，这既是对马克思劳动价值论的坚持，也是剩余价值规律发展的必然结果。首先，可以利用智能化大生产为社会主义经济服务，为国家和人民创造更多的财富服务。其次，合理引导人工智能利用的价值取向，实现价值理性与工具理性、社会效益与经济效益的统一，真正实现智能社会人的全面发展。最后，加强对数字资本的管理，注重对人工智能技术的进一步研发与运用，防止技术对人的压制与奴役，从源头上应对新的劳动异化。其中，最理想的途径就是坚持和发展中国特色社会主义制度。

四、学生创意性劳动的主要形式

（一）创意劳动大赛

1. 劳动成果赛道

围绕主题，分三个组别进行申报：

科技成果开发类项目：基于劳动内容、辅助工具、劳动方式、劳动实物等，以具有转化开发前景的科研成果为基础策划的科学技术转化、产品开发及推广运营的创意项目。

专业技能类项目：基于劳动工具、劳动方式、劳动场景、劳动设计、劳动技能、劳动技巧等，以所学专业知识为基础，结合实践策划的设计、运营、管理、推广等创意项目。

规划设计类项目：将劳动精神融入校园文化的场地规划建设，如校园文化广场、创意园区之类的规划设计、建设管理等创意项目。

参赛需提交的作品材料包括：一是项目报告。必须至少包含以下内容：参赛项目属于劳动技术或劳动创意成果的理由与依据；参赛项目的关键创新点；用于展示的实物多角度照片或者规划设计的效果图等。二是项目汇报PPT或方案介绍视频。

2. 虚拟仿真赛道

重点围绕“两化融合”“数字工匠”“通专融合”，落实新工科建设与跨学科综合能力培养。以“数字经济”下的工程素养与文化相融为发展宗旨，为高校大学生打造工程实践与创新型互动媒体交叉融合的创新平台，展示数字媒体形态下的工程创新能力，传播工程知识，普及先进技术，促进人才发展。

具体是指把反映新知识、新理论、新技术、新方法的成果设计为适合本科生工程 / 劳动教学的课程并以虚拟仿真形式呈现。需明确提出适合于仿真形式学习的方案与制作脚本。

参赛需提交的作品材料包括：

一是项目报告。必须至少包含以下内容：实验原理（简要阐述实验原理，并说明核心要素的仿真度）；实验教学方法（举例说明采用的教学方法的使用目的、实施过程与实施效果）；实验方法与步骤要求（学生交互性操作步骤应具体说明）；体现仿真实验教学项目建设的必要性及先进性、教学方式方法、评价体系及对传统教学的延伸与拓展等方面的特色情况介绍等。

二是项目汇报 PPT 或方案介绍视频。

3. 工程实践与创新能力赛道

本赛道重点考查学生利用跨学科基本理论、基本知识，解决面向实际问题的设计、制造与创新能力，强调工程思维、工程创新、工程理论与团队合作等综合素质，重视挑战性和综合性。

（二）大学生创新创业大赛

1.“挑战杯”竞赛

“挑战杯”竞赛在中国共有两个并列项目：一个是“挑战杯”中国大学生创业计划竞赛；另一个则是“挑战杯”全国大学生课外学术科技作品竞赛。这两个项目的全国竞赛交叉轮流开展，每个项目每两年举办一届。其中，“挑战杯”中国大学生创业计划竞赛借助风险投资运作模式，要求参赛者组成学科交叉、优势互补的竞赛团队，就一项具有市场前景的技术产品或服务，以获得风险资本的投资为目的，完成一份完整的创业计划书，“挑战杯”中国大学生创业计划竞赛被誉为中国大学生创业创新类比赛的“奥林匹克”盛会，是目前国内大学生创业创新类最热门最受关注的竞赛。

2.“互联网 +”大学生创业创新大赛

中国“互联网 +”大学生创新创业大赛，以“‘互联网 +’成就梦想，创新创业开辟未来”为主题，由教育部与有关部委和吉林省人民政府共同主办。大赛旨在深化高等教育综合改革，激发大学生的创造力，培养造就创新创业的主力军；推动赛事成果转化，促进“互联网+”新业态形成，服务经济提质增效升级；以创新引领创业、创业带动就业，推动高校毕业生更高质量创业就业。

3. 全国大学生电子商务“创新、创意及创业”挑战赛

全国大学生电子商务“创新、创意及创业”挑战赛是由教育部高等学校电子商务专业教学指导委员会面向全国高校（含港澳台地区）举办的大学生竞赛项目。

4.“创青春”全国大学生创业大赛

“创青春”全国大学生创业大赛是“挑战杯”中国大学生创业计划竞赛的改革提升，是在原有“挑战杯”中国大学生创业计划竞赛的基础上，自 2014 年起组织开展的“创青春”全国大学生创业大赛，每两年举办一次。

第四节　公益性劳动

公益活动的参与对象并不应该仅是一个人或者一个组织，而是通过一个人或者一个组织带动社会全体人员参与的不具有任何功利性的活动。公益对我们每个人来说其实并不遥远，公益就在我们身边，一句话、一个动作甚至一个微笑，都可以变成公益活动。做公益首先应有一颗奉献的心，不能只为了某方面的利益；其次公益活动是一项长远发展的事业，需要有一个长远的眼光和态度去对待，半途而废是非常不可取的。大中小学生都要树立一种正确的价值观、人生观和世界观，在刻苦学习理论知识的同时，多做一些有意义的公益活动，不断丰富自我，才能创造一个更有价值的人生。

学生公益性劳动的常见形式如下：

一是志愿服务。志愿服务是指在不为物质报酬的前提下，自愿贡献个人时间和精力，为推动人类发展、社会进步和社会福利事业而提供服务的活动。这一概念既包括地方和国家范围内的志愿者行为，也包括跨越国境的双

边的和国际的志愿者项目。志愿服务为发达国家和发展中国家福利的提高和社会进步作出了重要贡献。它是各国和联合国进行人道主义援助计划、技术合作、改善人权、促进民主与和平的重要组成部分。志愿服务突出地表现在非政府组织、专业协会、工会和其他民间组织的活动中。

二是义务劳动。义务劳动指不要报酬，出于自身自由意志而开展的劳动。学生开展义务劳动的优点在于组织方便、活动开展高效、劳动效果显著等方面。如打扫街道、清理公共设施等劳动就是比较常见的义务劳动，这些劳动便于组织、便于开展，同时也能促使学生形成无私奉献的良好风气，还可以在人民群众当中为学生树立起更加美好的形象。

三是环境保护。环境保护是全世界共同关注的热门问题，从绿色出行、垃圾分类，到海洋污染保护等，都是与民生息息相关的问题。学生可以通过开展环境保护活动，一方面感受破坏环境对我们自身的影响，另一方面起到带头作用，让全社会更多的人投入到关注环境、保护环境的行动当中。

四是便民服务。从广义上看，便民服务涉及为人民群众开展知识普及活动，即理论宣讲，涉及义务劳动、改善群众生活娱乐环境等。

从狭义上看，便民服务主要针对的是为需要帮助的人民提供各种义务服务，如为孤寡老人提供生活帮助、为留守儿童提供教育辅导、为残疾人群提供服务等。

五是“三支一扶 ”。“三支一扶”政策招募的对象主要为全国普通高校应届毕业生，且要求毕业生身体健康，成绩合格，政治素质好，具有敬业奉献精神，遵纪守法，作风正派。招募工作以“公开、平等、竞争、择优”为原则，并保证招募一定比例的家庭经济困难的学生。

开展“三支一扶”意义：第一，有利于引导大学毕业生到艰苦地区、到基层建功立业，引导大学生结合个人理想和现实需要，树立正确的人生观、世界观和价值观。第二，有利于促进农村教育、卫生、农业与扶贫等社会事业的发展，改善当地的人才队伍结构，为基层建设增添新的活力。第三，有利于缓解大学毕业生的就业压力，帮助大学生深入了解国情、了解社会，帮助大学生树立行行建功、处处立业的理念。第四，有利于培养造就一批既有现代科学文化知识，又有基层工作经验和强烈社会责任感的优秀青年人才队伍，为推动我国经济社会的全面发展提供了人才基础。

六是大学生志愿服务西部计划。大学生志愿服务西部计划，是团中央、教育部根据国务院常务会议、《国务院办公厅关于做好 2003 年普通高等学校毕业生就业工作通知》和 2003 年全国高校毕业生就业工作电视电话会议精神的要求而实施的，财政部、人社部给予相关政策、资金支持。该项计划从 2003 年开始实施，按照公开招募、自愿报名、组织选拔、集中派遣的方式，每年招募一定数量的普通高等学校应届毕业生或在读研究生，到西部基层开展为期 1—3 年的教育、卫生、农技、扶贫等志愿服务。

七是青年红色筑梦之旅。青年红色筑梦之旅是 2017 年第三届中国“互联网 ”大学生创新创业大赛举办的同期实践活动。此次活动由教育部组织，承办单位为西安电子科技大学。两批参赛团队分赴延安，通过大学生创新创业项目对接革命老区经济社会发展需求，助力精准扶贫脱贫。实践团围绕“青春之歌”“红色记忆”“筑梦踏实”三个主题，通过寻访梁家河、走访“八一”敬老院、参观革命旧址、聆听专题辅导、开展青年乡村创客沙龙、举办乡村创客高峰论坛，学习和感受当地的精神财富，实地了解老红军、下乡知青们伟大而艰辛的青春“创业”史，为创业青年提供了一次继承延安精神、涵养创业精神、坚定文化自信的精神飨宴。

八是“三下乡”。大学生“三下乡”即有关文化、科技、卫生方面的内容知识走向基层，促进基层文化、科技、卫生的发展。大力开展文化、科技、卫生“三下乡”活动，是我们党全心全意为人民服务宗旨的具体体现。

第五节　创造性劳动

一、创造性劳动赋能智能时代劳动教育新内涵

赋能就是赋予人、组织、事物或环境某种能力和力量，使不可能变成可

能、使小能变成大能。创造性智慧赋能智能时代的劳动教育，就是基于智能时代的劳动特征，借由创造性智慧提供的新的思维、方法、手段、场景、技术和路径，提升劳动教育的整体能力，推进创造性智慧成为智能时代劳动文化素养，实现劳动教育的创新性发展。

（一）创造是智慧的劳动教育手段

创造通过劳动与资源、环境的无限互动，寻求更好的方式来丰富和发展智慧。高品质的劳动教育需要把创造作为手段、把智慧作为目的。智慧抽身缺乏创造性的劳动环境，寻找有意义的方法和模型，培养学生的劳动精神，发展学生的劳动知识、智慧、洞察力和各种技能。

（二）创造性智慧是智能时代的劳动文化素养

智能时代的劳动唤起人的创造性智慧。创造性智慧作为一种新的劳动文化素养，是问题解决、推动创新和激发创业的有力手段，是关于劳动创造美好生活的、基本的、实用的专业知识。创造性智慧可以对复杂而不确定的劳动活动提供非凡见解、判断和建议。它包括五个方面：人性和人类劳动生活过程中丰富的事实性知识；涉及劳动生活问题的可能的丰富的程序性知识；生命期情境主义，即在并发的时间段以及整个生命期中对生活的多种情境及其相互关系的理解；价值宽容和相对主义，即了解个体、群体之间的差异以及更广泛的社会 / 文化价值观和优先事项；不确定性知识的处理，包括个人知识、集体知识和整个世界知识的局限性。一般来说，生活经验和知识越少，对想象力的限制就越少，创造的潜力就越大，但如果没有相关劳动经验和知识将其结合起来，这些想法很可能缺乏实际的应用价值和有效性。

（三）创造性智慧是智能时代劳动教育的思维方式

创造性智慧是一种思维方式，是人们看待智能时代劳动方式的根本转变。在劳动中潜意识出现的某种事物，很可能触动劳动者以不同的方式思考问题，以新的方式解决问题，并找到更好的做事方式。创造性智慧提供一种劳动教育思维，帮助学生在劳动教育实践中激发新的思维，识别和消除阻碍新思维的认知偏见和假设，保持对未知事物的开放性，接受更多的可能性，以新的思维方式解决劳动教育过程中遇到的问题和挑战。创造性智慧作为创造性策略性变革的思维，可以帮助学生在不了解所有信息时策略性地思考某个劳动主题，在预测未来时相信自己的直觉，结果将在观察世界的思维上、在与劳动互动的思维上产生本源性变革。

（四）创造性智慧是智能时代的关键劳动能力

创造性智慧是人类认识与完善物质世界和精神世界的关键能力。成功适应复杂的、智能化的劳动需要创造性，需要从全新的角度处理问题并思考任何领域的解决方案。创造性智慧可以帮助学生：以事物的本能而不是本质来审视劳动；在新的劳动场景下展示智力的灵活性和行动的创新性；对劳动过程中遇到的新问题能提出新想法，设计新颖的、独特的解决方案，并依据劳动教育环境而付诸行动；发现智能时代劳动对象和劳动工具的新联系；获得有关创造性思想在智能世界的劳动中如何运作的完整图景，延伸和挑战传统惯例以创造新事物的价值。在智能时代的劳动教育中，发展学生的创造性智慧虽没有既定的模板或明确的方程式，但可以通过复杂性劳动和智能技术最大限度地提高劳动的价值性、有效性和创造性，在获得创新知识的同时发展获得创造性智慧的特定知识和经验的能力。

二、创造性智慧赋能智能时代劳动教育的维度

劳动教育的有效实施，涉及目标、内容、形态、场所四个基本维度。创造性智慧赋能的智能时代劳动教育，在上述四个维度上产生了新的、根本性的变化。在劳动教育目标上，旨在通达劳动幸福，使劳动教育成为有温度的教育和幸福的教育；在劳动教育内容上，围绕第四次工业革命涉及的新型技术进行重组和调整，赋予劳动内容更强的灵活性和智慧性，产生更大的劳动教育价值；在劳动教育形态上，打破了机械性、简单性、重复性劳动的藩篱，提升了劳动的自主性和创造性；在劳动教育场所上，为劳动教育提供灵活的数字化或实体劳动设施、开放共享的空间和协作互动的创造，以实现真正的智能、赋能创新和联通。

（一）劳动教育目标的新温度：劳动幸福

劳动旨在创造幸福和追求幸福生活。“幸福都是奋斗出来的”，“奋斗本身就是一种幸福”。[①] 劳动创造的过程就是奋斗的历程，如果缺乏求知欲，人就失去了动手动脑的欲望，那么任何劳动都是被动的、无意义的。创造性劳动为人们的劳动带来了奋斗、欢乐、意义和目标。专注于创造性劳动不仅是经济上的重要考量，也是实现人类成就的重要途径和世界变得更加人性化的机会。由此，在这般开放灵活的智能时代，只有创造性劳动才能激发劳动教育的无限生命和活力，成为有温度的教育和幸福的教育。劳动的幸福程度与生产力和科技发展以及社会制度是相关联的。智能时代的劳动教育需要发挥学生作为劳动主体的创造性，利用创造性劳动的方法和手段解决问题来通达劳动幸福。在创造性智慧赋能的劳动教育中，审慎思维和问题解决能力可以使学生永葆求知欲，激发探寻智慧的强烈欲望，触动学生的好奇心、想象力、知觉、创造性、热情和情感。劳动创造的过程就是不断发现问题和运用发散思维来解决问题的过程，如此进行有关个人效能的行为和实践的劳动循环往复，产生许多新的思想。学生在这个劳动过程中会使自己作为创造性的人的本质得到确证，产生深层次的愉悦体验、快乐和激励，从而激发自己的劳动获得感和自我效能感，提升劳动教育的情怀和劳动的幸福程度，为劳动创造的生命增添幸福指数。创造性智慧也是学生在劳动过程中累积的知识和经验的产物，它们在劳动教育过程中发挥的协调作用及其被有意识地使用，同样能增进学生的幸福感。创造性智慧和劳动教育的双向赋能，使学生自由自觉的劳动得以实现。

（二）劳动教育内容的新深度：创新性技术

技术进步是促进人的发展的重要杠杆。劳动教育的深度是指劳动教育内容的技术前沿程度，它决定了学生的劳动追求、劳动创造理念和劳动所产生的价值，包含着劳动教育、数字环境、智能时代和劳动力市场之间紧密联系的思维逻辑，引领着劳动教育在智能时代的发展方向。劳动教育需要“内容

---

① 习近平：《在北京大学师生座谈会上的讲话》，人民出版社 2018 年版，第 12 页。

转型”，综合、全面地转向第四次工业革命的需求和挑战。

第四次工业革命的核心驱动思想之一是通过网络使劳动设备等物理对象或组件与环境交互，变得智能和主动。机器、物体和空间的联网创建了物联网，从而将交互的网络物理系统与数字区域联网。面向第四次工业革命的劳动教育关键是让学生在劳动中能够感知、思考和创造性地应用这些新技术，发展学生的审慎思维和问题解决能力，以满足智慧劳动的要求。

劳动教育的内容需要以创造性智慧为根基，围绕第四次工业革命涉及的新型技术进行重组和调整，基于差异化的结构和创造性、复杂性的高技能劳动活动为特征来展开内容设计，赋予劳动内容更强的灵活性和智慧性，从而改变学生的劳动观念、思维和行为，帮助他们适应不断变化的环境和挑战，产生更大的劳动教育价值。创造性智慧能帮助学生探索新技术的可能性应用，突破现有的界限，并创造一些可能具有变革性的实用制品，产生多种问题解决的样态和形式，涌现新的劳动范式。

（三）劳动教育形态的新高度：智慧劳动

人工智能和智能机器等先进技术已广泛应用于需要智能和认知能力的劳动活动中，尽管它们不能改变劳动的本质，却产生了智能劳动和智慧劳动两种新的劳动形态。智能劳动是以人工智能技术为手段创造出智能产品或产品中包含人工智能技术的劳动方式。智慧劳动作为随着生产力发展不断进步的高级劳动形态和劳动教育的未来新常态，主要是指依赖于人脑智力从事富有复杂性、创造性的智能劳动。智慧劳动作为创造性智慧赋予劳动的产物，可有力提升劳动教育的高度，实现由机械式劳动向智慧劳动的跃迁，提升劳动的自主性和创造性。因此，重复性机械劳动向创造性智慧劳动演化的过程就是人的本质发展和提升的过程。

智慧劳动是智能时代深化劳动教育的主要形态。人工智能主要是增强而不是取代人类能力，在劳动教育中需要让学生采用全新的方式与智能机器协同劳动，通过在增强环境中的协作来提高学生人机协同劳动的能力和方式。在智慧劳动中，需要让智能机器承担重复的劳动任务和流程，将学生的劳动注意力从完成日常劳动任务转向不重复的、更具创造性、更有意义、更有价值的劳动活动，转向识别和解决未见问题，使他们能够更加专注于未来劳动的需要，发展创造力、同理心、好奇心等能力，从而将学生的焦点从预定义和标准化的劳动任务转移到围绕提高劳动成果的创造新价值上，将学生的要求从具体技能转变为持久的人类能力，帮助学生更快地学习，发展技能和能力以保持相关性的经验和接受挑战，并为未来做好准备。

（四）劳动教育场所的新宽度：智慧劳动空间

劳动教育的宽度就是在迎接智能机器劳动替代的挑战和劳动能力转移之时，为了发展劳动自身的环境适应性、保持与时俱进的先进活力，所拓展的具有吸收力、扩张力和稳定性的韧性维度。创造性智慧作为拓展劳动教育平台宽度的动力引擎，可以模糊劳动教育场所的边界、丰富劳动教育的发生场所——在一切现实生活和虚拟场景里，使劳动教育不断适应社会环境的变化，既不改变劳动的本质和初心，也能调整劳动教育的环境因素，提高劳动教育生态系统的灵活性、开放性和延展性。

一是劳动空间连续统一体。早期的劳动教育场所主要表现为校园、农场等物理劳动空间。随着信息技术的发展，劳动环境逐步发生变化，产生了数字劳动空间、智慧劳动空间和混合劳动空间，形成了劳动教育空间的生态化架构，大大拓展了劳动教育的宽度。现在的学生普遍具有数字原住民的特点，数字劳动空间会成为劳动教育场所的主流，物理劳动空间则是有益的补充，形成物理劳动空间和数字劳动空间的协同，为数字时代的劳动教育提供了动力。而智能技术的进步和劳动方式的变化，推动了对智慧劳动空间的需求，引发数字劳动空间发生根本性的转变，智慧劳动空间正在涌现。

二是智慧劳动空间。智慧劳动空间是劳动空间的自然进化，它使用一系列新技术产生更多有效的劳动方式。智慧劳动空间就是学生利用个人物联网设备或可穿戴设备等自带物（Bring Your Own Thing，BYOT），通过与数字化的物理对象互动来进行劳动的场所。智能劳动空间技术包括物联网、数字标牌、集成的劳动空间管理系统、虚拟劳动空间、运动传感器和面部识别。在智慧劳动空间中，学生可以通过互联网、移动技术、云计算、传感器和物联网的结合，虚拟或远程地进行劳动，实现随时随地通信、协作和完成劳动，智慧劳动空间是由学生、数字化设备或物联网性实体设备、空间等构成的网络。

在劳动教育中，智慧劳动空间应围绕劳动活动设计，为劳动教育提供灵活的数字化或实体劳动设施、开放共享的空间和协作互动的创造，以实现真正的智能赋能、创新和联通。

综上，我们生活在一个复杂多变的世界里，5G 通信使万物互联的速度加快，大数据人工智能、区块链等科学技术令无数程序性工作岗位被智能机器重塑或取代，留给人类的劳动任务更具灵活性、复杂性、情境性和定制性。因此，劳动教育不再只是培养勤奋、有知识的青年劳工，而是更关注其积极、自主、创造、激情、活力、智慧的才能。

将创造性智慧赋能劳动教育是人工智能时代的明智之策。其一，创造性智慧是创造＋智慧，它不等同于创造性思维，不仅要有新奇独特的想法，还要有实践行为的能力，把想法变成切实可行之举，为创造赋予了科学性、为智慧赋予了创新性。其二，劳动形式的历史演变将劳动教育推向了一个新的制高点，为确保学生在未来的劳动力市场具有智能技术无法取代的竞争性地位，创造性劳动所追求的创造性智慧成了新时代劳动的核心驱动力。其三，创造是智慧的劳动教育工具，创造性智慧是智能时代的劳动文化素养和关键劳动能力，更是劳动教育的一种思维方式和方法论。其四，创造性智慧孕育着智慧劳动，深化了劳动教育的形态：不断拓展劳动教育的宽度，扩大劳动教育的场所；不断提升劳动教育的技术深度，使学生的劳动过程变成具有“含金量”的创造性劳动。其五，创造性智慧为劳动教育升温，让学生在劳动创造的过程中找到自我认同感，提升幸福感，获得劳动价值，推动实现其自由全面发展。

第四章　劳动价值

人民创造历史，劳动开辟未来。劳动是推动人类社会进步的根本力量。① 劳动教育是中国特色社会主义教育制度的重要内容，直接决定社会主义建设者和接班人的劳动精神面貌、劳动价值取向和劳动技能水平。新时代大中小学生要树立正确的劳动价值观，要大力弘扬劳模精神、劳动精神和工匠精神，深刻理解劳模精神、劳动精神和工匠精神的基本内涵和历史演变。

① 《习近平著作选读》第一卷，人民出版社 2023 年版，第 116 页。

党的十八大以来，习近平总书记立足于中国特色社会主义新时代的历史方位，多次就劳模精神、劳动精神、工匠精神发表重要讲话、作出重要指示。这些讲话和指示立意高远、思想深邃、内涵丰富、饱含深情，科学界定了“三种精神”的丰富内涵，系统回答了事关“三种精神”的重大理论和实践问题，具有很强的政治性、思想性、理论性、实践性和指导性。这些重要论述充分体现了以习近平同志为核心的党中央对劳模工匠群体和广大劳动人民的高度重视、充分肯定与深切关怀，为在新时代坚持、发展、弘扬“三种精神”，培育和践行社会主义核心价值观，激发劳模先进和全体劳动者创新创造创优的热情和活力、充分发挥工人阶级主力军作用，提供了科学理论指引和有力思想武器。劳模精神、劳动精神、工匠精神都是对马克思主义劳动价值论和劳动观的丰富和发展，也是当前社会主义核心价值观的应有之义。弘扬劳模精神、劳动精神和工匠精神对于大中小学劳动教育具有重要意义，有助于树立和培育新时代青年的社会主义核心价值观。

第一节　劳模精神

劳模是广大劳动群众的典型模范和杰出代表，是劳动精神的最高境界，是新时代新征程不断进取开拓事业的不竭精神动力。在中国的各个历史时期，劳模精神不断丰富和延伸，对国家建设发挥了至关重要的作用。

一、劳模精神的基本内涵

劳模精神是全社会劳动成员对于劳动价值的认同与归属。2015 年，习近平总书记在“五一”国际劳动节暨表彰全国劳动模范和先进工作者大会上指出，必须发扬劳模精神，发挥劳动模范的榜样带头作用，并高度凝练了以“爱岗敬业、争创一流，艰苦奋斗、勇于创新，淡泊名利、甘于奉献”① 为主

① 习近平：《在庆祝“五一”国际劳动节暨表彰全国劳动模范和先进工作者大会上的讲话》，人民出版社 2015 年版，第 4 页。

要内容的劳模精神，它们息息相关、相互融合、互为表里，共同构成了劳模精神的基本内涵。

（一）爱岗敬业、争创一流

爱岗敬业既关乎个人成长成才，更关乎国家强盛和民族复兴。[①] 爱岗是敬业的前提，全体劳动人民要学习劳模把爱岗摆在重要位置，充分认同自己所从事工作的高尚伟大，对工作始终保持热爱，把所从事的工作当成神圣事业来做。因热爱而执着，因热爱而奋斗。敬业是爱国的结果。“功崇惟志，业广惟勤。”要学习劳模精神，严格要求自己，对事业全心全意，以强烈的责任心和强烈的使命感端正思想，真抓实干，不达目的不罢休。敬业是指人们以虔诚的态度对待自己所从事的工作，是对全体劳动人民的基本价值要求。全体劳动人民应当兢兢业业、刻苦钻研、忠于职守、克己奉公、服务人民、服务社会，充分体现社会主义职业精神。

一流即第一层次，争创一流是劳动模范具有敢为人先、一往无前、勇于创新的奋进精神，强调坚持刀刃向内、勇于自我革命，时时刻刻瞄准“基础扎实、名次靠前、品牌过硬”的一流目标。劳动群众的典型模范代表始终保持“战战兢兢、如履薄冰”的危机意识，具有坚定的理想信念和良好的政治素质，在工作中不甘平庸，主动作为，锐意进取，敢于破旧推新，事事走在前列，牢牢掌控一流发展方向。在工作中能不能勇创一流，不仅反映了劳动群众个人的勇气和胆识，也体现了劳动群众以及所在单位的责任担当和事业追求。面对新时代新征程带来的新任务新要求，劳动群众要秉持敢于争先勇创一流的精气神，以一流的思维观念、卓越的事业追求和出彩的工作标准，把自己的工作干到极致、干出特色、干成精品。“爱岗敬业、争创一流”是劳模精神的本质特征，体现了劳模对国家、社会、职业的高度责任感、使命感和舍我其谁的主人翁精神。

（二）艰苦奋斗、勇于创新

艰苦奋斗是中华民族崇尚的传统美德，也是我党我军的传家宝。艰苦奋

① 《爱岗敬业——党员干部的行动自觉》，《共产党员》2022 年第 10 期。

斗不仅是我党一路走来、发展壮大的重要保证，也是我们继往开来、再创辉煌的重要保证。“艰苦奋斗”是劳模精神的政治本色，是劳动群众在长期艰苦奋战革命进程中逐渐形成的优良作风。劳模精神强调艰苦奋斗，意味着需要提振精神、铆足干劲，一锤一锤钉钉子，一日一日受磨砺。艰苦有时是指艰巨的事情，任务重、要求高，需要突破“天花板”，披荆斩棘、奋勇争先，积尺寸之功以求飞跃。艰苦有时指长期的事情，需要坚持、忍耐，才能在艰难困苦来临时从容不迫、沉着应对。劳动群众一定要坚持自己的准则，锤炼扎实过硬的工作作风，不断提高自身的综合素质和能力。

勇于创新是劳模精神的重要目标。创新是世界进步的动力。劳动群众有创新精神，国家才有进步的希望。劳模精神提倡勇于创新就是打破旧的思维定式和条条框框，敢于尝试，创新性地提出新观点、新思路、新方法，解决问题，取得新成绩。“时代是出卷人，我们是答卷人，人民是阅卷人。”① 站在新的历史起点上，劳动群众要坚定不移听党话、跟党走，学习新思想，贯彻新理念，以踏石留印、抓铁有痕的主动担当精神书写新时代新篇章。“艰苦奋斗、勇于创新”是劳模精神的品质，劳动模范是辛勤劳动、诚实劳动、创造性劳动的积极实践者，踏踏实实、奋发图强、勇于挑战、敢为人先，在实现中华民族伟大复兴的历史征程中埋头苦干、求真务实、创新创造。

（三）淡泊名利、甘于奉献

淡泊名利是对名声和利益的态度和看法，勇敢追求自己，不追求名利，志向高洁。“天之道，利而不害；圣人之道，为而不争”（出自老子的《道德经》）。劳模精神强调对待名利的价值取向。劳模是劳动群众的典型模范，他们心怀天下、淡泊名利、大度豁达、超然物外、举重若轻、智慧从容，拥有心怀国家的高洁情操和高远境界，值得每一位劳动群众毕生践行、不懈追求。全体劳动人民需要守住宁静。只有守住了宁静，才能远离热闹；守住了宁静，才能心静如水，不会被物欲所惑，不会被名利所迷。一旦心态不静，便会浮躁不安，与人盲目搞攀比，急功近利，急于求成，成就不了美好的生

① 《习近平谈治国理政》第三卷，外文出版社 2020 年版，第 70 页。

活。全体劳动群众要学会修身立德，修身养性，不以物喜，不以已悲，才能专注于自身的事业，投身中华民族伟大复兴的事业中来。

甘于奉献是劳模的精神品质和责任担当，体现着广大劳动模范的价值取向，代表了劳动模范向往的精神境界。众多劳动模范为需要帮助的人嘘寒问暖，发光发热，解决社会上各种问题，推动我国经济建设和精神文明并驾齐驱，促进社会和谐稳定健康发展。伟大的事业需要伟大的精神。在实现中华民族伟大复兴的征途上，事不避难、义不逃责的决心和以身许国、无私奉献的行动，支撑我们向着一个又一个目标勇毅前行。在国家建设过程中，劳动人民扛起艰巨任务，经受住考验。他们在经风雨中壮筋骨，在见世面中长才干。“淡泊名利、甘于奉献”是劳模精神的价值追求，彰显了先进劳模心甘情愿、默默坚守、身心投入，不求声名和个人私利。

二、劳模精神的历史演变

劳模精神与时代发展同频共振，在新的时代都会被赋予新的价值，具有鲜明的发展性。自从劳模登上历史舞台的那一刻起，就是一个时代标签，激励着劳动者们为祖国建设与发展贡献磅礴力量。

（一）革命战争年代的劳模精神

早在20世纪30年代，为克服抗日根据地的经济困难，中国共产党在苏区开展了热火朝天的生产运动，发展经济，保障供给。20世纪40年代，中国共产党在陕甘宁边区开展了“大生产运动”“新劳动者运动”。1941年，党中央再次强调生产自救的重要意义。同年春，八路军第三五九旅开进南泥湾实行军垦屯田。他们生产自救，努力开垦，使昔日荒凉的南泥湾变成了“陕北的好江南”。在革命战争年代，边区的工业、农业和其他生产线，涌现出“边区工人一面旗帜”赵占魁①、“兵工事业开拓者”吴运铎等大批运动英雄和先进劳动模范，在边区建设和发展中发挥了“带头作用、骨干作用”。在党的领导下，劳动模范和先进工作者引领着全体劳动人民勤于劳动、服从

① 缪平均：《陕甘宁边区工人的旗帜——赵占魁》，《党史纵横》2011年第3期。

领导、善于摸索、团结一致、务实求真、无私奉献、自力更生、艰苦奋斗。这一时期的劳模精神主要体现为“拼命献身、苦干巧干”的特征，创新了工作方式和生产组织形式，密切了人民群众与中国共产党的关系，促进了干群之间的团结。

（二）新中国成立初期的劳模精神

新中国成立伊始，一穷二白、百废待兴。为了打破西方封锁、巩固新生的社会主义政权，国家急需发展生产，提高生产力。一方面，我党不仅继承了革命战争时期的劳模精神的优良传统，还将劳模的优秀经验积极推广、发扬光大、树立优秀典型、发挥榜样作用。另一方面，广大劳动群众的身份地位发生了天翻地覆的变化，劳动主动性和生产积极性空前高涨。在新中国成立前三十年间，涌现出以“铁人精神”王进喜、“纺织旗帜”赵梦桃、“一抓准、一口清”张秉贵等为代表的一大批尽人皆知的劳模代表和先进工作者，在平凡的岗位上以精益求精的工作态度和持之以恒的责任感赢得全社会尊重。这一时期的劳模特点主要表现在自身技术过硬、推广先进技术、引领技术发展，顽强拼搏、加班加点，超额完成任务。他们扎实苦干、奋发拼搏，自觉为人民服务、为人民造福，努力作出无愧于时代的业绩。他们用实际行动激励着广大劳动人民进行社会主义建设。

（三）改革开放时期的劳模精神

改革开放后，邓小平同志立足于国情变化和现实情况，重申“科学技术是第一生产力”，生产力的发展标准成为当时评选劳模的主要指标。广大科教文卫工作者在社会生产过程中，拼搏奋进、努力进取，进入大众视野。随着改革开放的不断深入，劳模的评选标准也悄然发生了变化，劳模表彰也更加民主科学、合理透明。在 1995 年的劳模大会上，江泽民同志指出：全社会都要尊重、爱护劳动模范和先进工作者，虚心向他们学习，关心他们的工作和生活。榜样的力量是无穷的。我们要大力宣传他们的主人翁责任感和艰苦创业精神，忘我的劳动热情和无私奉献精神，强烈的开拓进取意识和创新求实精神，良好的职业道德和爱岗敬业精神，充分发挥他们的骨干、带头和桥梁作用，努力扩大他们在全社会的积极影响，以激励广大干部和群众进一步弘扬中华民族的爱国主义精神和中国工人阶级的优秀品质，战胜前进中的各种困难，为我国社会主义现代化建设做出新的更大的贡献。[①] 这一时期的劳模们在各自深耕领域很有建树，对祖国未来充满热爱，他们奋斗拼搏、淡泊名利、胸怀祖国、无私奉献。

（四）新时代的劳模精神

进入新时代，我国工人阶级在劳模精神、劳动精神、工匠精神的激励和感召下，在实现中国梦伟大进程中爱岗敬业、争创一流、拼搏奋斗、勇攀高峰，为决胜全面建成小康社会、决战脱贫攻坚作出了突出贡献。劳模精神的具体内涵发生了微妙变化，产生了“核潜艇之父”黄旭华、“科学治沙的带路人”王有德、“互联网”行动的探索者马化腾、“敦煌女儿”樊锦诗、“最美奋斗者”张富清、“人民科学家”顾方舟等新时代劳模。这一时期的劳模精神主要体现在他们用智慧和汗水营造了劳动光荣、知识崇高、人才宝贵、创造伟大的社会风尚。他们勤于奋斗、勇于创造；吃苦耐劳、坚守岗位；发扬风格、默默无闻。他们胸怀祖国、志向高远，为实现社会主义现代化建设奋发图强。

三、践行新时代劳模精神

劳动模范是民族的精英、人民的楷模，是共和国的功臣。在长期实践中，我们培育形成了爱岗敬业、争创一流、艰苦奋斗、勇于创新、淡泊名利、甘于奉献的劳模精神。[②] 劳模精神是伦理精神和道德要求的体现，是中国共产党人精神谱系的重要组成部分。深入挖掘和研究新时代劳模精神中蕴含的理论内涵，有助于更好地加强全体公民（包括大中小学生）的核心价值引领，发展社会主义道德建设，促进全社会和谐稳定。“劳动最光荣”，劳模精神是一面永不褪色的鲜艳旗帜。作为新时代社会主义建设者和接班人的广大学生，应积极践行“爱岗敬业、争创一流，艰苦奋斗、勇于创新，淡泊

---

① 《江泽民同志的讲话（一九九五年四月二十九日）》，《人民日报》1995 年 4 月 30 日。

② 习近平：《在全国劳动模范和先进工作者表彰大会上的讲话》，人民出版社 2020 年版，第 4 页。

名利、甘于奉献”的劳模精神，为全面建设社会主义现代化国家、实现中华民族伟大复兴添砖加瓦、建功立业。

（一）践行劳模精神，坚守“爱岗敬业、争创一流”之奋斗底色

“爱岗敬业”是用实际行动践行社会主义核心价值观的有力呈现，更是躬行劳模精神的重要表现。国家的富强、民族的振兴、人民的幸福、企业的发展都离不开敢为人先、攻坚克难的“突击手”，更离不开埋头苦干、脚踏实地的“劳模”。爱岗敬业是一种坚守，是一种信仰，是一种精神态度，更是一种前进的动力。广大青少年学生要坚守“爱岗敬业、争创一流”之奋斗底色，无论今后在什么岗位工作，都应该脚踏实地、辛勤劳动，把岗位当作战场、把工作当作事业、把辛苦当作磨炼，干一行爱一行。在学习中实践，在实践中学习，争当业务精湛本领过硬的标兵，在平凡的岗位上作出不平凡的业绩。

（二）践行劳模精神，坚守“艰苦奋斗、勇于创新”之奋斗情怀

艰苦奋斗是中华民族的传统美德，是中国共产党人珍贵的传家宝。而勇于创新是融责任、勇气、方法、态度等要素于一体的社会实践活动，是一切工作取得进步的关键因素，是干事创业迈向新台阶的绝对保障。广大青少年学生要坚守“艰苦奋斗、勇于创新”之奋斗情怀，不断发扬艰苦奋斗精神，践行艰苦奋斗的思想、刻苦学习的劲头和顽强拼搏的动力以及埋头苦干、自觉担当的优良作风。广大青少年学生要融责任、勇气、方法、态度等要素于一体，在学习工作中开拓创新，在创新中打开新天地、开创新辉煌。

（三）践行劳模精神，坚守“淡泊名利、甘于奉献”之奋斗品格

淡泊名利来自广大中华儿女内心坚定的革命信仰，有信仰才会有力量。同时，淡泊名利也是广大青少年学生应有的操守。而奉献精神则体现在全心全意为人民服务上，广大青少年学生要从自身做起，学习劳模不争名、不图利、不揽功，甘为人梯，甘做无名英雄的高尚道德情操。要秉持淡泊名利、廉洁自律的道德情操，不断弘扬共产党人忠于党、忠于人民、无私奉献的优秀品质，奋发向上，不断进取，真正为人民谋福祉。

“人活着是要有点精神的。”新时代广大青少年学生要认真学习劳模精

神，发扬只争朝夕的奋斗精神，共同投身实现中华民族伟大复兴的宏伟事业。

第二节　劳动精神

劳动是人类创造社会物质财富和精神财富的根源，大中小学生劳动精神的培育在世界各国一直备受关注。2018 年，习近平总书记在全国教育大会上明确提出“要在学生中弘扬劳动精神，教育引导学生崇尚劳动、尊重劳动，懂得劳动最光荣、劳动最崇高、劳动最伟大、劳动最美丽的道理，长大后能够辛勤劳动、诚实劳动、创造性劳动”[①]，这充分体现了以习近平同志为核心的党中央对弘扬劳动精神的高度重视，凸显了大中小学生劳动精神培育的重要性和必要性。

劳动精神就是人作为劳动主体在劳动过程中对劳动的自我认知，表现为对待劳动的心理倾向和情感态度，是决定人的劳动行为选择的精神指引。[②]详而言之，劳动精神是对劳动者应具有的良好的劳动态度、劳动品格、劳动操守和劳动风范的统称，是劳动者优秀劳动意识、劳动理念、劳动态度、劳动习惯的集中展现。劳动精神是人的主体性的彰显和人的本质力量的外化，也是劳动者对人类发展和社会进步的理性认知与感性实践的精神结晶。党的十八大以来，习近平总书记高度重视劳动精神的弘扬，发表了一系列重要论述，这些重要论述将马克思主义的思想精髓同中华优秀传统文化精华贯通起来，立足于中国特色社会主义实践，赋予了劳动精神新的时代内涵。崇尚劳动的价值取向、热爱劳动的情感态度、辛勤劳动的行为品格、诚实劳动的德性操守，共同构成了新时代劳动精神的基本内涵。

---

① 《习近平著作选读》第二卷，人民出版社 2023 年版，第 202 页。

② 张馨艺:《习近平同志关于劳动精神重要论述的生成逻辑与实践指向》,《毛泽东思想研究》2022 年第 5 期。

一、劳动精神的基本内涵

习近平总书记在2020年11月召开的全国劳动模范和先进工作者表彰大会上明确地将劳动精神的基本内涵概括为四个方面：崇尚劳动、热爱劳动、辛勤劳动、诚实劳动，为我们正确理解劳动精神提供了根本的遵循。①

（一）崇尚劳动

中华民族自古就是崇尚劳动的民族。从“晨兴理荒秽，带月荷锄归”的耕作，到“女郎剪下鸳鸯锦，将向中流匹晚霞”的纺织，再到“六月调神曲，正朝汲美泉”的酿造……古往今来，对劳动的赞歌绵延不绝。“崇尚劳动”是树立正确的劳动价值观，充分认识到“劳动最光荣、劳动最伟大、劳动最崇高、劳动最美丽”。从价值取向角度看，劳动精神第一层面的基本内涵就是崇尚劳动。崇尚意为尊重而推崇，为什么要尊重而推崇劳动呢？因为劳动在人类发展和社会进步中发挥着至关重要、须臾不可或缺的作用。劳动不仅是谋生的手段、幸福的源泉、价值的来源，而且还是推动人类社会发展的强大动力和彻底解放人类的必要途径。习近平总书记高度强调劳动之于人类发展、社会进步和党的建设的巨大意义，认为“劳动是人类的本质活动，劳动光荣、创造伟大是对人类文明进步规律的重要诠释”②，“劳动是推动人类社会进步的根本力量”③，“全面建成小康社会，进而建成富强民主文明和谐的社会主义现代化国家，根本上靠劳动、靠劳动者创造”④。

劳动的巨大作用，决定了劳动和劳动者理应受到全社会的尊重和推崇。崇尚劳动就是要推许劳动之美、认可劳动者的价值与地位。习近平总书记曾经多次在不同场合礼赞广大劳动者，强调“光荣属于劳动者，幸福属于劳动

---

① 习近平：《在全国劳动模范和先进工作者表彰大会上的讲话》，人民出版社2020年版，第4页。

② 习近平：《在庆祝“五一”国际劳动节暨表彰全国劳动模范和先进工作者大会上的讲话》，人民出版社2015年版，第3—4页。

③ 《习近平谈治国理政》第一卷，外文出版社2018年版，第44页。

④ 习近平：《在庆祝“五一”国际劳动节暨表彰全国劳动模范和先进工作者大会上的讲话》，人民出版社2015年版，第2页。

者”。要充分调动广大劳动人民的积极性、主动性和创造性。无论时代条件如何变化，我们始终都要崇尚劳动、尊重劳动者，始终重视发挥工人阶级和广大劳动群众的主力军作用，必须牢固树立劳动最光荣、劳动最崇高、劳动最伟大、劳动最美丽的观念。习近平总书记还强调，“劳动没有高低贵贱之分，任何一份职业都很光荣”①，“任何时候任何人都不能看不起普通劳动者”②。习近平总书记的这些重要讲话意在强调，虽然人们的社会分工不同、收入和待遇不同、所处的岗位和工作环境不同，但都是社会主义劳动者，都通过自己独特的方式为社会作贡献，因此都应得到人们的广泛承认，都应受到社会的普遍尊重。因而，新时代大中小学生理应树立和践行崇尚劳动的精神。

（二）热爱劳动

“热爱劳动”是树立正确的劳动态度，自觉劳动、积极劳动、主动劳动。热爱是一种积极的情感，是驱动人们作出某种行为的强大动力。只有热爱劳动，才能吃苦耐劳、任劳任怨、不计报酬、不计代价。热爱劳动是中华民族的传统美德和优秀文化基因，也是党和国家对广大劳动者的殷切希望。习近平总书记强调，全社会都要热爱劳动，都要以辛勤劳动为荣，以好逸恶劳为耻，要教育孩子们从小热爱劳动、热爱创造，通过劳动和创造播种希望、收获果实，也通过劳动和创造磨炼意志、提高自己。③现实生活中热爱劳动的典型例子比比皆是，在普普通通的百货柜台，张秉贵练就了一身绝活，卖货“一抓准”，算账“一口清”；为了掌握焊接技术，高凤林拿着筷子练，端着水杯练，举着铁块练，终于练就了为火箭焊接“心脏”的绝技。

热爱劳动的情感源于劳动本身。热爱劳动是劳动过程中自我本质确证、劳动成果外部鼓舞和劳动交往中他者认同的结果，又激发着人们以更昂扬的热情投身劳动。通过劳动，人们自身收获了充裕的物质财富和精神财富，同

---

① 习近平：《在知识分子、劳动模范、青年代表座谈会上的讲话》，人民出版社 2016 年版，第 9 页。

② 习近平：《在庆祝“五一”国际劳动节暨表彰全国劳动模范和先进工作者大会上的讲话》，人民出版社 2015 年版，第 5 页。

③ 习近平：《论坚持人民当家作主》，中央文献出版社 2021 年版，第 28—29、120 页。

时还赢得了他人的广泛赞许，而这些又会进一步激发人们的劳动热情和愿望。而不参加劳动、不愿意劳动的人，是很难真正体验到劳动的快乐，也很难真正生发出对劳动的热爱和对劳动者的尊重的。因而，新时代大中小学生理应树立和践行热爱劳动的精神。

（三）辛勤劳动

“辛勤劳动”是对劳动过程及其强度的充分肯定。“勤劳”是中国劳动人民的优秀品质，是中国优秀传统文化中的重要价值观念。体力劳动要付出辛劳和汗水，脑力劳动也要付出智慧和心血。如果说崇尚劳动、热爱劳动是一种思想倾向的话，辛勤劳动则是一种活生生的社会实践。辛勤劳动就是对劳动的积极投入和倾心付出，其基本表现就是流大汗、吃大苦、创大业。

辛勤劳动是获得成功的必要条件，也是实现个人梦想和中华民族伟大复兴的重要前提。中国古代先贤提出的“功崇惟志，业广惟勤”“民生在勤，勤则不匮”“一勤天下无难事”等名言警句，都是在强调辛勤劳动之于干事创业的重要作用。三峡工程竣工、青藏铁路通车，南水北调、西气东输，“嫦娥”飞天、“蛟龙”潜水……每个“中国奇迹”的背后，都是众多劳动者经年累月的辛勤奋斗。习近平总书记也高度重视辛勤劳动的巨大意义，强调“中华民族伟大复兴，绝不是轻轻松松、敲锣打鼓就能实现的。全党必须准备付出更为艰巨、更为艰苦的努力”①；幸福都是奋斗出来的，新时代所取得的一切成就，都是全国各族人民撸起袖子干出来的，是新时代奋斗者挥洒汗水拼出来的。“全社会都要以辛勤劳动为荣、以好逸恶劳为耻”，全体社会主义劳动者都要大力发扬辛勤劳动精神，都要通过辛勤劳动锻造“敢干”的担当、“真干”的决心和“苦干”的意志，通过辛勤劳动建设美好生活、实现中华民族伟大复兴的宏伟梦想。因而，新时代大中小学生理应树立和践行辛勤劳动的精神。

① 习近平：《决胜全面建成小康社会　夺取新时代中国特色社会主义伟大胜利——在中国共产党第十九次全国代表大会上的报告》，人民出版社 2017 年版，第 15 页。

（四）诚实劳动

“诚实劳动”是对劳动者品德的客观规定，表明劳动要踏踏实实、求真务实、真抓实干、实事求是。诚实劳动是辛勤劳动和创造性劳动的道德要求和内在规范。所谓诚实劳动，就是踏实地劳动，实在地工作，不弄虚作假，不投机取巧，不自欺欺人，不搞形式主义，不贪图不劳而获的生活。诚实，是社会的基本道德规范和要求，诚实劳动，既是个人、企业和组织长足发展的重要基础，也是社会良性运行的根本保障。例如，在遍布大街小巷的同仁堂药店门前，有一副古联：“炮制虽繁必不敢省人工，品味虽贵必不敢减物力。”这既是对消费者的承诺，也是这家老字号创立300多年屹立不倒的秘诀。习近平总书记反复强调诚实劳动之于个人和社会发展的极端重要性，他指出，“人世间的美好梦想，只有通过诚实劳动才能实现；发展中的各种难题，只有通过诚实劳动才能破解；生命里的一切辉煌，只有通过诚实劳动才能铸就”[①]。离开了诚实劳动这一基础和保障，个人、企业、组织和社会就如同立基于沙滩上的建筑，随时都有坍塌的危险。诚实劳动的巨大意义，决定了弘扬诚实劳动精神的必要性和紧迫性。习近平总书记高度重视诚实劳动精神的培育，强调“我们要在全社会大力弘扬劳动精神，提倡通过诚实劳动来实现人生的梦想、改变自己的命运，反对一切不劳而获、投机取巧、贪图享乐的思想”[②]。

无论是贯彻新发展理念、构建新发展格局、推动高质量发展，还是促进全体人民共同富裕，归根到底都要靠全体社会主义劳动者的辛勤劳动、诚实劳动、创造性劳动，全党、全社会都要大力弘扬“崇尚劳动、热爱劳动、辛勤劳动、诚实劳动”的劳动精神，着力营造尊崇劳动、勤勉工作、脚踏实地、开拓创新的良好社会文化氛围，凝聚起创造新辉煌的磅礴力量。

---

① 《习近平谈治国理政》第一卷，外文出版社2018年版，第46页。

② 习近平：《在知识分子、劳动模范、青年代表座谈会上的讲话》，人民出版社2016年版，第9—10页。

二、劳动精神的历史演变

中国共产党是劳动精神的有力践行者、忠实的发展者，劳动精神在中国共产党带领人民求生存、图发展、谋幸福的进程中应运而生，并在实践中不断凝练升华。它既是中国共产党发展壮大、创造巨大业绩的动力和条件，也是其发展的结果和表征。党在不同历史阶段的价值理念、理论发展和实践创新都闪烁着劳动精神的光辉。

（一）新民主主义革命时期劳动精神的孕育形成

五四运动前后，“劳工神圣”的口号得到广泛传播，部分优秀中国共产党人为唤醒工农群众的阶级意识、政治觉悟而摇旗呐喊。如蔡元培发表“劳工神圣”①演说；李大钊指出，“凡是劳作的人，都是高尚的，都是神圣的”②；陈独秀指出，“只有做工的人最有用、最贵重……”③这些思想观念的宣扬让劳工处境受到关注，许多杂志推出“劳动纪念”或“劳动”专栏，刊登以劳动者为主人翁的文学作品，一些青年学生利用暑期开展农民生活调查和工人状况调查，接触和关注劳动者生活，身体力行发动工农、发展工会组织，提出“亲身加入劳动界”的口号，纷纷加入勤工助学的队伍之中。中国共产党成立后，劳工教育得到广泛关注和有效开展，成立了中国劳动组合书记部，并充分发挥其重要职能，不仅通过了一些对工农友好、切实维护工农权益的相关议案，而且在同反动势力的斗争中，以切实、具体的行动为争取劳动者权益、组织劳动群众运动、组织劳动者接受教育、唤醒劳动者觉悟而努力，为启发劳动者的劳动自觉、发扬劳动精神奠定实践基础。1942 年，毛泽东同志总结边区财政经济问题时，提出“自己动手、丰衣足食”的口号，使生产运动走上新的发展阶段，收到了很大的成效。

（二）社会主义革命和建设时期劳动精神的发展

新中国成立后，以毛泽东同志为主要代表的中国共产党人结合社会主义

① 《蔡元培全集》第三卷，中华书局 1984 年版，第 219 页。

② 中国李大钊研究学会：《李大钊全集》第二卷，人民出版社 2006 年版，第 255 页。

③ 《独秀文存》第一卷，亚东图书馆 1922 年版，第 449—452 页。

革命和建设实际，高度重视劳动生产和劳动教育，通过确立劳动者的主人翁地位、坚持按劳分配原则、树立榜样模范等激发广大人民群众的劳动热情，从而为新中国的建设贡献劳动力量。在党的领导下，不同行业、不同战线的劳动人民展现出高昂的斗志，积极投身于社会主义建设的劳动之中。他们响应党的号召，勤勤恳恳、任劳任怨、勇往直前，以忘我的献身精神和艰苦创业的实干精神在各个岗位上干出不凡的工作业绩，诠释了“劳动最光荣”的硬道理，赢得了社会的尊重，体现出工人阶级的力量和意志，发挥出工人阶级作为建设社会主义主力军的巨大精神力量。

（三）改革开放和社会主义现代化建设新时期劳动精神的丰富

改革开放后，劳动精神也不断丰富、充实和拓展。邓小平同志继承和发展了劳动价值论，他指出：“工人阶级必须依靠本阶级的群众力量和全体劳动人民的群众力量，才能实现自己的历史使命——解放自己，同时解放全体劳动人民。”①江泽民同志指出：“我们应该结合新的实际，深化对社会主义社会劳动和劳动价值理论的研究和认识。”②他提倡科学劳动，引导人们重视现代科学技术，同时尊重掌握现代科技的科学劳动者。胡锦涛同志提出，“以辛勤劳动为荣、以好逸恶劳为耻”③，这是对社会主义劳动观的高度概括，激励着全国人民深刻认识辛勤劳动的宝贵价值，并积极投身广泛的劳动实践之中，摒弃懒惰、浮躁的工作作风，在一定程度上消除了好逸恶劳的社会风气。

（四）新时代劳动精神的升华

党的十八大以来，以习近平同志为核心的党中央准确把握我国社会主要矛盾变化，礼赞劳动创造，关爱劳动者，提倡劳动教育，讴歌劳动精神。2014 年 4 月，习近平总书记在乌鲁木齐接见劳动模范和先进工作者、先进人物代表时，首次提到“劳动精神”。在以后的多个场合中，习近平总书记围绕劳动精神的内涵、弘扬等发表了一系列重要论述。第一，肯定劳动创造

① 《邓小平文选》第一卷，人民出版社 1994 年版，第 217 页。

② 江泽民：《在庆祝中国共产党成立八十周年大会上的讲话》，人民出版社 2001 年版，第 32 页。

③ 《胡锦涛文选》第二卷，人民出版社 2016 年版，第 430 页。

价值。习近平总书记指出，“劳动光荣、创造伟大是对人类文明进步规律的重要诠释”[①]，“幸福都是奋斗出来的”[②]。这进一步揭示了劳动与财富、劳动与幸福之间的内在联系。第二，关爱劳动者。习近平总书记强调尊重劳动者，凸显以人为本的价值取向，也指出广大人民群众的积极参与、主动作为、创造创新，是成就伟大事业的基本前提和重要基础，要求实现人民创造与人民共享的统一。第三，坚持构建和谐的劳动关系。围绕制度、政策、机制等方面对构建和谐的劳动关系作出重要指示，这是新时代劳动精神的重要方面和内容。第四，弘扬劳动精神。2020 年 11 月，习近平总书记在全国劳动模范和先进工作者表彰大会上发表重要讲话，第一次系统地阐述了劳动精神的科学内涵，即“崇尚劳动、热爱劳动、辛勤劳动、诚实劳动”[③]。在 2022 年 10 月召开的中国共产党第二十次全国代表大会上，习近平总书记指出，要“在全社会弘扬劳动精神、奋斗精神、奉献精神、创造精神、勤俭节约精神”[④]。第五，注重劳动教育，并将劳动教育与“培养德智体美劳全面发展的社会主义建设者和接班人”相结合，将劳动教育提高到一个崭新的地位。习近平总书记关于劳动精神的重要论述和思想，立足实际、站位高远、催人奋进，是对马克思主义劳动价值论的进一步挖掘、运用和发展，为新时代践行劳动精神提供了基本遵循、指明了前行方向。

三、劳动成就梦想

社会主义是干出来的，新时代是奋斗出来的。劳动开创未来，奋斗成就梦想。广大青少年学生在校期间要热爱劳动，尊重普通劳动者，培养勤俭、

---

① 习近平：《在庆祝“五一”国际劳动节暨表彰全国劳动模范和先进工作者大会上的讲话》，人民出版社 2015 年版，第 3—4 页。

② 《国家主席习近平发表二〇一八年新年贺词》，《人民日报》2018 年 1 月 1 日。

③ 习近平：《在全国劳动模范和先进工作者表彰大会上的讲话》，人民出版社 2020 年版，第 4 页。

④ 习近平：《高举中国特色社会主义伟大旗帜　为全面建设社会主义现代化国家而团结奋斗——在中国共产党第二十次全国代表大会上的报告》，人民出版社 2022 年版，第 44—45 页。

奋斗、创新、奉献的劳动精神。

（一）坚持守正与创新，丰富劳动精神的时代之“维”

新时代践行劳动精神，要在继承马克思主义劳动观的基础上，立足国情，结合新征程的新使命，不断丰富劳动精神的时代之维，推动着新时代劳动精神的守正与创新。一方面，马克思、恩格斯等经典作家关于劳动创造人和人类社会、劳动创造价值、按劳分配等思想，共同构筑了马克思主义劳动观，中国共产党在不同时期对劳动精神的发展传承，都始终以马克思主义劳动观为基础，重视劳动对社会发展、人类发展的奠基性作用，并将这一理论贯彻落实到具体的劳动实践中，也正是这份坚信、坚守、坚持才成就了中国共产党的百年辉煌。另一方面，新时代的劳动精神要求实现对马克思主义劳动观的创新性发展，这是对劳动意义、劳动者社会地位的高度肯定和科学总结，是对劳动问题的深刻认识和把握，更是对不和谐劳动关系问题的解决。

（二）坚守政治本色，铸牢劳动教育风清气正之“基”

工人阶级政党的性质和奋斗目标，决定了艰苦奋斗、吃苦耐劳是中国共产党的政治本色。劳动是一个永不褪色的主题，中国共产党人在各个历史时期，都强调劳动的重要性，重视用劳动精神来教育干部和群众，发挥劳动精神的能动作用，提倡吃苦耐劳、自力更生、艰苦奋斗，从而使得劳动的观念在党内外得到了广泛宣传、认同与践行，党也在劳动实践中发展壮大、创造伟大业绩。“干”字始终贯穿党的百年奋斗历程，而正是因为实干，中国共产党在我国“一穷二白”的困难面前，敢于拼搏、勇于奋斗、勤于劳动，才使中国发生了翻天覆地的变化，让世界见证了“中国奇迹”，感受到了“中国力量”。如何看待劳动、如何劳动，不仅是人民群众评价一名共产党员的标准之一，也是评价一个政党的重要尺度。“劳动，是共产党人保持政治本色的重要途径，是共产党人保持政治肌体健康的重要手段，也是共产党人发扬优良作风、自觉抵御‘四风’的重要保障。”① 在新征程上，淬炼党

① 中共中央组织部党建研究所：《党的建设大事记》，党建读物出版社 2018 年版，第 156 页。

性，开展伟大斗争，更需要弘扬劳动精神。广大青少年学生要学习、传承老一辈无产阶级革命家热爱劳动的优良传统，积极参加劳动生产，在劳动中锻炼自我、提升自我。夯实基础、着手基层，深入人民群众之中，在劳动中体察民情、感受民意，树立正确的劳动观。反对官僚主义、形式主义，做到为官有为，以身作则，充分发挥先锋模范作用，为民服务、勤政务实，杜绝空话、假话、大话，绝不要花架子。反对脱离群众，扎根现实土壤、深入基层、真抓实干。反对享乐主义，崇尚劳动、埋头苦干、知行合一。反对奢靡之风，厉行勤俭节约、反对大肆铺张、挥霍无度。全党上下鼓实劲、出实招、说实话、办实事、求实效，奋发有为、实干到底。

（三）坚持崇尚劳动、知行合一，创造美好生活之“源”

“劳动无高低贵贱之分，但劳动观念有正确与错误之别。必须使人们明晰剥削阶级劳动观念与无产阶级劳动观念的本质区别，了解我国社会主义劳动观念的正确所在。”① 树立社会主义劳动观念，以肯定劳动，对劳动怀有自觉崇敬之意；热爱劳动，对劳动展现真诚喜爱之姿；尊重劳动，对劳动怀有真诚敬重之心；欣赏劳动，对劳动怀有赞美享受之情，从而增强劳动观念，提升劳动境界；参与劳动，真正做到知行合一，创造美好生活。“我国社会主要矛盾已经转化为人民日益增长的美好生活需要和不平衡不充分的发展之间的矛盾。”② 人民日益增长的美好生活需要，意味着人民的需要不再局限于物质文化方面。同时，人民美好生活能够依靠自己的劳动逐步创造、改善和实现。人生在勤，不勤何获？幸福不会从天而降，美好生活等不来。只有付出辛勤劳动的人，才有资格获得美好生活。人们在劳动创造中，不仅能够创造满足自我生存发展和社会发展的社会财富，还能因此领略到自身生存价值，实现人生理想。同时，劳动创造使得个人力量辐射为社会联系，使得有限的生命凝结为不朽的业绩。在劳动的过程中，人们不断超越自我，在自我

---

① 上官苗苗、李春华：《论新时代劳动精神的内涵、价值与培育路径》，《思想理论教育导刊》2020 年第 6 期。

② 习近平：《决胜全面建成小康社会　夺取新时代中国特色社会主义伟大胜利——在中国共产党第十九次全国代表大会上的报告》，人民出版社 2017 年版，第 11 页。

价值得到社会承认的同时，自身人格也得到了完善和提高，有助于造就全面发展的时代新人。古往今来，凡事成于真、兴于实。全体劳动人民都要牢记“大道至简、实干为要”的道理，积极从事劳动实践，在劳动中创造出彩人生，达到幸福之境界，创造美好生活。一要热爱本职工作。劳动者要对本职工作怀有积极的态度和挚爱之情，从身边事做起，勤勤恳恳、不畏艰苦、脚踏实地，学好本行业的专业技能，以出色的劳动创造劳动成果，高效完成劳动任务。二要发挥劳动的主动性和创造性。凡是有劳动能力的人，都应当积极自觉地劳动，善于吸收各时代、各民族、各国家好的经验和先进技术，勇于创新，努力提高劳动生产率。三要自觉赶超先进，争做劳动模范，发扬劳动精神、工匠精神，撸起袖子加油干，在奋斗中拼搏，在劳动中前行。

（四）坚持精神引领，凝聚民族复兴磅礴之“力”

马克思说，“任何一个民族，如果停止劳动，不用说一年，就是几个星期，也要灭亡”①。马克思把“劳动”提高到了关系民族生死存亡的高度，值得我们重视。伟大的事业，不付诸劳动，一切蓝图和规划都只是“空中楼阁”和“纸上谈兵”。从半殖民地半封建的旧中国到独立自主的新中国，是无数革命先辈们一枪一弹打下来的；从千疮百孔、民生凋敝的萧条景象到经济快速发展、人民生活水平显著提高的新气象，是无数劳动者一砖一瓦垒起来的。中华民族从站起来、富起来到强起来，除了实干，别无他途。正是人民群众的奋斗精神、劳动精神，才造就了今日之中国。进入新时代，中国共产党统筹推进“四个伟大”的历史使命，根本上要靠劳动。奋进新征程，建功新时代，必须大力弘扬劳动精神，广大劳动者一要辛勤劳动，增强历史使命感和责任感，既胸怀大局、志存高远，又脚踏实地、埋头苦干、真抓实干、科学巧干，自觉把个人发展与民族复兴统一起来，勇做时代的拼搏者、实干者和奋斗者。二要诚实劳动。这就要求劳动者要遵守劳动纪律，履行职业道德，遵守职业操守，承担职业责任，守住职业良心，保质保量完成劳动任务，坚决抨击、抵制和反对以偷梁换柱、以次充好、坑蒙拐骗等手段谋取

① 《马克思恩格斯选集》第 4 卷，人民出版社 2012 年版，第 473 页。

不义之财的不道德和违法行为。三要进行创造性劳动。劳动者要发扬锐意进取、精益求精、追求卓越的创新精神，不仅苦干、实干，而且发挥创造潜能，更加巧干、用心干，不断提高职业转换能力、创业创新能力，成为高素质的劳动者和建设者，为全面建成社会主义现代化强国、全面实现中华民族伟大复兴贡献智慧和力量。

第三节　工匠精神

2015 年 4 月，习近平总书记在庆祝“五一”国际劳动节暨表彰全国劳动模范和先进工作者大会上指出：“一切劳动者，只要肯学肯干肯钻研，练就一身真本领，掌握一手好技术，就能立足岗位成长成才，就都能在劳动中发现广阔的天地，在劳动中体现价值、展现风采、感受快乐。”[①] 新时代工匠精神是中国精神的具体呈现，它不仅能够作为精神指引推动新时代产业工人队伍建设，而且有利于激发经济领域的创新活力，对于进一步提升我国技术创新体系的质量和开放水平，推动基本实现社会主义现代化远景目标具有重要的现实意义。

一、新时代工匠精神的基本内涵

中国特色社会主义进入新时代是我国社会发展进步的必然结果，这一新的历史方位明确了我国未来发展的方向，即紧扣我国社会主要矛盾的变化，把握时代要求和历史任务，综合分析国际国内形势，实现社会主义物质文明和精神文明协调发展。工匠精神将精益求精的理念、报效祖国的情怀、追求真理的执着、勇于创新的胆量和持之以恒的态度融合起来，有利于提高劳动者素质，为解决好发展不平衡和不充分的问题、推动新时代经济的高质量发展提供精神指引。新时代工匠精神的基本内涵包括如下几个方面。

① 习近平：《在庆祝“五一”国际劳动节暨表彰全国劳动模范和先进工作者大会上的讲话》，人民出版社 2015 年版，第 10 页。

（一）崇尚科学、追求真理

在马克思看来，“科学是一种在历史上起推动作用的、革命的力量”①。追求未知和真理是人类理智的本能欲求，也是科学的崇高使命。“科学精神”是“科学”在精神文化层面上的体现，是人们在科学实践中形成的基本精神状态、思维方式和行为规范，当前祖国的繁荣富强和未来的发展都离不开科学精神的引领和支撑，新时代中国工匠精神内在地要求新型工匠尊重理性，积极进行科学探索活动。核心技术的创新都是以原创性的基础理论为前提的，新时代的新型工匠们在科学实践活动中立足实际，以客观世界中的真理性认识作为前提和理论指导。他们将理性求真和崇尚科学的工匠精神落实于实践活动中，持之以恒地加强基础研究，创造出多样化的科技产品或科技服务满足人民日益增长的美好生活需要。

（二）精益求精、追求卓越

习近平总书记指出：“在长期实践中，我们培育形成了……执着专注、精益求精、一丝不苟、追求卓越的工匠精神。”②新时代工匠精神传承了传统工匠精神中“精湛职业技能”的内涵，结合新的时代诉求，发展为精益求精、追求卓越这一基本要义，这也是工匠精神中最为核心的理论特质。各行各业劳动者都应将这种特质体现在生产和服务实践中，肩负起创造社会物质财富和精神财富的使命。

（三）尽忠职守、报效祖国

新时代工匠精神始终具有红色基因，习近平总书记强调，“劳模精神、劳动精神、工匠精神是以爱国主义为核心的民族精神和以改革创新为核心的时代精神的生动体现”③。工匠精神的实践内涵与爱国主义的价值指向具有耦合之处，践行工匠精神的劳动者一定饱含着爱国主义信仰。工匠们在劳动的

---

① 《马克思恩格斯文集》第 3 卷，人民出版社 2009 年版，第 602 页。

② 习近平：《在全国劳动模范和先进工作者表彰大会上的讲话》，人民出版社 2020 年版，第 4 页。

③ 习近平：《在全国劳动模范和先进工作者表彰大会上的讲话》，人民出版社 2020 年版，第 4 页。

过程中无私奉献，在创造的过程中踏实肯干、勇于实践，积极进行科技创新，从而在物质生产实践中自觉或不自觉地创造社会价值。只有将爱国主义情怀嵌入物质生产活动中，工匠才能树立认识世界和改造世界的正确观念，坚持实用主义的原则，处理好社会主义市场经济活动中道德行为与物质利益的关系，推动国家和民族以及整个人类社会的发展。

（四）足履实地、持之以恒

工匠精神象征着工匠对自身职业从一而终的责任和使命，体现在劳动者努力克服困难、坚持不懈的工作过程中。工匠精神是对产品设计、生产、制造、销售等环节的严格要求，体现为脚踏实地的品德和持之以恒的态度。各行各业的劳动者都应该在工作中思考、钻研和创新，细心雕琢。正如习近平总书记所言，明天的中国，奋斗创造奇迹。路虽远，行则将至；事虽难，做则必成。只要有愚公移山的志气、滴水穿石的毅力，脚踏实地，埋头苦干，积跬步以至千里，就一定能够把宏伟目标变为美好现实。①

（五）勇于创新、与时俱进

"深入实施创新驱动发展战略，加快创新型国家和世界科技强国建设"②。勇于创新、与时俱进，是新时代劳动者的优秀品质。对于从事创造劳动的工匠来说，创新是突破自己原有知识和技艺局限的活动，这需要他们拥有勇于探索的决心，勇敢地挑战自我。事实上，工匠造物的过程就是将自己的技艺、思考、情感等物化的过程，将工匠精神内化于心的劳动者，对待工作秉持精益求精、追求卓越的态度，他们将这些主观意识附着到行动能力上，不断累积自己的经验，打磨自己的技艺，磨炼自己的心性，最终在相应的实践活动中创造出先进的技术或制造出优质的产品。

二、工匠精神的历史演变

我国工匠精神具有悠久的历史，从原始社会到现代社会，从孕育产生到

① 《国家主席习近平发表二〇二三年新年贺词》，《人民日报》2023 年 1 月 1 日。

② 李克强：《在国家科学技术奖励大会上的讲话》，《光明日报》2019 年 1 月 8 日。

发展传承，经历了一个漫长的演变过程。

（一）孕育阶段：注重简约朴素，切磋琢磨

在原始社会末期，人类社会经历了三次重大的社会变革，即三次社会大分工。第一次社会大分工，畜牧业从农业中分离出来；第二次社会大分工，使手工业从农业中脱离出来。此后，便出现了专门从事手工劳动的生产者，也就是现在所说的手艺人或者工匠。然而，由于当时物质生产相对落后、科技文明相对不发达，人们往往以天然产物为原料加工制造生产工具或生活用具。从粗糙、不规则的"打制"石器到光滑、匀称的"磨制"石器；从"未有麻丝，衣其羽皮"（出自《礼记·礼运》）到"西陵氏之女嫘祖为帝元妃，始教民育蚕，治丝茧以供衣服"（出自《通鉴纲目前编》）；从简单的石器、骨器、木器等工艺制作到复杂的制陶、纺织、房屋建筑、舟车制作等原始手工业，无不体现了早期工匠艺人追求完整朴素的工匠精神。掌握好技术、练就好手艺，这既是古代工匠艺人谋生的必备条件，也是工匠精神的基本要求。在河姆渡文化时期，用石、骨、象牙制成的饰品，磨制净光，寓意深邃，恰恰体现了这一点。譬如，工匠们制作刻有花纹的骨笄，并佩以磨得光洁晶莹的美石质的玦、璜、管、珠等装饰品来固定头发，还用虎、熊、野猪、獐的牙齿作佩饰，特别是以鸟为表现主题的工艺制品不仅反映了河姆渡文化时期手工业的发展水平，更表明了一种构思严谨巧妙、技艺细腻娴熟的工匠精神。氏族部落用以象征地位的鸟形象牙圆雕，不仅要对天然材料进行加工，在加工过程中还要改变天然物质的物理性能和形式，刀法巧妙敏捷，线条简洁流畅，神态栩栩如生，极像一只展翅飞翔的鸟的剪影，如果不是专业工匠的精益求精，实在难以想象在原始文化遗产中竟有如此巧夺天工之物，它凝聚着我们中华民族祖先的聪明才智，是我国工匠技艺具有悠久历史的实物见证。此外，《诗经·国风·卫风·淇奥》早就用"如切如磋，如琢如磨"的佳句来表彰工匠在对骨器、象牙、玉石进行切料、糙锉、细刻、磨光时所表现出来的认真制作、一丝不苟的精神。这种精神不仅是我国古代工匠艺人的价值追求，更是工匠精神的具体体现。

（二）产生阶段：崇尚以德为先，德艺兼修

中国文化精神是一种“道德的精神”，这种道德精神乃是中国人追求的一种“做人”的理想标准，以及渴望到达的一种“理想人格”[①]。以德为先，不仅是我国古代工匠艺人必须遵循的职业准则，而且是工匠精神得以产生的价值基础。

春秋战国时期，以儒家思想为核心的政治伦理文化开始受到人们的广泛关注，“德为先，重教化”的圣人文化逐渐成为中华民族传统文化的重要内涵。随着生产力的发展和科学技术的进步，社会分工越来越细，职业也就越来越多，一些特定的职业不但要求人们具备特定的知识和技能，而且要求人们具备特定的道德观念、情感和品质。《墨子・尚贤上》就有记载“兼士”必须符合三条标准，即“厚乎德行”“辩乎言谈”“博乎道术”，要做到“有力者疾以助人，有财者勉以分人，有道者劝以教人”（出自《墨子・尚贤下》），“利人乎即为，不利人乎即止”（出自《墨子・非乐》），这种道德价值观，作为古代一些社会职业的道德评价标准，也得到工匠们的认同。此外，据先秦典籍《左传・文公七年》记载，“六府三事，谓之九功。水火金木土谷，谓之六府。正德、利用、厚生，谓之三事。义而行之，谓之德礼”。生产与生活的逐步浸染，凸显出了道德特征的精神走向，“正德、利用、厚生”成为古代工匠艺人的职业道德规范。其中，“正德”居于首位，就是要求工匠必须为人正直，端正德行。因此，“崇德尚贤”成为中国工匠精神的伦理走向。对于工匠艺人来说，“德行”还需要“技能”的陪衬。若有“技能”相佐，梦想便不会成为“空谈”。所谓“德艺兼修”就是指工匠艺人不仅要有一种道德精神作为内在熏陶，还要具备一种精益求精的技术精神。

“天有时，地有气，材有美，工有巧，合此四者，然后可以为良”，追求技艺之巧，也是我国传统工匠毕生的追求。据《考工记》记载，战国时期，编钟极其精致，可以做到“圜者中规，方者中矩，立者中悬，衡者中水，直者如生焉，继者如附焉”[②]。此外，《庄子・养生主》也有记载“庖丁

① 钱穆：《中国历史精神》，九州出版社 2012 年版，第 121 页。

② 肖群忠、刘永春：《工匠精神及其当代价值》，《湖南社会科学》2015 年第 6 期。

解牛”的故事。庖丁为文惠君解牛，手之所触，肩之所倚，足之所履，膝之所踦，砉然向然，奏刀𬴃然，莫不中音。合于《桑林》之舞，乃中《经首》之会。文惠君曰：“嘻，善哉！技盖至此乎？”庖丁释刀对曰：“臣之所好者，道也，进乎技矣。”总之，我国古代工匠艺人不仅具备最基本的职业素养，更重要的是在他们身上体现了一种“德艺兼修”的工匠精神。

（三）发展阶段：主张心传体知，师徒相承

所谓“心传体知”就是指以心传心，心心相印，体察领悟，身知体会。《春雨杂述·评书》就有记载：“学书之法，非口传心授，不得其精。”对于我国古代工匠艺人来说，技艺的传承不仅是一种单纯的技术学习，更是一种内在的艺术熏陶和无形的心理契合。随着经济发展水平的提高和社会发展的需要，以血缘关系为标志的代际传承逐渐走出家庭，种类繁多、形式多样的职业教育开始成为我国古代工匠艺人之间的承接体系和传承方式，“心传身授”的教育模式逐渐成为培养工匠的主要途径。这一方面得益于手工技艺的不断成熟，另一方面还在于传授者与受教者之间心灵的默会与领悟，以及所体现出的不以物喜、不以己悲、不被繁杂的外界环境所干扰的工匠精神，这不仅促进了技艺经验无间断地积淀，还有利于形成个性化风格的手工技艺。我国有不少行业和岗位都传承着这种“工匠精神”：纸坊奉东汉宦官蔡伦为祖师；陶瓷业的祖师，有柏林、虞舜、老子、雷公等，被奉为“窑神”；皮匠、鞋匠以孙膑为祖师；酒坊的祖师是杜康；豆腐坊以乐毅为祖师；等等。“一切手工技艺，皆由口传心授”，这些精工良匠们依靠言传身教的自然传承，在传授手艺的同时，也传递了耐心、专注、坚持的精神特质，而这种特质的培养，只能依赖于工匠艺人之间“以心传心、心心相印”的情感交流，以及“体察领悟，身知体会”的行为感染，这是现代大工业的组织制度与操作流程所无法承载的。

在我国古代，工匠们由于特殊的工作、学习方式，技术上的成就大都是通过“父子相传，师徒相承”等传统方式流传下来的。随着手工业技术的发展，起初以家庭为单位的技艺传授扩大到邻里之间，父子相传逐渐演变为拜师学艺，师徒们在一起生活、学习、讨论、钻研技术，通过传道、授业、解惑的方式不仅培养了大批手工艺人和工匠技师，也养成了他们“尊师重道，谦虚好学”的美德，“师徒如父子”“一日为师，终身为父”的习语就源自艺徒制度。[①] 据《新唐书·百官志三》记载：“钿镂之工，教以四年；车路乐器之工，三年；平漫刀矟之工，二年；矢镞竹漆屈柳之工，半焉；冠冕弁帻之工，九月。”这种不同工种学徒的年限规定，既体现了当时各行各业的职业技术水平，又充分说明在学艺的过程中，师徒之间在一起相处的时间之久、感情之深。此外，师徒相承，代代相传，不仅需要师傅具备一定的传授技艺能力，还需要师傅的博大胸襟与徒弟的聪慧勤奋。为人师者，应当性格豁达、心胸宽广，倾己所有传授给徒弟；为人徒者，不只是简单地继承师傅的技艺，更要自强不息、独立自主，在师傅的基础上能进一步创造出新的手艺与技法。总之，工匠艺人们对职业的尊重，对专业精神的信仰，对技艺传承的执着，对师徒情义的敬畏，无一不体现出我国古代工匠精神的价值意蕴。

（四）传承阶段：提倡开放包容，勇于创新

创新是一个民族进步的灵魂，是一个国家兴旺发达的不竭动力，是现代工匠艺人应当具备的精神特质。2016年《政府工作报告》指出，“鼓励企业开展个性化定制、柔性化生产，培育精益求精的工匠精神，增品种、提品质、创品牌”[②]。在机械化生产与互联网产业日益发达的今天，技术的发展和信息的共享使创新变得容易。但由于规模化和批量化生产，流水车间工人机械反复地重复同一个动作，在一定程度上使这些产品少了一些技艺的沉淀和凝练，而如今所提倡的“工匠精神”便是在产品里注入创新和活力。工匠精神是对工艺文化的传承与创新。它的核心是一种“精神”、一种信念或者说一种情怀，是尊重自然、安分守己、尽善尽美、以诚相待的职业操守，是把一件事情、一门手艺当作信仰的追求。正如《我在故宫修文物》这部纪录片

① 李宏伟、别应龙：《工匠精神的历史传承与当代培育》，《自然辩证法研究》2015年第8期。

② 李克强：《政府工作报告——2016年3月5日在第十二届全国人民代表大会第四次会议上》，人民出版社2016年版，第24页。

中一位青铜器修复师所说的，古代故宫的这些东西是有生命的，人在制物的过程中，总是要把自己想办法融到里头去，觉得这样才能实现工匠艺人的价值。手工艺作为我国的传统工艺文化，是劳动人民智慧的结晶，是宝贵的精神财富，更是中华文化自豪感的重要体现，对它的传承更有一种历史责任在里面。当然，工匠精神并非墨守成规，相反，因为追求极致甚至完美，工匠精神更是一种永不止步、不断超越的创新精神；工匠精神也不是因循守旧，它是在传统工艺的基础上不断创造新工艺、新技术的过程，即传承与创新并存。正是无数工匠艺人十年如一日地追求着职业技能的极致化，靠着传承和钻研，凭着专注和坚守，推动着中国制造向中国创造转变、中国速度向中国质量转变、中国产品向中国品牌转变。

三、新时代大力弘扬工匠精神

党的十九大明确提出："建设知识型、技能型、创新型劳动者大军，弘扬劳模精神和工匠精神，营造劳动光荣的社会风尚和精益求精的敬业风气"①，这一部署凝聚了全社会崇尚劳模精神、追求工匠精神的广泛共识。弘扬工匠精神，是新时代的使命呼唤，各级学校要鼓励学生践行和弘扬工匠精神，创新弘扬工匠精神举措，促进学生形成正确的世界观、人生观、价值观。

（一）培育匠心理念，激发工匠精神力量

工匠精神的本质特征在于对本职工作的执着、专注与精益求精的态度和付出。新时代工匠精神所体现的创新内涵更显著，其体现了在已有的知识基础上，对现有技术大胆革新，为行业带来突破性贡献。在新时代，工匠精神不仅是每一个中国劳动者的精神力量，也契合了当前我国经济体制变革的现实需要。在弘扬新时代工匠精神的过程中，应尊重劳动者的创新精神，培养创新意识，采取激励机制，激发劳动者的创新热情，将工匠精神融入新理念、新产品，推动中国产业的转型和升级。

---

① 《习近平著作选读》第二卷，人民出版社 2023 年版，第 25 页。

（二）厚植工匠文化，涵养社会文化氛围

培育工匠精神，首先要孕育良好的社会环境，积极涵养正确的社会价值导向与文化氛围，使得精益求精、执着专注、一丝不苟、追求卓越等理念深入人心，扭转轻视劳动、轻视工匠的落后观念。因此，不仅需要打造劳动者光荣的氛围，更好地激励劳动者积极工作，而且需要给予劳动者更高的社会认可度。利用新媒体传播速度快、覆盖面积广的特点，加大对工匠精神的宣传，树立正确的舆论导向，积极引导社会大众关注工匠精神以及大国工匠，从而构建良好的社会环境，为工匠精神的弘扬奠定舆论导向。

（三）建立制度保障，提高人才社会地位

弘扬工匠精神、培育大国工匠需要良好的人才保障机制与职业认同机制。工匠就是难得的人才。一方面，完善人才保障机制，不仅要保障高层次人才的待遇，也要提高一线工作者的待遇，对于创新性劳动应予以更高的酬劳，通过适当提高物质奖励，使劳动者有更大的获得感与成就感。通过合理的示范作用，激发劳动者的职业价值。另一方面，完善职业认同机制，促进劳动者不断提高技能、不断创新发展。同时，通过认同制度，让工匠更专心地投入学习研究、生产生活之中。

（四）加强技能培养，提升职业技能素质

工匠精神，对于劳动者的职业素质有着较高的要求。当今社会，随着产业的发展，对劳动者的技能提出了前所未有的挑战。习近平总书记指出：“着力提高人才培养质量，弘扬劳动光荣、技能宝贵、创造伟大的时代风尚”①。这为当前职业技能培养、提高劳动者素质指明了方向。因此，应注重各年龄段的职业技能教育，建立产教融合的技能人才培养模式，加快构建与产业发展相适应的现代化人才教育体系，将工匠精神作为教学改革的方向，不仅要求学生掌握理论知识，还要进行严格的实践锻炼，通过校企联动，激发学生对于职业岗位的热爱与热情，培养更多学生成为未来的能工巧匠。

---

① 中共中央文献研究室编：《习近平关于科技创新论述摘编》，中央文献出版社 2016 年版，第 119 页。

第五章 劳动教育管理

“管理”是管理者通过实施计划、组织、人员配备、指导与领导、控制等职能来协调他人的活动与过程。[①]“教育管理”指管理者充分利用学校的资源，采取一定的措施和手段，引导和组织师生员工开展教育教学的活动。[②]它包括对学校里的人、财、物、信息等进行统筹安排、有效分析和合理配置。学校劳动教育管理就是学校在劳动教育方面的资源配置情况，它属于学校管理的一部分。而学界目前对学校劳动教育管理还没有权威且系统的统一概念，学者们多从学校劳动教育管理的内容及任务来定义它，如李奎认为，学校劳动教育管理包括建立以政教处为主，团委（或少先队）、校办工厂（农场）、家长委员会共同负责的管理系统，他们的任务是制定学校劳动计划，以及考核、评比学生的劳动情况。[③] 萧宗六指出，学校劳动教育管理的基本任务是加强劳动教育的计

① 中国社会科学院语言研究所词典编辑室:《现代汉语词典》第7版，商务印书馆2018年版。

② 孙绵涛:《教育管理原理》，高等教育出版社2017年版，第11页。

③ 李奎:《城市普通高中学生劳动教育管理与改革研究——以泸州高中为例》，四川师范大学硕士学位论文，2014年。

划、组织与质量管理，以及教材、基地和规章制度的建设。[①] 刘西亚也认为，学校劳动教育管理主要在于保障劳动课教学的软硬件条件、保证劳动课的时间和营造良好的氛围。[②]

综上，本书将劳动教育管理定义为：为实现劳动教育目标，由学校相关人员共同承担的，有目的、有系统地对学校实施劳动教育进行计划、实施、检查、总结的教育活动。

---

① 萧宗六：《学校管理学》第 5 版，人民教育出版社 2018 年版。

② 刘西亚：《学校劳动教育途径初探》，《中国农村教育》2009 年第 7 期。

第一节　劳动教育管理概论

一、劳动教育管理的内涵与意义

新时代学校劳动教育管理要与时俱进，《关于全面加强新时代大中小学劳动教育的意见》和《大中小学劳动教育指导纲要（试行）》赋予了劳动教育管理新的内涵，做好新时代的劳动教育管理意义重大。

（一）劳动教育管理的内涵

组织是由为实现组织目标而一起工作的人组成的，组织中的每位成员都具有明确的角色分工。管理者是引领和推动组织目标实现的人，其主要任务是对组织中的人的活动加以管理。劳动教育作为一门理论学习和实践技能并举的课程，教育教学特色显著；在劳动教育领域的计划、组织、领导、评价和控制等活动就是劳动教育的管理过程。

劳动教育是发挥劳动的育人功能，对学生进行热爱劳动、热爱劳动人民的教育活动。[①] 劳动教育管理就是管理者通过对教育队伍的人员、财力、物力、信息等各种资源进行协调和组织，达到对学生的劳动观和劳动态度的教育的过程。在此过程中，管理者要通过对各种条件的利用，帮助学生形成正确的劳动概念，养成热爱劳动、自觉劳动的习惯。劳动教育管理是管理科学的一个分支，其职能划分与管理学类似，一般分为以下五个方面。

一是计划职能。即对未来的活动进行规定和安排，是管理的首要职能。在工作实施之前，预先拟定出具体的内容和步骤，它包括预测（分析环境）、决策（制定决策）和制定计划（编制行动方案）。

二是组织职能。即为了实现既定目标，按一定规则和程序设置的多层次岗位及其有相应人员隶属关系的权责角色结构。是指为达到组织目标，对所必需的各种业务活动进行组合分类，授予各类业务主管人员必要的职权，规

① 大学生劳动教育编写组：《大学生劳动教育》，高等教育出版社 2021 年版，第 192 页。

定上下左右的协调关系。包括设置必要的机构、确定各种职能机构的职责范围、合理地选择和配备人员、规定各级领导的权力和责任、制定各项规章制度等。要处理好管理层次与管理宽度（直接管辖下属的人数）的关系，以及正式组织与非正式组织的关系。

三是领导职能。即在组织目标、结构确定的情况下，管理者如何引导组织成员去达到组织目标。具体包括：激励下属、指导他人活动、选择沟通的渠道，以及解决成员之间的冲突等。

四是评价职能。即对劳动教育的效果和质量进行综合的评价。如果不对劳动教育质量进行合理评价，便不能实现劳动教育过程及决策控制的优化，也难以实现劳动教育的健康发展，更难以实现劳动教育的公平。

五是控制职能。即按既定的目标和标准，对组织的各种活动进行监督、检查，及时纠正执行偏差，使工作能按照计划进行，或适当调整计划以确保计划目标的实现。控制职能一般通过控制时间、质量和安全的方式实现控制目标，它是管理职能环节中最后的一环。

学校是一个集体，有集体就有管理，学校管理突出教育性和公益性，在劳动教育方面的管理效果对劳动教育的实施有着重要的影响。王飞提出，学校劳动教育管理包括科学、系统的规划设计、组织协调、资源整合、过程监控、总结评价等。[①] 对研究学校劳动教育管理的文献进行归纳，可以发现，大部分学者认为，加强学校的劳动教育管理，最重要的是加强劳动教育的顶层设计。黄如艳等强调，学校要积极构建长效的、递进的劳动教育机制，形成严谨细致的管理考核方式。[②] 冯颜利主张，学校应建立重视劳动教育的长效机制，加强制度保障，在责任划分、资源配备、人力保障、管理考核等方面进行系统管理。[③]

在责任划分方面，学者建议学校成立专门的劳动教育管理机构，明确相关人员的职责要求、管理流程，并且根据具体问题不断调整和完善管理过

① 王飞：《中小学劳动教育常态化实施的学校制度建设》，《现代教育》2020 年第 10 期。

② 黄如艳、李晓华：《新时代劳动教育的本质、价值及推进路径》，《教学与管理》2020 年第 33 期。

③ 冯颜利：《为何要高度重视劳动与劳动教育》，《人民教育》2020 年第 1 期。

程。吴家庆等学者认为，在劳动教育管理方面，学校必须严格落实劳动教育制度，强化分层次管理。一方面，针对不同层次的对象明确制度所规范的行为要求、确立有为与不为的界限；另一方面，做好劳动教育制度落实监管，确保制度落实的准确性、真实性和有效性。① 刘江坤提出“学校管理层—德育处—班主任—学生”竖向管理，“教务处、团委、总务处”互相协助的初中学校劳动教育领导机制模型。②

在资源配备方面，学者们一致认为，齐全的设施设备、实用的劳动教育教学基地是开展劳动教育的基本空间保障，是劳动教育顺利实施的关键。但现实情况是许多学校劳动教育场所和设施都十分有限，学生开展劳动教育只在教室内进行③，特别是农村学校，有许多在劳动教育方面没有任何资源的投入和计划，学校劳动教育教学基地建设更是空白。④ 即使是有专用的劳动教育技术室的学校，受限于各种主客观原因，在实际教育教学中的使用效率也极低。⑤ 因此，配备足够的资源、加大投入建设校内外劳动教育基地都是学校开展劳动教育刻不容缓的工作。肖慧等学者指出，普通学校可以与职业教育学校联合，共享劳动教育实践基地。⑥

在人力保障方面，学校除了要有必备的劳动教育设施设备外，最重要的是建立一支良好的专业师资队伍。劳动教育师资队伍是指在学校里承担学生劳动教育工作的一类教师，包括劳动教育专任或兼职教师，他们是指导学生开展劳动教育的中坚力量。许多学者通过调查发现，我国中小学劳动教育的师资力量单薄，特别是在农村地区，学校专业劳动教育师资欠缺、师资素质

① 吴家庆、蔡艳：《美好生活视域下劳动教育的新意蕴》，《湖湘论坛》2021 年第 2 期。

② 刘江坤：《新时代初中生劳动教育现状及对策研究——以广安市五所初中学校为例》，西华师范大学硕士学位论文，2020 年。

③ 孙荧荧：《小学劳动教育实施策略探究——基于某市 4 所小学的调查研究》，喀什大学硕士学位论文，2021 年。

④ 余世国：《农村小学劳动教育的现状研究》，《科学咨询（教育科研）》2021 年第 6 期。

⑤ 汪菊：《小学劳动教育的现实困境、问题成因与实践路径》，《河南科技学院学报》2021 年第 6 期。

⑥ 肖慧、刘强、吴柯江：《普职联动构建中小学劳动教育实践基地的研究》，《教育科学论坛》2021 年第 15 期。

低下等问题较为突出。董瑞研究发现，很多教师的劳动素养低下，建议学校为教师实施劳动教育提供必要的校本培训。[①] 古帅认为，学校应立足本地现实，注重强化师资培训，完善配套措施，这样也可以吸引更多优秀的劳动教育师资。[②] 郑芳从保障机制的角度阐述劳育师资建设，她提出学校不仅要激励教师积极参加社会生产劳动实践，还要建立劳动教育教师的评价和反馈机制，并在其中增加师德师风的评价指标。[③] 马金安指出，学校要重视劳动教育教师的培训，使其与对其他学科教师的培训处于同等的地位。[④]

在考核评价方面，学者们认为，建立科学完善、客观公正的劳动教育评价机制尤为重要，应做到“评价导行、管理先行、以评促育”。[⑤] 在劳动教育学生评价方面，班建武指出，目前很多学校对劳动教育的评价仅停留在物质成果层面，忽视了学生通过劳动教育后在劳动素养如劳动技能、劳动态度、劳动精神等方面所发生的变化。[⑥] 杨欣悦进一步提出，将劳动教育评价进行量化，并纳入考核体系，加入学生的综合素质档案中，作为学生将来评优和升学的衡量指标之一。[⑦] 游爱娇等学者则认为，学校除了要建立体现劳动素养的综合素质评价体系之外，还要结合劳动教育评价的不同主体、不同内容和不同时段，构建整体多元、客观的评价体系。[⑧] 王晓燕则建议，教育主管部门应积极督导中小学的劳动教育实施情况，完善评价和督导。[⑨] 在劳

① 董瑞：《新时代中小学教师劳动教育素养研究》，上海师范大学硕士学位论文，2021 年。

② 古帅：《新时代劳动教育的四重维度审视》，《大连理工大学学报（社会科学版）》2021 年第 4 期。

③ 郑芳：《新时代职业院校劳动教育保障体系研究》，《教育与考试》2020 年第 4 期。

④ 马金安：《重视劳动教育，促进学生全面发展》，《陕西教育》2020 年第 11 期。

⑤ 杨静娟：《区域推进新时代劳动教育“五关注”》，《教学与管理》2020 年第 14 期。

⑥ 班建武：《劳动与劳动教育的关系辨析及其实践意义》，《广西师范大学学报（哲学社会科学版）》2021 年第 3 期。

⑦ 杨欣悦：《新时代中小学劳动教育：意义、困境及出路》，《教育观察》2020 年第 35 期。

⑧ 游爱娇、陈金海、易骏：《中小学劳动教育常态化实施规范》，《教学与管理》2021 年第 10 期。

⑨ 王晓燕：《中小学劳动教育的政策演变、价值诉求与未来建构》，《中小学管理》2019 年第 5 期。

动教育教师评价方面，刘军豪认为，学校应建立劳动教育教师培养的过程性评价制度，形成成熟的质量性评价机制。①

（二）劳动教育管理的流程与模式

在管理体系中，为了更好地实现组织目标和任务，都会制定一套流程，组织中基本的工作流程按照其组织结构的不同可以分成战略流程、经营流程和保障流程三个部分。但由于劳动教育管理在管理领域的特殊性和非营利性，劳动教育管理流程更偏向于教育管理过程，以劳动教育活动和接受劳动教育的主体（学生）为对象，以国家、社会和学生的需求为导向，以学校和合作企业为平台，构建独特的劳动教育管理体系。

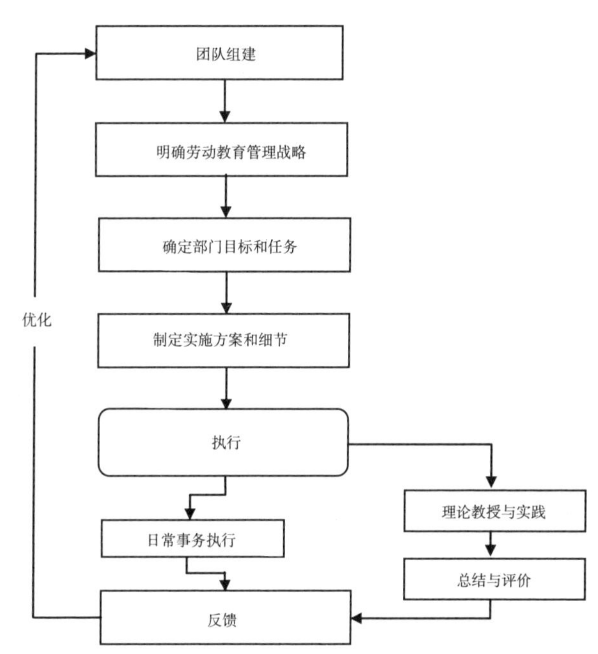

图 5-1　劳动教育管理基本流程

如图 5-1 所示，劳动教育管理的基本流程主要分为团队组建、明确劳动教育管理战略、确定部门目标和任务、制定实施方案和细节、执行（日常事务执行和教育工作执行）、反馈与优化，其中教育工作执行包含了理论教授与实践、总结与评价。

团队的组建是劳动教育管理体系成立的前提条件，挑选好适合的负

① 刘军豪：《新时代中小学劳动教育师资队伍建设的困境与突破》，《河南科技学院学报》2020 年第 10 期。

责人和相关员工可以说是流程发挥作用的基础，其中不仅仅包含教授劳动教育的老师，也包括支撑团队和制度运行的部门人员和其他相关工作人员。团队要明确初心和理想，明确学校建立劳动教育管理体系的期望和未来战略目标，而后分阶段、分部门划分具体的工作任务和教学目标，根据现实情况和资源条件确定实施方案。在执行阶段，一要对学生开展劳动教育，二要负责流程和制度的监督和推进，实时解决流程和教学过程中遇到的问题，并及时调整。在反馈和优化阶段，除了要重视制度运行过程中自发产生的问题之外，不可忽视的是真正参加劳动教育的老师和学生的想法和建议，这些都是实现流程、制度和团队优化的重要参考内容。

（三）劳动教育管理的意义

“授之以鱼，不如授之以渔”。这个道理体现在学校劳动教育上，即不仅要实施劳动素质教育，还要强化学生的实践操作能力。新时代，国家出台的一系列关于劳动教育的文件明确提出劳动教育是新时期党对教育的新要求，是中国特色社会主义教育制度的重要内容。通过劳动教育可以树德、增智、强体、育美，具有综合育人价值。加强劳动教育，关系到亿万青少年全面发展、健康成长，关系到国民综合素质的提升，关系到党和国家事业兴旺发达，对培育和践行社会主义核心价值观、传承和弘扬中华民族优良传统、培养担当民族复兴大任的时代新人具有重大意义。切实抓好劳动教育是当前和今后一个时期教育工作的重要任务。但目前劳动教育普遍存在政策好、落实难，形式化严重，劳动意识淡薄，重传统、创新难，想实施、困难多等现象。

应用型人才培养既强调知识应用，更强调与时俱进的实践能力。在当前社会大力倡导创新的背景下，学校劳动教育管理应把劳动创新思维的培养作为劳动教育工作的指导方向，使学生未来能适应新的劳动条件和劳动要求。我们正处于信息化向智能化迈进的时代，劳动教育观念需要及时转变，把对学生劳动意识和劳动能力的培养摆在突出位置。

马克思认为，劳动首先是人和自然之间的过程，是人以自身的活动来中介、调整和控制人和自然之间的物质变换的过程。① 劳动创造了人，创造了人类社会，是一切社会生产活动的源泉，是人类最重要的精神和物质活动，是社会发展的前提和基础。按照这个思路，可以说，劳动是创造我们现代社会和生活的基本条件。我国一直以来都十分重视“劳动”，提倡“劳动最光荣、劳动最崇高、劳动最伟大、劳动最美丽”，劳动教育应运而生。2020 年，习近平总书记在教育文化卫生体育领域专家代表座谈会上指出，“教育是国之大计、党之大计。”②“十四五”时期，全国各地学校要从党和国家事业发展全局的高度，全面贯彻党的教育方针，坚持优先发展教育事业，各校要广泛开展劳动教育，发展素质教育，推进教育公平，促进学生德智体美劳全面发展，不断加强劳动教育管理。学校劳动教育管理具有特别的意义。

劳动教育是中国特色社会主义教育制度的重要内容，它直接决定社会主义建设者和接班人的劳动精神面貌、劳动价值取向和劳动技能水平。通过劳动教育管理，学生可以了解社会、了解劳动、了解自己，培养劳动价值观和社会责任感，同时也有助于锻炼其意志品质和提升团队合作能力。

新时代学校劳动教育管理，一方面，要使学生通过对劳动意义的学习，坚定劳动的信念；通过对劳动规律的学习，掌握劳动的方法；通过对劳动规章的学习，遵守劳动的纪律。另一方面，鼓励学生走向田间地头和工厂社区，进行真正的劳动实践，深刻理解“空谈误国、实干兴邦”的道理，树立通过劳动中的知行合一实现真正幸福的人生观。

学校要加强组织管理，明确实施机构和人员，具体负责劳动教育的规划设计、组织协调、资源整合、师资培训、过程管理、总结评价等。同时，学校要把劳动安全教育与管理作为组织实施的必要内容，强化劳动安全意识，建立健全安全教育与管理并重的劳动安全保障体系。

学校劳动教育具有独特的育人价值。劳动可以树德、可以增智、可以强体、可以育美，劳动教育具有综合的不可替代的作用。在学校劳动教育中，

① 《马克思恩格斯选集》第 2 卷，人民出版社 2012 年版，第 169 页。

② 习近平：《在教育文化卫生体育领域专家代表座谈会上的讲话》，人民出版社 2020 年版，第 2 页。

要努力构建实践育人体系，要聚焦学生的全面发展，坚持价值引领、知识传授和能力培养，实现知行合一。

二、劳动教育管理的特征和分类

随着劳动教育不断深入大中小学，劳动教育管理的规范化和科学化成为劳动教育有效落实、获得目标效果的重要保障。

（一）劳动教育管理的特征

劳动教育管理应以习近平新时代中国特色社会主义思想为指导，积极探索具有中国特色的劳动教育模式，创新体制机制，注重教育实效，实现知行合一，促进学生形成正确的世界观、人生观、价值观。

劳动教育亟待加强组织领导，推行长效机制。但是劳动教育想要成功地获得“效益”，就需要建立良好的劳动教育管理体系。新时代学校劳动教育需要加强政府统筹，拓宽劳动教育途径，整合家庭、学校、社会各方面力量，实现家庭劳动教育日常化、学校劳动教育规范化和社会劳动教育多样化目标，进而形成协同育人新格局。因而，劳动教育管理具有以下基本特征。

一是鲜明的思想性。在劳动教育管理中要明确强调劳动者是国家的主人，一切劳动和劳动者都应得到鼓励和尊重，反对一切不劳而获、崇尚暴富、贪图享乐的错误思想。

二是突出的社会性。在劳动教育管理中科学引导学生走向社会、认识社会，强化责任担当意识，体会社会主义人人平等、和谐的新型劳动关系，从而正确地认识劳动，树立积极的劳动观和价值观。

三是显著的实践性。实践是学生的课堂，实践性是劳动教育的重要特征。在劳动教育管理中主要通过动手实践方式，引导学生在认识世界的基础上，学会建设世界，塑造自己，实现树德、增智、强体、育美的目的。

四是建设的跨学科性。劳动教育管理重视劳动教育与基础学科的跨学科联系。跨学科的劳动教育提升了劳动活动组织和经济原则、个人和社会的意义；在不断丰富和深化劳动教育主题的过程中，揭示了与其他学科知识的多边联系和密切关系，掌握现代劳动工具和先进技术，促进学生发展辩证、灵活的思维能力，形成创新创造能力。

五是培育内容的开放性。劳动教育管理加强劳动教育培训内容开放性。在改善学校活动方面，劳动教育管理要特别重视从根本上支持年轻一代的职业发展，正确设置劳动教育、培训和职业定位，让学生直接参与对社会有益的生产性劳动。

六是内容结构的多元性。劳动教育管理构建多元性劳动教育培训内容。劳动教育活动包括各种课外社会有用劳动，如生产性劳动、社会劳动、家庭劳动、自助活动等。

七是资源整合的多元性。劳动教育管理要广泛利用不同地区的多种资源开展劳动教育，实现“学校—家庭—企业—社会”的多元有效协同。国家倡导充分利用学校以外的教育组织、教育技术支持中心、儿童科技园、青年创新创意中心、博物馆、职业教育教学组织，以及基金会等公共资源发展劳动教育。

新时代，国家对劳动者队伍建设提出了新要求，对劳动教育提出了新期待。劳动教育管理呈现出新特征。

1.劳动教育管理着力培养学生解决职业、生活问题的劳动能力

劳动教育不仅是一种职业训练导向的教育，更是一种适合所有类型学生的普通教育。因此，劳动教育应当被视为一种“职前的普通教育”，这也是在普通教育阶段渗透职业教育的一种集中体现。虽然我国各地对于劳动教育具体课程目标的表述各不相同，但均以培养学生的综合劳动能力为导向，使其有能力胜任未来劳动力市场对于不同职业的能力要求。为帮助学生适应当前学校或家庭劳动需求，并为未来参与社会劳动生活做准备，我国各地学校劳动课程管理的目标基本都是以能力为导向，旨在培养学生的专业知识能力、方法与过程能力、判断与决定能力、社会交往能力、行动能力。第一，专业知识能力。泛指一种准备性的状态与能力，可以准确、专业性地命名、描述、介绍具体社会行为的事实。可以把不同的事实与概念进行区分、分类，最终进行系统化的加工。并可以根据不同的情境将抽象的专业知识，在具体的社会生产、生活环境中加以运用、调整，并持续性地发展。第二，方

法与过程能力。指运用恰当的方法或工具获得所需知识的能力，如对各种散乱的信息进行有效的收集、加工、呈现、分析和反思的能力。具体是指运用专业相关、职业领域内的思维方式与技术方法，对一种商品或者一项服务可以进行选择、计划、生产与评估的能力。第三，判断与决定能力。即基于已经掌握的方法与知识，对具体工作任务自主、理性、批判地作出评价和决定。第四，社会交往能力。指与其他人进行交往的能力，这不仅包括语言交际能力，还包括共同协商参与劳动的能力。第五，行动能力。作为一种综合性能力，它要求学生具备正确的劳动价值观，综合性地运用与协调各种能力和知识，并根据不同情境的要求，合理、有效地解决各种问题。行动能力需逐层发展，采取多种形式，由易入难。

2. 学校劳动教育管理与产业发展需求相适应

进入新时代，伴随我国产业结构的优化升级，技术创新不断推进，我国正在从制造大国向制造强国转变。我国产业发展的迭代升级必须与学校劳动教育管理新需求互动。从劳动教育供给与产业发展需求的关系看，我国学校劳动教育管理目标具有突出的时代特征，能随着生产力不断发展进程中社会环境变迁及产业变革带来的职业变革，围绕培养何种劳动特征的“人”，推进劳动教育管理目标与社会技术变革需求相适应，在某种程度上甚至起到对产业发展的引领作用。学校劳动教育管理为适应时代需求，经历了从培养职业工匠、综合技术产业工人、信息技术劳动者到数字技术劳动者的时代嬗变。

3. 劳动教育管理打造多学科交叉的教学内容

劳动本身具有的多样性与复杂性决定了劳动教育内容需建构在一定的社会关系之上，对人本身成长发展所需的涉及生活生产及技术领域变革的基本劳动技能进行职业预备培育。当前我国学校劳动教育管理的核心任务主要依靠劳动学课程开展，侧重于“知识—方法—沟通—决策—行动”五个能力的提升，以培养学生的综合劳动能力。就我国学校劳动教育的课程内容构成来看，以职业高中为例，主要涉及“技术—经济—家政—职业”四个基础结构模块。技术模块主要侧重制图、电工、木工等工艺技术习得，经济模块主要侧重财经知识、金融贷款等基本经济常识获取，家政模块主要侧重烹饪、缝纫、营养等家庭生活常识掌握，职业模块主要侧重职业认知选择、求职面试等职业获取能力养成。就多学科知识交叉运用来看，我国学校劳动教育课程主要采取基于主题牵引下的多学科知识交叉阐释的多元方法展开。例如，以“农业”主题的劳动教育课程内容不仅从劳动教育角度，还综合运用林业、气象、天文、生态等知识体系，整合编制教学计划，对主题予以多维阐释启发。同时，我国学校劳动教育课程内容还依据不同年级学生的成长阶段和所达到的认知能力，进阶式地开展劳动教育。小学阶段的劳动教育课程通常为“常识课”，涉及纸工、手工、木工、陶器等，以教会学生如何生活作为劳动教育的基础和目标。中学阶段是开展劳动教育的主要阶段，课程有必修、选修、限选三种类型，课程内容即为“技术—经济—家政—职业”四个基础结构模块。大学阶段帮助学生了解职业旨趣，培养学生劳动观念及生活、职业等所需劳动技能，以形成职前综合劳动能力。

4. 劳动教育管理提供丰富的劳动体验

劳动即实践。劳动教育管理导向集中体现在实践中。我国学校劳动教育管理特别重视学生课外校外实践教学环节中的劳动情境实境体验，力求实现劳动教育课堂与生产实践相衔接，以提升劳动教育实际效果。从课外实践看，我国应用型高校、高职院校、职业高中大多建有设备齐全、模拟仿真的劳动技术专用教室，学校创设金工、木工、烹饪、缝纫等劳动情境，让学生在动手参与中体验劳动乐趣、掌握劳动技能。我国大多数高校建有校园创新创业园，有学生创业公司和模拟创业基地，实现了劳动教育课堂教学与劳动体验的近距离衔接。我国学校劳动教育还强调，学生学习过程中应该调动所有感官，以达到整体化学习效果。“校内菜园、校内花园”是我国中小学劳动教育当下比较流行的经典案例，学生通过眼观鼻嗅等方式了解认识植物，通过动手参与植物种植与日常养护学习了解农艺劳动技能，并形成动脑观察思考植物世界的长久兴趣。从校外实践看，我国劳动教育管理注重学校、家庭、社会“三位一体”劳动教育协作机制建设，众多社会资源被引入校外劳动教育实践体系中。学校组织学生到校外企业、农场、作坊、商店等实习基地参观见习，或者让学生在专业人士指导下进行实操训练，使学生能够把在课堂上学习到的劳动知识运用到实际生产劳动环节中，亲身体验不同职业的劳动实境，形成相应的职业认知。

（二）劳动教育管理的分类

劳动教育管理具有社会学科性质，它是教育管理的组成部分，也是管理科学的一个分支，具有历史性、文化性、时代性等特征。

劳动教育管理就是管理者通过组织协调劳动教育队伍，充分发挥劳动教育人力、财力、物力等的作用，利用劳动教育内部各种有利条件，高效率地实现劳动教育管理目标的活动过程。劳动教育管理是国家教育主管部门对劳动教育系统进行组织协调控制的一系列活动。劳动教育管理从宏观上可分为劳动教育行政管理和学校劳动教育管理。

劳动教育行政管理是国家教育主管部门通过行政机构，依法以行政手段对劳动教育实施的管理。其主要内容有：劳动教育专门人才的培养与规划、劳动教育事业的发展规划与计划、劳动教育结构与布局、劳动教育管理体制、劳动教育制度、劳动教育经费管理、劳动教育行政组织机构及人事、劳动教育质量的评价、劳动教育立法、劳动教育管理的理论和方法等。在中国，就劳动教育行政管理的机关而言，主要指教育行政机关的劳动教育管理活动；就劳动教育行政管理的层次而言，既指中央的劳动教育行政管理，也指地方的劳动教育行政管理；就劳动教育行政管理的范围而言，大到劳动教育方针政策法规和劳动教育体制的构建，小到具体劳动管理规章制度及其实施，都应包括在劳动教育行政管理之中。

学校劳动教育管理是学校劳动教育管理者在一定社会环境条件下，遵循劳动教育规律，采用一定的手段和措施，带领和引导师生员工，充分利用校内外的劳动教育资源和条件，有效实现劳动教育管理工作目标而进行的一种组织活动。

学校劳动教育管理是由劳动教育管理者、劳动教育管理手段和劳动教育管理对象三个基本要素组成的。劳动教育管理者主要是指学校的正副校长、劳动教育职能部门的负责人员、劳动教育教职员工。劳动教育管理手段主要包括学校的劳动教育组织机构和劳动教育规章制度。劳动教育管理对象是指学校的人、财、物、事（工作）、信息、时间和空间等，他们是学校劳动教育管理活动的客体或被管理者。

学校劳动教育管理的过程包括计划、实施、检查和总结四个基本环节。

学校劳动教育管理的起始环节是制定学校劳动教育工作计划。计划是全校人员的劳动教育行动纲领，是劳动教育管理过程后续环节的依据。计划包括学校劳动教育工作计划（学年的或学期的）、劳动教育管理部门工作计划、年级组和班级劳动教育工作计划等。其中，学校劳动教育工作计划规定学校劳动教育工作的总任务和总要求，是制定其他各种劳动教育工作计划的依据。

学校劳动教育实施是将劳动教育工作计划变为行动。实施是劳动教育管理过程的中心环节。实施计划是全员的责任，各机构成员要按计划做好自己的岗位工作，完成规定的任务。在实施过程中，学校领导要做好组织、指导、协调、激励等工作。

学校劳动教育检查是了解劳动教育工作计划执行的情况，发现和解决问题，以期获得良好效果的措施。

学校劳动教育总结是对学校劳动教育工作和管理工作的质量作出实事求是的评估，对劳动教育工作的主要经验加以总结，以便进行推广，并从缺陷和失误中吸取教训，从而进一步改进学校工作。

针对不同学段、类型的学生特点，以日常生活劳动、生产劳动和服务性劳动为主要内容开展劳动教育。结合产业新业态、劳动新形态，注重选择新型服务性劳动的内容。按照学段、劳动教育内容，劳动教育管理可以分为小学、中学、高校三类劳动教育管理。

小学劳动教育管理主要是在学校和家庭劳动教育资源支持下，制定小学劳动教育目标，设计和实施适合小学生的劳动教育课程和实践，学校劳动教育教师和家长合作完成劳动教育全过程。小学低年级要注重围绕劳动意识的启蒙，让学生能够做到日常生活自理，感知劳动乐趣，知道人人都要劳动。小学中高年级要注重围绕卫生、劳动习惯养成，让学生做好个人清洁卫生，主动分担家务，适当参加校内外公益劳动，学会与他人合作劳动，体会到劳动光荣。

中学劳动教育管理主要是整合学校、社会劳动教育资源，针对不同类型学生的劳动教育目标，设计和执行适合中学生的劳动教育课程和实践，学校劳动教育教师和社会劳动教育导师合作完成劳动教育全过程。初中要注重围绕增加劳动知识、技能，加强家政学习，开展社区服务，适当参加生产劳动，使学生初步养成认真负责、吃苦耐劳的品质和职业意识。普通高中要注重围绕丰富职业体验，开展服务性劳动、参加生产劳动，使学生熟练掌握一定的劳动技能，理解劳动创造价值，具有劳动自立意识和主动服务他人、服务社会的情怀。中等职业学校重点是结合专业人才培养，增强学生职业荣誉感，提高职业技能水平，培育学生精益求精的工匠精神和爱岗敬业的劳动态度。

高校劳动教育管理主要是融合国家、企业、学校的劳动教育资源，对标高校大学生劳动教育目标，构建劳动教育平台，设置和执行适合大学生的劳动教育课程和实践，高校劳动教育教师和企业劳动教育导师合作完成劳动教育全过程。高等学校要注重围绕创新创业，结合学科和专业积极开展实习实训、专业服务、社会实践、勤工助学等，重视新知识、新技术、新工艺、新方法应用，创造性地解决实际问题，使学生增强诚实劳动意识，积累职业经验，提升就业创业能力，树立正确的择业观，具有到艰苦地区和行业工作的奋斗精神，懂得“空谈误国、实干兴邦”的深刻道理。注重培育公共服务意识，使学生具有面对重大疫情、灾害等危机主动作为的奉献精神。

三、劳动教育管理的原则

劳动教育管理原则是指在实施劳动教育过程中需要遵循的基本指导思想和行为准则。这些原则反映了劳动教育的目标、任务、内容和方法，是指导劳动教育活动的纲领和行动方针。《大中小学劳动教育指导纲要（试行）》强调了劳动教育的基本理念：强化劳动观念，弘扬劳动精神；强调身心参与，注重手脑并用；继承优良传统，彰显时代特征；发挥主体作用，激发创新创造。[1] 上述理念为学校在实施劳动教育管理时提供了重要指导方向。具体来说，新时代劳动教育管理应遵守以下原则。

（一）把握育人导向

劳动教育是共产主义教育的重要内容，作为马克思主义政党，中国共产党在实践中坚持以马克思主义劳动教育观为指导，在学校中广泛开展社会主义劳动教育的实践。进入新时代，劳动教育以实现中华民族伟大复兴的中国梦和“两个一百年”奋斗目标为根本导向，以“培养什么人，怎样培养人，为谁培养人”为指引，强调劳动精神、劳动能力、劳动习惯的培养，充分彰显了劳动教育方向的正确性。

坚持党的领导，围绕培养担当民族复兴大任的时代新人，着力提升学生综合素质，促进学生全面发展、健康成长。把准劳动教育价值取向，引导学生树立正确的劳动观，崇尚劳动、尊重劳动，增强对劳动人民的感情，报效国家，奉献社会。

在知识经济“效率化”的裹挟下，一些学校的劳动教育管理抽象化处理了劳动教育的实践形态，割裂了“劳力”与“劳心”的统一关系，“使需用智力的事情趋于孤立，知识变成学院式的、学术性的和专门技术性的。”[2] 一些学校的劳动教育管理重理论轻实践，以短期实习、社会志愿服务、勤工俭学等活动替代系统的劳动教育课程，造成学生个体发展的片面化，遏制了学生的实践创新能力，也容易造成劳动教育与生产劳动、社会生活实践的脱节。面对市场多元化发展与突破行业壁垒的双重压力，学生缺少现实劳动情境的体验，使他们在融入社会总体实践的过程中举步维艰。结合学科、专业的特点与市场、个体的现实诉求，学校劳动教育管理回归育人导向迫在眉睫。

（二）遵循教育技术发展规律

新时代劳动教育管理在实施中必须符合学生年龄特点，以体力劳动为

---

① 孙家学、耿艳丽、邵珠平：《新时代高校劳动教育通论》，高等教育出版社 2021 年版，第 243—244 页。

② 杜威：《民主主义与教育》，王承绪译，人民教育出版社 2001 年版。

主，注意手脑并用、安全适度，强化实践体验，让学生亲历劳动过程，提升育人实效性。劳动教育管理必须明晰劳动教育发展趋势，打造时代特质。近年来，互联网、大数据、云计算、人工智能、区块链等技术加速创新，日益融入经济社会发展各领域全过程，深刻改变了人类的生活方式、生产方式和思维方式，这也必然会给劳动教育带来巨大的改变和挑战。

新时代，劳动教育管理应适应时代发展趋势，通过活化形式、更新内容等途径，探索劳动教育管理的新模式，打造具有时代特质的劳动教育管理体系。应突破传统认知，将创造性劳动、体面劳动、生态劳动、虚拟劳动等新形态纳入劳动教育管理中，扩充并更新劳动教育内容，打造兼具时代化、多样化特征的劳动教育课程内容体系。劳动教育管理在更新教育内容的过程中，在具备时代性、前瞻性和发展性特质的基础上，亦要蕴含劳动树德、增智、强体、育美的内容，以培养学生良好的道德品质，提升其动手能力、创造能力和实践智慧，增强体魄，促进身心健康，提高发现美、体验美、鉴赏美、创造美的能力。

（三）体现时代特征

时代的发展要求学校劳动教育因时而变。从学校劳动教育管理的使命来看，劳动教育不仅要着眼于促进受教育者的全面发展和学校立德树人根本任务的实现，还要与不同阶段的国家发展目标相衔接，顺应国家发展的要求，特别是在新时代要肩负起培育担当中华民族伟大复兴的时代新人的历史使命。

新时代我国经济进入高质量发展阶段，产业结构的升级与科学技术的突破需要大量具备创新实践能力的综合型劳动人才，社会共治共建共享的治理新格局亦需要具备公共服务能力与合作共建能力的复合型人才队伍。劳动教育管理要适应科技发展和产业变革趋势，针对劳动新形态，注重新兴技术支撑和社会服务新变化。深化产教融合，改进劳动教育方式。强化诚实合法劳动意识，培养科学精神，提高创造性劳动能力。

新时代劳动教育管理需要将劳动精神与创新能力双线贯穿于劳动教育全过程，有助于实现人才供给平衡与个体的全面发展。培养学生劳动精神，有助于协调个体与社会之间的关系，突破资本枷锁对知识价值的桎梏，提升学生职业素养、工匠精神与公共服务意识。培养学生的劳动创新能力，突破个体发展局限于某一特定专业学习领域而造成的专业人力资本路径锁定效应。

（四）强化综合实施

劳动教育管理在实施中要加强政府统筹，拓宽劳动教育途径，整合家庭、学校、社会各方面力量。学校劳动教育管理应建立政府—市场—学校“三位一体”的劳动教育实施平台，明确政府、市场、学校在劳动教育一体化平台建设中的作用与任务。首先，地方政府应健全经费投入机制，合理统筹学校专业实践基地建设，明确劳动教育实践的具体范畴与实施规范。其次，充分运用市场的人力需求调控杠杆，联合企事业单位及社会机构，建立健全开放共享机制，多渠道拓展实践场所，实现课堂与一线的结合、专业与职业的转化。充分利用产学研平台，完善基地建设，规范实践教育过程，拓展创新实践项目，促进劳动教育与职业生涯教育、创新创业教育、社会实践服务的融合。学校应当规划劳动教育的整体实施步骤，提升劳动教育管理效率，要明确劳动教育管理实施的机构和人员，具体负责劳动教育的规划设计、组织协调、资源整合、师资培训、过程管理、总结评价等。[①] 将培养“双师型”教师作为劳动教育管理的核心枢纽，解决劳动教育中理论与实践脱节、劳动价值观与劳动行为分离、技术训练与创新实践割裂的问题。

第二节　劳动教育管理发展历程

劳动教育是满足国家在不同经济发展阶段对劳动人才、劳动技能需求的重要手段，国家对劳动教育的管理主要是通过颁布相关政策、指导意见、法律法规等方式实现。

① 《把新时代大中小学劳动教育落到实处——教育部教材局负责人就〈大中小学劳动教育指导纲要（试行）〉答记者问》，中国政府网，https://www.gov.cn/zhengce/2020-07/15/content_5526952.htm。

我国历来有重视劳动教育的传统，早在新中国成立初期，国家就将“教育与生产劳动相结合”确定为重要指导方针；到20世纪90年代又将其写进了《中华人民共和国教育法》，并在2015年的修订稿中仍予以保留。迈入新时代后，以习近平同志为核心的党中央在马克思主义劳动观的基础上，创建并发展了新时代中国特色社会主义劳动观。

1955年4月，教育部发布的《关于初中和高小毕业生从事生产劳动的宣传教育工作报告》指出，要“善于将课堂教学与课外的劳动教育结合起来进行，今后进行劳动教育时，不但要注重良好劳动习惯的养成，更要加强综合技术的培养。”体现了综合技术能力培养的重要性。① 自此，综合技术培养就成为劳动教育的重点内容。

1957年2月，毛泽东同志在最高国务会议第十一次（扩大）会议上提出：“我们的教育方针，应该使受教育者在德育、智育、体育几方面都得到发展，成为有社会主义觉悟的有文化的劳动者。”② 周恩来同志在给《中国青年报》的题词中写道：“新中国的青年人，要努力学习，参加劳动，准备作一个有文化有技术的工人和农民，准备作一个体力劳动和脑力劳动相结合的知识分子。”③ 党和国家领导人逐步将劳动教育作为教育方针的重要组成部分。根据党的教育方针，1958年春，各地学校开始把劳动和学习结合起来，分批地到工厂、农村，与工人农民同吃、同住、同劳动，向工农学习，在劳动中锻炼自己。中共中央、国务院在《关于教育工作的指示》中指出，在一切学校中，必须把生产劳动列为正式课程。今后的方向是学校办工厂和农场、工厂和农业合作社办学校。

新中国成立初期学校劳动教育实质上是劳动生产与教育的直接结合，劳动价值观凸显出明显的集体主义色彩。劳动课程以基础的手工劳动和体力劳动为主，注重基本生产知识和基础劳动技能的培养，解决基础建设阶段的人力资源需求问题。

① 孟丹：《新时代小学劳动教育管理研究》，南京师范大学硕士学位论文，2021年。
② 《毛泽东文集》第七卷，人民出版社1999年版，第226页。
③ 《周恩来年谱（一九四九——一九七六）》中卷，中央文献出版社1997年版，第39页。

1978 年 4 月，邓小平同志在全国教育工作会议中指出，现代经济和技术的迅速发展，要求教育质量和教育效率的迅速提高，要求我们在教育与生产劳动结合的内容上、方法上不断有新的发展。更重要的是整个教育事业必须同国民经济发展的要求相适应。①

1982 年 10 月，教育部印发《关于普通中学开设劳动技术教育课的试行意见》，提出将绩效评估、提升师资质量、深入管理交流等方面作为劳动教育的重点内容。不久之后，国家教育委员会又发布了《全日制普通中学劳动技术课教学大纲(试行稿)》与《全日制小学劳动课教学大纲(试行草案)》，这表明我国劳动课程教育迈上了一个新的台阶，清晰地展现了当前我国劳动技术课程培养的主要内容和目的。

1986 年 5 月，国家教委在《关于加强高等学校思想政治工作的决定》中指出，学生在学习期间要适当参加社会实践，包括参加劳动、实习，社会调查、社会服务、参观访问、勤工助学等活动，目的是使学生接触社会，了解人民群众的思想感情和他们所进行的社会主义建设与改革的实践，培养为人民服务的思想，加强理论与实际的联系。学校的教育计划和教学内容都要为此进行必要的调整。

1986 年 10 月，时任国家教委副主任彭珮云在全国中学德育大纲研讨会上的讲话中强调，要把德育作为德、智、体、美、劳五育全面发展的一个有机组成部分。使五育互相配合、互相渗透，是一个整体。这是从教育部层面首次正式提出德智体美劳全面发展。此后，德智体美劳“五育”并举的表述相继出现在国家教委的文件中，如《国家教委国家体委关于开展课余体育训练，提高学校体育运动技术水平的规划（1986—2000 年)》《全国学校艺术教育总体规划（1989—2000 年)》等。

1987 年 9 月，国务院批转国家教委《关于改进和加强高等学校生产实习和社会实践工作的报告》，高校劳动生产实习与社会实践工作逐步落实：为大学生提供参与社会服务、课外科技活动的机会，安排劳动周/月、暑假

① 《邓小平文选》第二卷，人民出版社 1994 年版，第 107 页。

社会实践与实习挂职、志愿者服务以及勤工俭学等助学活动。

1993年2月，《中国教育和改革发展纲要》指出，加强劳动观点和劳动技能的教育，是实现学校培养目标的重要途径和内容。各级各类学校都要把劳动教育列入教学计划，逐步做到制度化、系列化。社会各方面要积极为学校进行劳动教育提供场所和条件。该纲要从教学与实践两个层面对劳动教育的实施提出了具体要求。

1994年6月，国家教委发布《关于加强普通高等学校教学工作的意见》，提出生产实习和社会实践是贯彻教育与生产劳动相结合的方针，促进学生德、智、体全面发展的重要教学环节，在任何情况下都必须坚持。文件突出了社会实践在贯彻教育与生产劳动相结合方针中的作用。

1996年4月，国家教委发布《全国教育事业“九五”计划和2010年发展规划》，指出实行教育与生产劳动（社会应用）相结合，引导学生走与工农相结合的道路，增强对劳动人民的感情，逐步树立起科学的世界观和全心全意为人民服务的人生观。

1998年6月，教育部印发《关于加强普通中学劳动技术教育管理的若干意见》，该文件将劳技课程的培养纳入管理责任制与教育质量考核评估制度，明确规定了要有效实践并积累劳技课培养经验；并且将劳技课程是否设立，设立了多少，课程效果如何，老师和领导是否注重这门课程作为优秀示范学校的评估要素，同样也要作为对校级领导班子进行考核的依据。

1999年6月，中共中央、国务院印发《关于深化教育改革全面推进素质教育的决定》，提出教育与生产劳动相结合是培养全面发展人才的重要途径。各级各类学校要从实际出发，加强和改进对学生的生产劳动和实践教育，使其接触自然、了解社会，培养热爱劳动的习惯和艰苦奋斗的精神。可以看出，这一时期学校劳动教育坚持以提高人的基本素质为基本要求，劳动教育的目标逐渐走向促进人的全面发展，注重发挥劳动教育对学生人生观、价值观的塑造和劳动习惯、劳动精神的培养。

2001年6月，教育部印发《基础教育课程改革纲要（试行）》，明确规定从小学至高中设置综合实践活动并作为必修课程，其内容主要包括：信息技术教育、研究性学习、社区服务与社会实践以及劳动与技术教育。强调学生通过实践，增强探究和创新意识，学习科学研究的方法，发展综合运用知识的能力。文件发布之后，综合实践活动课程就被纳入了中小学教育培养体系。

2010 年 5 月印发的《国家中长期教育改革和发展规划纲要（2010—2020 年)》进一步推进产学研用结合，创立高校与科研院所、行业、企业联合培养人才的新机制。在工业经济高速发展与知识经济逐步兴起的时代背景下，高校劳动教育以专业技术为中心发生转变。

2012 年 1 月，教育部等部门发布《关于进一步加强高校实践育人工作的若干意见》，再次强调了包括生产劳动等在内的社会实践活动是实践育人的有效载体。这一时期社会实践作为实践育人有效载体的地位日益凸显，成为进行劳动教育的重要方式。

进入新时代，习近平总书记高度重视劳动的价值与作用，从劳动观念、劳动精神、劳动习惯、劳动意义等方面对劳动进行了深刻阐述，致力于在全社会营造崇尚劳动的氛围，为新时代推进学校劳动教育创造了条件。在劳动观念方面，习近平总书记提出，让劳动最光荣、劳动最崇高、劳动最伟大、劳动最美丽蔚然成风。① 在劳动精神方面，习近平总书记特别强调要弘扬劳模精神和工匠精神，他指出，“劳动模范身上体现的‘爱岗敬业、争创一流，艰苦奋斗、勇于创新，淡泊名利、甘于奉献’的劳模精神，是伟大时代精神的生动体现”②，“要在全社会弘扬精益求精的工匠精神，激励广大青年走技能成才、技能报国之路”③。在劳动习惯方面，习近平总书记青年时期在梁家河村插队时始终坚持劳动，他提出：“广大劳动群众要勤于学习，学文化、学科学、学技能、学各方面知识，不断提高综合素质，练就过硬本领。要立足岗位学，向师傅学，向同事学，向书本学，向实践学。三百六十行，行行

① 习近平：《在庆祝“五一”国际劳动节暨表彰全国劳动模范和先进工作者大会上的讲话》，人民出版社 2015 年版，第 5 页。

② 习近平：《论坚持人民当家作主》，中央文献出版社 2021 年版，第 158 页。

③ 习近平：《论党的青年工作》，中央文献出版社 2022 年版，第 92 页。

出状元。”[①]在劳动意义方面，习近平总书记结合中华民族的历史成就与未来发展目标来阐述劳动的价值。一方面，从中华民族取得的历史成就看，他指出：“中华民族是勤于劳动、善于创造的民族。正是因为劳动创造，我们拥有了历史的辉煌；也正是因为劳动创造，我们拥有了今天的成就”[②]；另一方面，从中华民族未来发展的目标来看，他强调，当前，全国各族人民正满怀信心为实现“两个一百年”奋斗目标而努力。实现我们确立的奋斗目标，归根到底要靠辛勤劳动、诚实劳动、科学劳动。[③]习近平总书记关于劳动的重要论述，不仅为新时代推进劳动教育营造了良好的社会风气，同时也为新时代劳动教育目标的制定及实施指明了方向。

2015年7月，教育部等部门印发的《关于加强中小学劳动教育的意见》对劳动教育的课程设置及具体实施提出了明确要求。文件中指出，学校应当重视学生校内劳动综合技能的培养，实施校内校外教育以及课内课外教育相结合的完备教育机制。另外，学校在构建劳动教育培养体系时也要落到实处，要“因地制宜”，制定具有学校自身特色、全面多样化的培养计划，要在学校内外形成普遍重视劳动教育的氛围。

2019年，为全面提高义务教育质量，国务院提出了更全面、具体的要求，这标志着我国教育跨入了一个内涵式发展新阶段，劳动教育也从一开始的“工具价值”慢慢走向“内在价值”与“社会价值”相统一的“存在价值”。《教育部2019年工作要点》明确提出“出台加强劳动教育的指导意见和劳动教育指导大纲，修订教育法将‘劳’纳入教育方针”，“因地制宜组织开展家务劳动、校园劳动、校外劳动、志愿服务等形式多样的劳动实践活动”。

---

① 习近平：《在知识分子、劳动模范、青年代表座谈会上的讲话》，人民出版社2016年版，第8—9页。

② 习近平：《在庆祝“五一”国际劳动节暨表彰全国劳动模范和先进工作者大会上的讲话》，人民出版社2015年版，第4页。

③ 《习近平在乌鲁木齐接见劳动模范和先进工作者、先进人物代表 向全国广大劳动者致以“五一”节问候》，《人民日报》2014年5月1日。

2020 年 3 月，中共中央、国务院颁布的《关于全面加强新时代大中小学劳动教育的意见》中将新时代劳动教育的目标概括为："通过劳动教育，使学生能够理解和形成马克思主义劳动观，牢固树立劳动最光荣、劳动最崇高、劳动最伟大、劳动最美丽的观念；体会劳动创造美好生活，体认劳动不分贵贱，热爱劳动，尊重普通劳动者，培养勤俭、奋斗、创新、奉献的劳动精神；具备满足生存发展需要的基本劳动能力，形成良好劳动习惯。"这一表述从观念、精神、习惯三个方面阐释了劳动教育的目标，是对习近平总书记重要讲话精神的贯彻，是对以往劳动教育目标的升华和完善，彰显了时代发展的要求，成为新时代劳动教育的实践指南。

2020 年 7 月，教育部印发《大中小学劳动教育指导纲要（试行)》，进一步将大中小学劳动教育的举措细化为独立开设劳动教育必修课、在学科专业中有机渗透劳动教育、在课外校外活动中安排劳动实践、在校园文化建设中强化劳动文化四个方面。深入、全面贯彻党的教育方针，加强教育与生产劳动相结合，已成为众多学校的共识。

2021 年 12 月，教育部印发《关于公布 2021 年度普通高等学校本科专业备案和审批结果的通知》，正式将"劳动教育"专业列入新增本科专业点。劳动教育专业的设立充分说明了我国劳动教育专业师资队伍建设工作正式启动，旨在解决当前劳动教师数量有限、专业水平不足、队伍不稳定等现实难题。

新时代的劳动教育管理具有紧迫性及重要性，需要以必要措施来优化劳动教育，进而实现全民综合素质的提升。因此，构建适应新时代的劳动教育"三结合"新管理模式刻不容缓。在"三结合"新管理模式中，家庭劳动教育是主体，学校劳动教育是主导，社会劳动教育需主动。从家庭的层面来看，家长发挥主体作用，家庭是开展劳动教育的主阵地；从学校层面来看，学校切实落实主导作用，作为劳动教育的主力军需承担起应有的责任与义务；从社会层面来看，社会主动和家庭、学校形成合力，并拓展社会劳动教育主渠道。高效的劳动教育管理是劳动教育正常运行的重要保证。

第三节　劳动教育管理体系化建设

劳动教育管理是一项系统工程。劳动教育管理体系化建设要坚持系统观点，明确劳动教育目标、任务，一体推进。通过劳动教育和劳动教育管理，使劳动管理出效益，使劳动者出真知、长才干。

一、劳动教育管理体系化建设原则

劳动教育管理体系化建设原则是指在实施劳动教育过程中，需要遵循的基本指导思想和行为准则。具体来看，需要遵循如下原则。

（一）系统性原则

劳动教育管理体系是一个复杂的系统，涉及高校、家庭、社会等多元主体，不同主体代表着不同的利益诉求。因此，在构建劳动教育管理体系时，需要从整体上考虑，将各个环节有机地结合起来，形成一个系统化的体系。

（二）发展性原则

劳动教育管理体系化建设需要不断发展和完善，以适应新时代发展和学生新需求的变化。这要求我们在实施过程中不断总结经验，改进方法，提高效果。

（三）人本性原则

这一原则强调以人为本，关注学生的身心健康和全面发展。在实施劳动教育管理的过程中，需要注重培养学生的劳动观念、劳动技能和劳动习惯，促进其健康成长。

（四）实践性原则

实践性原则强调劳动教育体系化建设需要注重实践，让学生通过亲身参与劳动活动来获得知识和技能。因此，在实施过程中应注重实践环节的设计和安排，让学生在实践中学习、成长。

（五）综合性原则

劳动教育管理体系化建设需要综合运用各种资源和手段，形成一个完整的教育体系。这要求我们在实施过程中注重整合各方面力量，充分发挥其优势，共同推进劳动教育工作。

二、学校劳动教育管理体系化建设内容

劳动教育管理体系化建设是新时代的必然要求。劳动教育是国民教育体系的重要内容，是学生成长的必要途径，具有树德、增智、强体、育美的综合育人价值。要实施好劳动教育就要强化对劳动教育的科学管理，合理设计学校劳动教育管理体系化建设内容。具体来说，主要包括以下几个方面。

（一）全面加强劳动教育

学校劳动教育应遵循全面发展的原则。学校劳动教育必须深刻理解系统与各要素之间的关系，处理好学校劳动教育课程独立设置与融合发展之间的关系。学校劳动教育应渗透在各专业人才培养计划中，加快全员全过程全方位的培养进程。社会急需学校输出能快速适应岗位的高素质人才，对学校劳动教育提出了迫切要求，但教育长期性的特点决定了教育效果的显现不是一蹴而就的。学校可在现有条件下采取“集中与分散”双管齐下的方式，尽可能加速劳动教育发展。开设专门的劳动教育课程，在形式和内容上为劳动教育提供充足的发展空间；学校劳动教育更要借助思想政治教育的广阔平台，为学生心理健康发展提供支点，深度融入专业和学科教育，尤其在劳动实践、劳动课程、见习期间帮助学生牢固树立劳动最美丽最光荣的信念，使学生迸发出智慧的琼浆，与学校创新创业教育课程相结合，利用校园的物质、精神和制度文化在细小处渗透劳动教育。

加强学校劳动教育也要围绕提高学生劳动素养的核心，分别从劳动思想教育、劳动技能培育和劳动实践锻炼三大任务出发，独立设置劳动教育课程与“劳动教育 +”相融合。学校劳动教育的最终目标是提升学生的劳动素养，无论是采取直接还是间接教育方式，都要有意识地将劳动素养放在核心的位置。劳动教育要解决三大任务，即劳动思想教育重在帮助学生树立正确的劳动价值观，培养高尚的劳动品德与朴实深厚的劳动情感；劳动技能培育旨在加强学生的实践能力；劳动实践锻炼鼓励学生养成良好的劳动习

惯，推动劳动行为常态化。

（二）营造劳动教育校园文化

校园文化是学校塑造学生价值观、精神、品德的环境。学校运用丰富的物质、制度、精神文化的引导、激励和聚合作用，让学生沉浸在环境氛围中，潜移默化地推动学校劳动教育的发展。首先，发挥学校物质文化的宣传功能，塑造劳动教育氛围。在学校人员较为集中的生活区域打造劳动教育文化墙，展示劳动教育新理念、粘贴劳动教育标语、设计劳动模范相关事迹的黑板报，潜移默化地增强学校师生员工的劳动教育认同感。重视校园楼宇文化建设，在师生工作、学习和生活的主要场所，以图片实物、文字视频等多种形式展示我国各行各业劳动模范的成长故事，使劳动精神融入师生日常生活和学习当中。其次，在学校劳动教育制度文化沃土深耕。学校以劳动教育管理机制为总则，科学划分劳动教育职责范围和实施细则，在课程上建立审核与评价制度，在师资管理上完善教师考核机制，在学生奖罚方面创建劳动教育奖学金机制，让不会说话的制度文化在劳动教育教学过程中开阔师生视野、激发师生锐意进取的精神。最后，发挥精神文化对学生劳动思想、劳动精神的引领作用。每所学校都有其发展历史，经历过先辈的努力奋进。学校开展劳动教育要将校史作为一次主题，采用表演、解说、参观等形式让师生走进校史，感受劳动创造历史的魅力；校训作为集中展示学校办学理念的窗口，凭借其简短精悍却又具备深厚影响力的精神文化，是劳动教育全过程的航标，其中“诚”“勤”“行”“新”等字眼都体现了劳动教育的务实性、创造性特点；朗朗上口的校歌一直是鼓舞学生前进的力量，推动学生参与劳动实践。

（三）推动劳动教育课程化建设

为防止学校挤占劳动实践、劳动教育课程开课不足导致的弱化劳动课、劳动周的现象，需要大力推动学校劳动教育课程化建设。

为改变以往松散性劳动教育的状态，劳动教育课程化是强有力的途径。劳动教育课程化具有丰厚的先天条件。首先，劳动教育学科建设内容充足。劳动是人类发展的伴生物，具有悠久的历史，与人类的生产生活密切相关，具有广阔性、复杂性、多样性等显著特点，在不断发展过程中，人类总结经验，根据学科发展规律和一定逻辑关系逐渐形成了劳动领域或交叉领域的文化知识体系，诸如劳动哲学、劳动文化学、劳动经济学、劳动关系学等一系列学科，我们称之为“劳动 +”科学。其次，劳动教育作为通识课程，存在较大的发展空间。“劳动 +”科学可以在学科和专业知识学习基础上，增强学生劳动本领。

课程是学校围绕人才培养目标，结合学科所学内容的要求设置的。课程是学生完成学业和达到人才培养目标必须学习的内容。学校劳动教育课程化的实现必须要解决课程设置问题。

第一，劳动教育课程追求更高层次的劳动理解和体悟。劳动教育课程以系统的劳动科学作为学习内容，帮助学生厘清在马克思主义劳动观下劳动的产生及发展历史、劳动的发展规律，使其更深刻地感受劳动实践在人类生产生活中的根本推动力量，树立正确的劳动实践观，担负起民族复兴大任，逐渐成为社会责任感强、实践与创新精神俱佳的高级人才。①

第二，劳动教育的教学原则突出劳动教育特色，具有有效性和实践性。“熟知并非真知”这一命题具有合理性。② 劳动教育不能仅停留在“是什么”的问题上，更应该深入揭示劳动问题的本质，并系统分析经由劳动的纽带连接起来的社会关系网，透过劳动教育的各种形式深入到本质。此外，在具体实施劳动教育教学过程中必须坚持不脱离实际，根据学校的资金、教学资源、师资配备、学生分布情况，因校制宜制定劳动教育人才培养方案，劳动实践基地的联系也要结合当地社会经济发展状况。

第三，劳动教育教学手段坚持“传统教学 + 数智新媒体”并重。在劳动教育课堂上，可利用数智化媒体还原劳动场景，使学生置身特定情境中，增强劳动认同感，感受我国不同时期劳动实践的不同境况和所取得的成

① 陈宝生：《坚持“以本为本”，推进“四个回归”，建设中国特色、世界水平的一流本科教育》，《时事报告》2018 年第 5 期。

② 赵健杰、刘向兵：《论新时代高校劳动教育的课程建设》，《北京教育（高教）》2020 年第 2 期。

就，在具体鲜活的劳模事迹中产生共鸣。课外要结合学生互联网使用习惯，引导学生学习和借助数智化新技术完成学习任务，实现技能学习和劳动教育相结合，使学生成为活泼、实用劳动教育课堂的主人。

第四，合理安排课程，拒绝形式主义。结合学生学科和专业课程，科学地设置劳动课程，实现脑力劳动与体力劳动相结合、理论学习与劳动技能学习相结合、知识掌握与劳动意识养成相结合。

（四）强化师资队伍建设

师资队伍建设主要是指对教师进行劳动教育管理培训，提高其劳动教育管理教学能力和水平。《大中小学劳动教育指导纲要（试行）》对劳动教育师资队伍建设提出明确要求。第一，要明确劳动课教师管理要求，保障劳动课教师在绩效考核、职称评聘、评先评优、专业发展等方面与其他专任教师享受同等待遇。第二，推动中小学、职业院校与普通高等学校建立师资交流共享机制，发挥职业院校教师的专业优势，承担普通学校劳动教育教学任务。第三，建立劳动课教师特聘制度，为学校聘请具有实践经验的社会专业技术人员、劳动模范等担任兼职教师创造条件。

新时代的教师应该树立正确的世界观、人生观、价值观，当前急需补齐劳动教育短板，坚持“五育并举”“五育融合”，建设一支综合素质过硬、劳动教育技术高超的师资队伍尤为重要。师资队伍的构成要满足劳动教育教学的实际需要。

第一，建设一支专门劳动教育教师队伍。担任劳动教育课程的专职教师必须具有广博的知识，由于劳动的历史悠久，涉猎各领域知识，对教师的素质要求较高，需要配备对劳动教育研究造诣深厚的教师。以劳动交叉学科教师为培育重点，对具有劳动法学、劳动关系学、劳动经济学、社会工作等致力于解决劳动问题为学科背景的教师，加强劳动科学的原理性认识和哲学性分析，逐步将劳动教育教师的培育作为人才培养的新方向，推动学校劳动教育学科建设，进而制定劳动教育师范生人才培养方案，为学校劳动教育提供源源不断的师资保障。成立劳动教育研究基地或课题中心，研究重点聚焦学校劳动教育教学问题，为更好开展劳动教育工作提供建议。

第二，“双师型”教师队伍的建设可满足劳动教育与其他专业教育相融合的需求。学生劳动素养的提升不仅靠劳动教育课堂的通识性知识学习，同时应渗透在日常专业课的学习中。“双师型”教师兼顾专业教学与劳动实践指导，加深学生对专业理论和实践无缝结合的体验，推动理论知识消化与实践能力掌握相互促进。对“双师型”教师的培养要在现有专职教师队伍结构的基础上，鼓励专业课教师深入实践基地挂职培训，或亲自带领项目团队成员深入社会基层调研，促进学术研究和劳动实践技能同步提升。教师自身要充分发挥教师劳动示范性的优势，教师的教育教学活动全过程更具创造性、灵活性，教师要以身作则，认真备课上课，指导学生日常学习和论文写作，以严谨的治学态度和过硬的专业本领影响学生。

第三，扩大劳动教育师资队伍建设。劳动教育工作的开展不能仅局限在课堂教育，应充分发挥学校其他部门员工的劳动教育价值，真正实现全校育劳。学校的行政部门、保安部门、医护部门、后勤部门等都是劳动教育团队的关键人物。学校可定期举办全体教职工劳动教育大会，传播学校的劳动教育思想，提高学校教职工对劳动教育的重视程度；明确每个部门的劳动教育功能，发挥全校育人的教育作用，影响每名学生；组织各部门教师轮流外出考察学习，储备劳动教育知识和经验，不断提高本部门的劳动教育水平。为调动各部门的劳动教育积极性，可举办“劳动教育光荣工作者”主题选拔活动，由学校学生作为评选员，各部门评选出“劳动教育精英”，并授予“劳动教育精英”的光荣称号。多途径提高学校内劳动教育团队的育劳能力，充分发挥学校课堂内和课堂外不间断劳动教育教学效果的作用。

第四，利用社会资源打造一支社会兼职型劳动教育师资队伍，创建社会化多元开放的学习环境。①学校劳动教育开展的最初需求来源于社会，最后劳动人才也要投入社会接受劳动的实践检验，只有培养出为推动社会发展做贡献的青年，才能展示学校劳动教育的时代价值。因此，学校要与社会紧密接轨，关注社会发展动向，与社会相关机构联合沟通聘请各大领域成功人

① 吕文清：《劳动教育需要“四个进化”》，《中国教育报》2018 年 11 月 7 日。

士、草根劳动英雄、工匠艺人、工会负责人等进校园，通过生动鲜活的事迹讲述及深刻解读，向学生展示劳动者精湛的技艺和深厚的劳动情怀，拉近学生与劳动的距离，为劳动教育的顺利开展渲染氛围。对于社会型劳动教育教师的培育，需要社会劳动相关部门与学校联合投入经费，以凝聚社会型教师的团队精神，使其全身心投入完成教学任务。

第五，加强劳动教育课程培训。劳动课程培训目标是有针对性地解决本校劳动教育课程真实存在的现实问题，提高教师劳动课程教学能力。一是劳动教育教师要根据本班学生的实际情况，教授学生学习和生活必备的基本技能。二是组织劳动教育专任和兼任教师进行集体备课，交流授课心得，提出不足及遇到的问题，集思广益，完善课程教学。三是充分利用一切资源，鼓励教师开发劳动课程教材、教具，研究出适合本校的劳动课程文化，为更好地开设劳动课程奠定基础。四是实施劳动教育课程联盟，开展劳动教育教学经验交流及劳动教育课程建设活动。通过学校之间、教师之间的互访、互学、互建、互助，开阔教师视野，引入现代信息技术，丰富劳动课程课堂教学内容，共享全国劳动教育新成果。

（五）构建学校劳动教育内部组织管理机制

在学校劳动教育管理中，首先要建立劳动教育管理机构，特别是劳动教育管理委员会，其中包括校长、副校长（副书记）、教务处、任课教师、社区、专家、家长代表等机构和人员。学校劳动教育管理委员会的主要责任，包括制定学校劳动教育课程建设方案，审查劳动教育专任教师所提供的劳动教育课程与课程目标、学校劳动教育理念、经费投入、设施设备保障等。

明确对学校劳动教育主要管理人员的职责界定。校长是学校劳动教育管理的主体，承担着学校劳动教育管理的首要职责。因此，校长必须具有丰富的教育管理实践经验，并运用于劳动教育管理实践，校长自身需要树立正确的劳动教育理念，对学校劳动教育课程的行政工作作出科学性的决定，并且要把劳动教育管理的行政工作做好，成为所有劳动教育专任教师的楷模。

学校内部协调管理机制是确保各项校内劳动教育活动有序开展的重要保障。在劳动实践过程中，由学校二级单位（年级、专业学院、教研室）开展劳动教育，但必须确保相关主管部门及校内其他机构的支持配合。当前，劳动教育虽然从宏观层面已经引起高度重视，但学校内部劳动教育组织管理机制仍不够健全。为了更好地推进劳动教育，需建立健全劳动教育组织管理机制。在课外劳动教育活动开展过程中，可由综合实践活动课教师担任主要实施指导负责人，班主任教师作为辅助实施者。综合实践活动课程教师在开展劳动教育活动过程中，应将活动的各环节进行细化，在活动的计划、目的、方式、参与主体、人员配置、安全保障等方面，突出活动的育人价值，使课外劳动实践活动成为学科内容的融合与延伸。与此同时，学校应在活动过程中落实主体、责任到人，设立专门的劳动教育领导小组，划分小组职责，强化科学管理，在劳动教育课程及劳动教育活动开展过程中进行全程监督与指导，健全劳动教育内部协调管理机制。在解决学校劳动教育活动难以落实等问题上，可以通过聘请校外劳动教育专家对学校劳动教育工作的开展进行指导，设立劳动教育思想班，定期组织开展相关活动，调动学校教师的积极性。

三、构建新时代学校劳动教育支撑保障体系

新时代学校劳动教育支撑保障体系主要是指在全面加强新时代大中小学劳动教育的过程中，构建的一套由政府、学校、家庭、社会共同参与的教育体系。这个体系旨在充分发挥劳动的育人功能，开展激发学生热爱劳动、热爱劳动人民的教育活动。首先，新时代学校劳动教育要着重培养学生的劳动精神和技能，让他们了解并尊重劳动，形成正确的劳动价值观和良好的劳动品质。为了实现这一目标，需要建立包括实践育人在内的德智体美劳全面发展的教育体系。其次，实施劳动教育需要有一套完整的保障机制。包括建立政府、学校、家庭、社会共同参与的劳动教育风险分散机制，鼓励购买劳动教育相关保险，保障劳动教育正常开展。同时，各学校还需要加强对师生的劳动安全教育，强化劳动风险意识，建立健全安全教育与管理并重的劳动安全保障体系。

新时代学校劳动教育支撑保障体系的构建需要从多个方面入手，包括设施建设、法律法规制定、组织制度建设和经费保障机制等。

（一）设施建设

1. 建立劳动教育实践基地

学校可以与当地企事业单位合作，共同建立劳动教育实践基地，为学生提供实践机会。这些基地可以是农田、工厂、社区等，让学生亲身参与劳动实践，增强他们的劳动意识和技能。各级政府要统筹推进学校充分运用校内学习、生活场所，逐步建好配齐劳动技术实践教室，丰富劳动教育资源。

2. 完善劳动教育教学设施

学校应该配备必要的劳动教育教学设施，如实验室、工作室、实训车间等，为学生提供良好的学习环境。同时，加强设备的更新和维护，确保设施的正常运行。

3. 建设数字化劳动教育资源平台

随着信息技术的发展，数字化劳动教育资源平台已经成为重要的教学手段。学校可以利用互联网技术，建设数字化劳动教育资源平台，为学生提供在线学习资源和交流平台。

（二）法律法规制定

1. 制定劳动教育相关法律法规

政府应该加强对劳动教育的立法工作，制定相关的法律法规，明确学校开展劳动教育的职责和义务，规范劳动教育的实施和管理。

2. 加强劳动教育监管力度

政府应该加强对学校开展劳动教育的监管力度，建立健全的监督机制，对违规行为进行严肃处理，确保劳动教育的质量和效果。

（三）组织制度建设

1. 建立劳动教育领导小组

学校应成立劳动教育领导小组，由校领导担任组长，相关部门负责人和教师代表组成。该小组负责制定学校的劳动教育计划和方案，协调各部门的工作，推动劳动教育的开展。

2. 建立劳动教育课程体系

学校应该建立完整的劳动教育课程体系，将劳动教育纳入学校的课程体系中去。同时，学校还应该制定相应的教学大纲和教材，确保教学质量和效果。

3. 健全劳动教育安全管控制度

劳动教育安全管控制度是保障学校劳动教育活动安全实施的重要手段。学校管理者首先要明确各阶段劳动教育的任务，全面评估劳动教育内容的安全风险系数，做到对安全风险心中有数，然后根据学校教育环境，科学制定劳动教育安全风险管理规范和制度。同时，要强化各级领导的管理，明确安全责任，做到管控得力，切实保障师生安全。

（四）经费保障机制

1. 建立健全经费保障投入机制

为确保劳动教育管理顺利进行，需要建立一个健全的经费保障投入机制。各级财政应积极统筹自有财力，并多渠道筹措资金，为学生劳动教育提供可持续的经费保障。

2. 建立劳动教育经费监管机制

劳动教育经费多方筹措后要加强经费监管，专款专用，提高经费使用效益，吸引社会力量提供劳动教育服务。只有这样，才能利用现有资金建立以生存体验、素质拓展、科学实践等为主要内容的规模适当、富有特色、功能完备的劳动实践教育基地，从而满足学校劳动实践教育的多样化需求。

新时代学校劳动教育支撑保障体系是一个涵盖政策指导部门、教育机构、家庭和社会等多元主体的全面教育体系，旨在通过有目的、有计划地组织学生参加各种形式的劳动活动，来培养学生的劳动技能和精神风貌，提升他们的社会实践能力和社会责任感。

此外，学校实施劳动教育需要丰裕资源保障。新时代尤其强调师德师风建设，教师不仅是科研带头人，更是学生“三观”建立的人生导师，教师队伍的整体素质影响学校办学水平和质量，应建设高尚廉洁的师德师风，形成热爱教育、敢于拼闯的劳动教育师资队伍。劳动教育质量的保障还需采取科学的评价指标，要注重反馈链的重要作用，针对劳动教育的实施情况开展评价，针对问题提出意见，再重新调整偏差，评价体系的监督作用使劳动教育在运行、反馈、再运行、再反馈中不断完善。当代社会物质资源丰富、软硬件设备较为完善，劳动教育的策略离不开各项条件的强力支持，要保证劳动教育的师资、经费与设施设备等的投入足以推动劳动教育开展，在时间上保持劳动教育的连续性，在空间上寻求课堂教学的延伸，同时为师生提供信息化的技术支持。学校必须抓住时代赋予劳动教育的优越条件，劳动教育的开展离不开当今社会经济与环境给予的支持，包括师资支持、评价支持和条件保障等。

四、实施学校劳动教育管理措施

劳动教育贯穿家庭、小学、中学、大学、社会全过程。家庭是劳动教育的基础，学校是劳动教育的主导，社会是劳动教育的主要支撑。

（一）不断将劳动教育贯穿于家庭教育

家庭教育是一个行为主体最先接受到的教育，是劳动教育的第一阵地，将劳动教育贯穿于家庭教育是实现有效的劳动教育管理的重要途径之一。要在孩子的心中埋下“劳动创造财富”“幸福要靠双手创造”的种子，让孩子在家里做一些力所能及的劳动，注重劳动意识（观念）的养成。家长要让孩子在日常生活中感受到劳动教育的重要性，引导学生知劳动、会劳动、爱劳动。

（二）推动劳动教育融入学校教育

劳动教育是中国特色社会主义教育制度的重要内容，它直接决定了社会主义建设者和接班人的劳动精神面貌、劳动价值取向和劳动技能水平。在学校教育中要建设专门讲授劳动教育课程的教师团队，同时要开发符合各阶段学生的专业性的劳动教育教材。我们可以看出劳动教育有其独特性，但劳动教育的贯彻与其他课程也有着密不可分的关系，我们要将这些课程有机结合起来。除了在知识层面对学生进行劳动教育的课程讲授外，还应该安排一些实践课程，促使学生将劳动教育理论与实际相结合。可以以班级为单位组织学生在学校范围内开展一些劳动实践。在实践活动开展之前，由老师为学生讲授一些劳动的基本知识，以及学生需要掌握的劳动技能，学生通过现场学到的技能去完成实践活动；在实践活动结束之后，让学生撰写本次劳动实践活动感想，由此来深化对实践活动的理解。在学校文化层面也要加强建设，形成热爱劳动的校园文化，在文化的渲染之下，对劳动教育的贯彻将会更持久、更彻底。

（三）在社会教育中弘扬劳动教育

要在社会上形成正确的劳动价值取向，加强对劳动教育的宣传，利用社会教育范围广、面向群体众多的优点来弘扬劳动教育精神。社会应主动与家庭、学校形成合力。主要有以下三种途径：一是社区主动组织公益活动，让学生参与社区公益活动；二是学校与企业通力合作，通过让学生进入企业参观并参与劳动过程，感受真实的劳动环境；三是邀请劳模进课堂，通过让劳模讲述自己的亲身经历，使学生近距离感受什么是劳模精神与工匠精神。

（四）劳动教育与社会实践相结合

劳动教育不能浮于表面、仅仅停留在观念层面，而是应该深入到学生的实际生活中，让他们真正地参与到劳动中，而不只是当旁观者。实施劳动教育管理重点是在系统的文化知识学习之外，有目的、有计划地组织学生参加日常生活劳动、生产劳动和服务性劳动，让学生动手实践、出力流汗，接受锻炼、磨炼意志，使学生形成正确的劳动价值观和良好的劳动品质。通过参加劳动实践，丰富学生的想象力，使其感受到劳动人民劳动过程的不易；在劳动过程中，学生可以思考更加简便的劳动形式，探究更加科学省力的技能，培养了学生的发散思维；实践过程中遇到困难时，可以向其他同学寻求帮助，从而锻炼了学生的合作能力。

（五）“四方联动”推进劳动教育

内因与外因共同发挥作用，需要个人、家庭、学校、社会“四方联动”加强学校劳动教育。提升劳动教育的效果，要充分调动学生参与劳动教育的积极性，学校作为主阵地，发挥劳动教育的关键和主导性作用，同时也要发挥家庭劳动教育和社会劳动教育的协同推进作用。首先，学生作为接受劳动教育的直接主体，其劳动体悟的强弱直接影响劳动教育效果。学生接受劳动教育并不意味着劳动教育的目标真正达成，劳动教育真正发挥成效关键是要转化为教育对象的内在知识和外显行为。学生通过主动参与劳动实践，在亲身体验中坚定热爱劳动的思想，体现出对奉献祖国的主动性、劳动光荣的认可度、劳动需要的满足度。因此，学生充分发挥主观能动性是促进学校劳动教育有效开展的核心要素。其次，父母是孩子成长的第一任老师，家庭的教育方式对个人产生最深刻最直接的影响。学校要与家庭适时沟通交流，帮助家庭建立正确的劳动观念，为学校推进劳动教育扫除前期障碍，帮助学生养成家务劳动、自我服务、自我管理的习惯。最后，社会劳动教育为个人的发展提供了强力支撑，要引导学生积极“走出校园”，深入社会基层了解中国国情，用辛勤的劳动丈量梦想的长度，在社会熔炉中加深对祖国的热爱，掌握真正的本领，在未来的工作岗位上发光发热。

五、劳动教育管理的考核评价

劳动教育管理的主要目标是提升学生劳动素养。要将劳动素养纳入学生综合素质评价体系，制定评价标准，建立激励机制，组织开展劳动技能和劳动成果展示、劳动竞赛等活动，全面客观记录课内外劳动过程和结果，加强实际劳动技能和价值体认情况的考核。

（一）考核评价关键点

劳动教育管理效果是通过对劳动教育实施的绩效考核来体现。绩效考核关键点主要聚焦在考核评价方法、评价反馈和评价改进。只有通过不断的考核评价与改进，才能使劳动教育管理更加系统、更加全面。对劳动教育管理的考核方法大致可分为五类，即相对评估法、绝对评估法、特征导向评估方法、行为导向评估法、结果导向评估法。在不同的环境下，要采取不同的考核方法。实践证明，提高劳动教育管理效果的有效途径是进行考核评价。

评价是一个双向的过程，仅仅靠管理者对被管理者进行评价可能不会达到最优的评价目的。只有管理者与被管理者进行双向的沟通，管理者对被管理者进行评价，被管理者对管理者提出的评价进行反馈，才能使管理过程更加有序地进行。有效的评价反馈对劳动教育管理起着至关重要的作用，如果不将评价考核的结果反馈给被考核的学生，考核将失去极为重要的激励、奖惩和培训的功能，而且其公平性和公正性也难以得到保障；同样地，如果学生不将自己的想法反馈给管理人员，那么我们的劳动教育管理也得不到有效的推进，也就无法进行管理上的创新。

评价改进是考核评价与评价反馈的后续工作，只有将三者结合，才能使管理过程形成闭环。评价改进必须自然地融入日常的管理工作之中，才有其存在价值。对管理的评价改进不是管理者的附加工作，也不是在特殊情况下才追加给管理者的特殊任务，它应该是管理者日常工作的一部分，不应该把它当成一种负担，而应该把它当成一项日常的管理任务来看待。因此改进不能仅仅是在考核之后才进行，而是在日常生活中随时随地发现问题、改正问题、解决问题，不是积累问题。

（二）以人为本的人性化评价

"以人为本"关注的是人自身发展，接受人的差异性和个性。在劳动教育评价方面，要建立以人为本的劳动教育评价体系。一方面，劳动教育评价要关注到每一个人，而非一个整体，要尊重个体差异及其独立性；另一方面，在劳动教育评价中，会涉及很多数据，既包括劳动时长、次数等可量化的数据，也包括情感、态度等不可量化的数据，那些不可量化的数据对劳动价值观的养成具有重要作用，尤其不应该被忽略掉。

（三）坚持多主体评价

多主体评价即由多个主体对学生进行评价，这些主体包括学生自己、同学、教师、家长、社会劳动教育活动中的组织者等。有的学校评价表格中有多主体评价，但存在评价过于死板、敷衍了事的情形。多主体评价应是贯穿劳动教育全程的过程性评价，在活动中、活动结束时都应该有此类评价，以求更好地为学生服务，发现他们的优点和不足，及时给予表扬和指正，促进学生的全面发展。

（四）细化评价指标

学校应根据实际情况，逐步完善各项评价指标，并给出更细致的要求，对劳动教育的各项内容要分门别类，例如，对于学生自身关于劳动教育所需要学习的内容，可以分为以下四个方面：一是劳动情感态度与品德，二是劳动习惯，三是劳动知识与技能，四是劳动价值观。

评价指标可以采用量化指标与质性指标相结合的形式，由质性指标进行基础描述，最终由量化指标进行限定，以量化指标为主。同时，评价要有奖励机制，奖励可以是作为评先评优的条件或者将好的成果、评价收入档案等。

学生劳动教育评估系统包括自我评估、小组内评估、教师评估和家长评估四个方面。要重视对每个学生的劳动过程和劳动能力发展进行评估，每个学生都要有一份自己的劳动成长记录，通过实践操作、作品鉴定、竞赛、评比、汇报等形式，把劳动课程和劳动实践成绩记在学生的综合素质评价体系里。

劳动教育课程专任教师评价指标以劳动教学发展中心的课程管理、学生反馈为核心，包括教师开发的劳动实践项目、劳动课程纲要、劳动教育课程教学设计（讲义）、劳动教育课堂效果及教学结果等。

劳动教育课程教学方案评价主要关注教学方案的制定，以保证教学方案的精确性和明确性。劳动教育课程的基础指数包括对劳动教育课程开发进行的具体客观情景分析、对劳动教育课程开发进行的全面调研与分析。在劳动教育课程教学过程中，要对教学内容进行精确的设置，要遵守教育发展规律和学生成长规律，还要将德育内容充分反映出来，要注重培养学生的创新精神和实际工作能力。劳动教育教学质量评价标准包括教学质量评价体系的科学性、合理性、主题性和独特性。劳动教育课程执行目标是拥有一个科学、合理的课程纲要，对学校内部和外部的各种资源进行充分的开发和使用，并配备专门的人员来开展劳动教育工作，劳动课程的时间分配是按照要求的，课程执行方式是具有科学性的，课程内容选取是满足学生发展需求的，对学生课程学习的评价是切实可行的、有效的。

（五）评价方式多样化，持续及时反馈

学校通常采用月度评价表形式，以书面评价的方式对劳动教育进行评价。除了书面评价的方式外，还应该采用其他形式的评价方式，如随堂的口头形式的评价，以及根据劳动教育课程具体课堂情景采用评分、指导、咨询等评价方式。这就要求教师在平时的劳动教育教学与管理中不断探索，找到适合学生的评价方式。

评价不应局限于结果性评价，结果性评价不具有实时性且缺乏反馈。评价更应该是持续跟进的评价，以便及时发现问题并进行处理，形成闭环管理，从各方面对整个体系进行调整、修改，从而提高效率并提升能力。

总之，戴明环（PDCA 循环）在管理学的层次上可以被解读为使预先制定的目标趋于完美，所有的管理活动都围绕着既定的目标展开。PDCA 的四个字母分别代表着四个不同的意义：计划（Plan）、执行（Do）、检查（Check）和行动 (Act)。①

劳动教育管理最重要的一个环节就是反思，也就是不断地分析和完善，主要包含三个过程：反馈机制、改进和结果运用。②

反馈机制的主要实践是劳动教育管理者向专任教师的反馈访谈。问题改善机制主要是通过对各参与主体在学校学习过程中的管理缺陷进行分析，明确改善后的期望值、时限和方法。实施监督成果的制度，以奖励优秀的专任教师，如给予优秀老师以物质奖励。③

劳动教育管理是一个公开、民主的程序，需要建立一个开放、动态的评价机制。需要关注的不仅仅是成果，还有过程、反思和成长。学校要持续改进劳动教育评估制度，既要监督劳动课程的教学质量，又要激发教师的自我发展，还要给学生以回馈，让师生发挥自己的特长。④

第四节　劳动教育管理实践

劳动教育管理是各校劳动教育教学工作的主要组成部分，也是教学计划

① 陈妙娅：《基于项目式学习的劳动教育校本实施策略》，《新智慧》2022 年第 10 期。

② 叶荣灼、雷丽珠：《劳动教育的实施困境及其课程校本化探索》，《福建基础教育研究》2022 年第 6 期。

③ 周新、徐海龙：《依托物联网技术的劳动教育深度实施研究——兼论“物联网 + 劳动”校本课程的建设》，《教育视界》2020 年第 16 期。

④ 高芬：《劳动教育校本课程资源开发利用的探索与实践——以重庆市江北区鸿恩实验学校“尚善”劳动教育实践课程为例》，《进展：教学与科研》2022 年第 2 期。

得以顺利实施、教学目标得以顺利实现的保证。在分析大中小学劳动教育管理的落实情况后发现，各地学校已初步建立起劳动教育实施体系，逐步形成了具有专业特色的管理模式和措施。

一、劳动教育管理模式

2020 年 3 月，中共中央、国务院印发《关于全面加强新时代大中小学劳动教育的意见》，为各级学校劳动教育管理的实施提供了新思路新方法。目前，全国各地大中小学通过有组织、有计划地推进劳动教育，创新劳动教育内容、完善劳动教育学分管理等，逐渐探索出适宜的劳动教育管理模式，并形成了一些典型经验。

（一）劳动教育内容管理

大中小学劳动教育内容基于习近平总书记关于劳动的重要论述的时代意蕴，以理论学习和实践锻炼相融合为特点，通过将以“德育”与“习惯”培养为引领的，专业特色突出、“志愿公益”性质和典型性强化的劳动教育贯彻于大中小学生日常学习与实践，初步培养出具有正确劳动价值观、积极劳动态度、良好劳动品德、掌握必备劳动知识技能等的当代大中小学生，进一步培养出具有人本情怀、苦干实干精神、进取创新精神的新一代大中小学生。[①] 其中，各校开展以劳动教育为主题的志愿公益活动，推出科研实习创业、实践研习等活动，加强学生公益劳动精神；积极搭建和鼓舞学生参与劳动技能课程相关的志愿活动平台、开展社会活动、参与社会治理，引导学生在实践中养成良好的劳动习惯和品质等。

（二）劳动教育学分管理

各级学校将劳动教育纳入教学目标，将劳动学分作为学生综合能力评价的重要指标之一。学生通过完成劳动教育内容获得相应学分。

在劳动教育学分的管理上，学校利用教学开发云平台，以云平台的方式

① 刘向兵：《新时代高校劳动教育的新内涵与新要求——基于习近平关于劳动的重要论述的探析》，《中国高教研究》2018 年第 11 期。

记录学生劳动教育实践活动参与情况，并对劳动教育实践的时长、强度及实践活动成绩进行信息化管理，进一步将劳动素养纳入学生综合素质评价体系。

（三）劳动教育课程开发

劳动教育课程根据不同开发主体和服务对象划分开展模式，主要包含以下四种。

一是全校共选模式。即由校级层面进行劳动教育课程管理，并由特定的二级单位牵头负责课程开发。《关于全面加强新时代大中小学劳动教育的意见》明确要求“设立劳动教育必修课程，系统加强劳动教育”，劳动教育通识必修课由学校统筹劳动教育资源，统一进行课程设计与实施。

二是学院独设模式。即由各学院独立开设劳动教育必修课。在该模式下，学生更能感受和学习到与所在学院类别和教学内容相符，同时与个人联系更紧密、更具有院系专业特点、院系特色及针对性的劳动教育模式和资源。

三是跨学校（学院）选修模式。即劳动教育必修课程由各学校（学院）主导开发，可供其他学校（学院）学生选修，由此形成了跨学校（学院）选修的模式。该模式便于学生体验自身专业以外的劳动教育，拓展学生对其他专业的了解。

四是学校（学院）联合模式。即劳动教育课程由两个或两个以上学校（学院）联合研讨、开发，学校（学院）间统筹劳动教育资源，共同开展劳动教育。该模式有助于学校（学院）之间进行资源整合，为学生提供更为丰富的课程。

二、劳动教育管理措施

大力拓展劳动实践场所，满足各级各类学校多样化劳动实践需求。充分利用现有综合实践基地、青少年校外活动场所、职业院校和普通高等学校劳动实践场所，借助大中小学现有的融媒体渠道，宣传劳动精神和劳动文化，做到线下劳动实践和线上劳动宣传相结合，健全开放共享机制。

（一）建设新型精神劳动文化

营造浓厚劳动育人氛围。以重大时间节点为契机，组织开展丰富的劳动主题教育活动，营造劳动光荣、创造伟大的校园文化。开展“劳模大讲堂”、“优秀校友进校园”、优秀毕业生报告会等劳动榜样人物进校园活动，让学生近距离感受工匠精神和劳模风范，聆听劳模故事，观摩精湛技艺，感受并领悟他们的高尚精神和优良品质，争做新时代的奋斗者。劳动不仅仅是打扫卫生、锻炼身体，更是一种精神培养，要在全校形成“处处动手”“时时助人”“我爱劳动”的氛围，帮助学生养成勤于劳动、善于劳动、乐于劳动的良好习惯。

深刻领会劳动精神内涵。通过网站、宣传栏、新媒体等，在全校开展劳动教育学习宣传活动。以班级为单位，通过座谈会、主题班会、专题讲座、主题团日活动等多种形式，结合时代主题和生动案例提升学习效果，教育学生正确理解马克思主义劳动观，把握劳动精神和奋斗精神的实质和内涵。利用公众号进行劳动教育宣传，开展“我身边的劳动者”“幸福是奋斗出来的”“时代新青年、劳动最美丽”等主题教育实践活动，营造尊重劳动、崇尚劳动的良好氛围。

（二）建构与时俱进的学校劳动教育体系

随着社会经济的发展和科技的进步，劳动教育也需要不断地更新和发展。为了适应这种变化，我们需要构建与时俱进的劳动教育体系。

注重德育引领，打造“一专一课”的劳动技能课。结合专业特点，开设与学生职业发展密切相关的劳动技能课程，形成理论与实践相结合的劳动教育模式，以拓展学生专业动手能力、操作能力为目的，实现理论学习和实践锻炼的统一。

贯彻知行合一，开展日常生活的“净化校园”行动。将劳动教育融入学生日常生活中，以新时代校园爱国卫生运动为载体，加强学生日常生活劳动教育，实施“教室、实验室、宿舍”卫生打扫劳动实践模式，组织学生开展绿化养护、校园卫生、教室清洁、实验室维护、文明寝室建设等劳动锻炼，注重生活能力和良好卫生习惯培养，对校园内的公共区域实施分片负责制，或将部分环境保洁工作与勤工助学岗位相关联，推动校园文明建设。制定劳动实践考核标准，完成评优和成绩认定工作，开展“最美教室”“最美草坪”“最美宿舍”“最美劳动人”等评选工作，通过宣传“劳动能手”，展示模范的带头作用。

突出专业特色，重构“一院一基地”的劳动实践环节。各学院开展以学生社团为主体、以劳动教育为主题的社团活动，开展具有专业特色的劳动活动周及“一院一基地”劳动实践。以第二课堂建设为抓手，把劳动实践与大学生创新创业、社会实践、学生实习实训及学科竞赛等各个教学实践环节有机结合起来，积极打造“专业＋劳动实践”“创新创业＋劳动实践”。客观记录、审核学生参加劳动实践的活动情况，实现劳动教育管理、科学评价的信息化。学生在校期间通过参与劳动教育活动及实践累计第二课堂学时，在每个学期末按照学校的学时学分对应关系，统一认定第二课堂学分。

强化“志愿公益”，积极开展服务社会的劳动实践活动。建立校院两级社会服务“志愿公益”机制，开展以劳动教育为主题的志愿公益活动，推出“实践研习”、科技创新创业等系列活动，强化社团主动作为的奉献精神，加强学生公益性劳动意识。积极搭建与劳动技能课程相关的志愿服务平台，实施项目式管理，组织学生深入城乡社区、福利院和公共场所等参加志愿服务，开展公益劳动，参与社区治理，在实践中进一步提升劳动技能，养成良好的劳动习惯和品质；抓好“西部计划”，树立正确的择业就业创业观，引导学生扎根基层建功立业，培养学生具有到艰苦地区和行业工作的奋斗精神。

选树典型示范，构建劳动教育激励机制。以“五一”国际劳动节主题活动、“劳动之星”评选等为抓手，组织开展主题演讲、劳动技能竞赛、劳动成果展示、劳动项目实践等活动，选树一批优秀典型，并建立评选优秀劳动实践学生表彰体系，开展优秀学生劳动模范、优秀劳动班集体、优秀劳动团队等先进个人、先进集体评选活动，营造劳动最光荣、最伟大的育人氛围，激发学生争做新时代奋斗者的劳动情怀。优秀学生作为模范典型，开展专题劳动教育讲座，进一步弘扬劳动精神，使广大学生真切感受到“身边人”的精神鼓舞和激励。

（三）健全劳动教育管理体系

完善劳动教育必修学分管理。劳动学分作为学生综合能力评价的重要指标之一，劳动学分的修读将纳入学生评优评先及研究生推免工作考核范围。设置劳动必修学分 3 分，包括劳动实践课 2 学分和劳动技能课 1 学分。

制定劳动技能课程建设标准。以一流课程建设为抓手，精心谋划劳动技能课程建设，打造一批独具特色的校级金课，形成课程群，并依托“互联网 +”，促进优质资源的共享与使用。

打造一批具有专业特色的劳动实践基地。以劳动技能课为基础，充分利用校内资源，积极拓展校外渠道，结合专业见习、实习等教学活动，努力遴选打造一批劳动技能实践场所或基地，充分发挥学校各级各类实践教育基地的劳动育人功能，增强学生对劳动精神的体验感受和认知理解。根据学科专业特点，进一步丰富创新劳动实践形式，包括文科类学生的社会实践、工科类学生的动手实践、理科学生的荒地开发、医科类学生的药用植物种植、艺术类学生的产品设计等，分类别开展相关劳动实践活动。对工科各专业原有的生产实习实践环节课程进行调研改革，寻找合适的企业或者校企融合的新途径，让学生通过顶岗实习、带薪实习等方式，真正参与企业的各种专业劳动。

（四）劳动教育组织与实施

劳动实践课安排。校级劳动实践由教务处分配劳动实践任务，纳入成绩管理系统，考核合格后获得校级劳动实践学分。院级劳动实践课由学院自行制定实施方案，分配本学院劳动实践任务，纳入成绩管理系统，考核合格后获得院级劳动实践学分。

劳动技能课安排。每学年春季学期开设劳动技能课，学生须在毕业前根据自身兴趣选择一门课程完成修读。由任课教师依据课程教学大纲完成教学过程，并给出考核评价，完成成绩录入。

实践基地建设与管理。以二级单位为主体，以校内外专业实践教育基地为依托，结合各类型创新创业孵化平台，多渠道拓展劳动实践场所，按照校级和二级分类挂牌，并进行年度考核，评选优秀劳动实践教育基地。组织学生到行业骨干企业、高新企业体验现代科技条件下劳动实践新形态、新方式、新变化，安排学生参与生产实践活动，同时与“互联网+”“创青春”等创新创业学科竞赛深度融合，积累职业经验，培育创造性劳动能力，提升就业创业能力。

（五）建立学生劳育档案

坚持日常评价和过程评价相结合、教师评价与个人评价相结合、定性评价与定量评价相结合、情感培育与习惯养成相结合，将劳动教育活动纳入学生综合测评成绩并记入档案，作为评奖、评优、推荐免试研究生的重要参考和毕业依据。

三、劳动教育管理融入人才培养过程

学校劳动教育管理要推动学校立德树人工作从“五育并举”转向“五育融合”，构筑课上课下紧密衔接的育人体系，打造全过程育人链条，推动全课程、全方位、全过程劳动育人。

（一）推动“五育”深度融合

劳动教育管理落实“五育并举”的标志之一是劳动教育必修课的真正回归。劳动教育课程管理与设置是劳动教育管理体系中的核心组成部分。劳动教育课程中，劳动教育必修课采取理论与实践相结合的方式，使学生不仅能够系统地学习劳动理论知识，还能够在教师的指导下进行规范系统的劳动实践。第一，开设劳动教育理论课。《关于全面加强新时代大中小学劳动教育的意见》《大中小学劳动教育指导纲要（试行）》要求学校将劳动教育纳入人才培养方案，形成具有综合性、实践性、开放性、针对性的劳动教育课程体系，统一开设劳动教育必修课，系统开展劳动教育，并规定不少于32学时。劳动理论部分，主要包括马克思主义经典作家论劳动、习近平总书记关于劳动的重要论述，要设置劳动的演化历程这一必要章节，讲清楚劳动对象、劳动工具、劳动形态、劳动伦理，还要设置专门的章节介绍通用的劳动科学知识、学生应该具备的劳动能力等。第二，设立劳动教育实践课。实践性是劳动教育的重要特征，与其他实践课程相比，劳动教育实践课程更加系统化、规范化。因此，劳动教育实践课程是开展劳动教育实践最重要、最规范的平台。劳动教育实践课程的内容应该有利于学生身体力行、侧重实际动手操作，能够引导学生共同完成劳动训练、社会实践、志愿服务、科技服务等。劳动教育实践课程通常采用第一课堂第二课堂相结合、校内校外相结合、学校家庭社会相结合等方式。通过丰富多样的实践课程，引导学生深刻理解和把握在劳动理论课上学到的理论知识，践行劳动精神，以理论指导实践，提高自己的劳动素养和劳动水平。第三，落实劳动实践周或劳动实践月。作为劳动教育理论课堂向实践环节的延伸，劳动周或劳动月是学生进行劳动教育实践的重要载体。《关于全面加强新时代大中小学劳动教育的意见》明确要求，大中小学每学年设立劳动周，可以在学年内或寒暑假自主安排，以集体劳动为主。高校也可以安排劳动月，集中落实各学年劳动周要求。劳动周或劳动月要设置丰富的劳动实践内容，引导学生将劳动教育课堂上学到的劳动理论与劳动科学知识充分运用到劳动实践中，让学生体验劳动的价值，提高劳动能力，增强劳动素养。同时，开展劳动安全教育，让学生养成安全劳动的习惯。

（二）落实以劳树德

劳动教育管理实现思政教育目标，需要围绕思想政治理论课开展劳动教育。思想政治理论课是学生接受劳动教育的重要平台之一。思政理论课含有丰富的劳动教育元素。如在“马克思主义基本原理概论”课程中，学生可以学习到马克思主义劳动价值论；在“习近平新时代中国特色社会主义思想概论”课程中，学生可以学习到习近平总书记关于劳动的重要论述；在“形势与政策”课程中，学生可以学习到与劳动科学相关的劳动力市场分析等。这些都属于劳动教育的理论范畴。

思政理论课不仅能使学生得到理论浸润，还能得到劳动实践锻炼，其载体就是思政理论课的第二课堂，即思政理论实践课。实践课在思想政治理论课中占有一定的比重，有固定的学分，而一些思政理论课教学实践基地本身就具有劳动教育实践基地的属性，学校要充分利用这些实践基地开展实践教学。学校可以组织学生参观工业类博物馆和现代化企业，让学生了解工业知识，体验工业文明和工业生产劳动；参观农业类的博览园，了解农业知识，体验农业生产劳动等。学校还可以组织思政教育实践小分队，深入社区、农村、工厂等开展社会调查，让学生用学到的马克思主义理论尤其是劳动价值论来指导实践，在实践中体会理论的深刻内涵；开设“劳动精神大讲堂”，引导学生参加“劳动模范进校园”“大国工匠进校园”等宣讲活动，近距离感受劳动模范、大国工匠的风采，学习劳模精神和工匠精神。

（三）持续以劳促智

劳动教育管理要发挥劳动教育在“五育”中的基础性功能，尤其是对智育所具有的基础性功能，需要推进劳动教育与专业和学科教育深度融合，做到以劳增智。专业和学科教育的理论教学和实践教学都蕴含丰富的劳动教育内容，专业和学科理论学习本质上是一种有目的的追求知识的脑力劳动。劳动教育是专业实践教育的重要形式，专业实践教学的过程是一种探索性劳动，通过劳动教育能够有效实现专业教学的目标。在自然科学领域，物理、化学、生物等理科的实验属于劳动范畴，属于实验性劳动，天文观测、资源勘查、水文勘测、地质勘查等也具有鲜明的劳动特点；在社会科学领域，社会调查、田野调查、社会实践等也具有劳动的性质，属于实践性劳动；在艺术学科领域，绘画、音乐等是认识美和创造美的劳动，也可称为艺术性劳动。以上这些都属于创造性劳动，都是专业和学科教育领域可挖掘的劳动教育元素。

打造“课程劳育”课程体系时要充分发挥劳动教育在“五育”中所具有的连接与贯通作用，找准劳动教育与各学科、各专业和各课程的衔接点，厘清其层次关系，构建层次递进、相互支撑、选修课与必修课相结合的“课程劳育”课程体系。推进“课程劳育”试点。遴选并打造专业类课程劳动示范课，先行试点，以点带面，推进“课程劳育”的课程建设在面上推广。抓住劳动教育融合其他“四育”的金钥匙，推动劳动教育在专业教育中有效开展，使学生通过专业学习，实现专业素养与劳动素养“双提高”。

（四）坚持以劳强体

劳动教育管理提升学生劳动体能，推动体育与劳动教育相结合。首先，体育运动源于劳动。采摘野果产生了走、跑、跳等体育运动，捕捉猎物则产生了标枪、弓箭等体育运动，捕鱼则产生了游泳、划船等体育运动。许多古代人类的劳动技能，经过漫长的演变过程，逐渐形成了现代体育项目。其次，体育和劳动教育的目的高度契合。二者都是通过肢体的运动而进行的有组织有目的的教育活动，教育的目的不仅仅是健体，更是为了育心。具体说来，劳动以创造价值、维持自我生存和自我发展为目的，体育以增强体质、提高运动技术水平为目的，最终都是为了磨砺心志，培养良好的意志品质。推进体育课程改革，打破劳育与体育的边界，推进“二育”融合。探索体育课程融入劳动教育元素、提升劳动体能、培养劳动兴趣的有效途径，使体育课程更加多元。

（五）实现以劳育美

教育的终极目标是实现人的全面发展。人的全面发展在本质上就是人性的全面发展，而人性发展的最高境界就是审美人格的形成。在促进人的全面发展的“五育”之中，美育代表最高层次的素养，美育所造就的品位是人才培养的最高目标。劳动教育是其他“四育”的基础，同样也是美育的基础，是实现美育目标的一个重要载体，劳动教育与美育关系密切。劳动教育既要使学生形成正确的劳动价值观和良好的劳动品质，也需要通过审美教育来实现人的本质的提升。可以说，劳动教育与审美教育相互融合，既合目的性又合规律性。

第六章　劳动教育文化

文化作为人类一种特有的存在方式，是人类一切文明成果的总和。它以物质的、精神的和制度的形式记载着人类存在的历史，体现着人类超越动物本性的特有精神气质。本质上讲，以推动人的自由全面发展，进而维系和促进社会存在和发展为主要目标的劳动教育，与文化有着密不可分的内在联系。劳动教育以文化为根本，为这一人类特有的实践活动提供从内容到形式、从物质到精神的全方位支撑；劳动教育又是文化的“魂”，它以主流价值观念为核心，不断进行着社会文化体系的型塑与建构，并推动文化向前发展，亦完成“文化化人”的任务。

第一节　劳动文化

一、劳动文化的概念

劳动创造了财富与幸福，劳动更“创造”了人。无论是个人的成长还是国家的发展，都与“劳动”密切相关。因而，劳动是人类历史社会发展的基础。文化能净化心灵、滋养德行、引领风尚。良好的教育离不开文化的浸润，劳动教育同样需要以劳动文化为底色。[①] 劳动与文化之间存在着千丝万缕的联系，主要表现在以下两个层面：一是文化根源于实践，文化产生于人与自然、人与人以及人与社会交互关系的生产实践活动，实践作为人的自由自觉的类本质对象化活动构成了文化的实质和核心。[②] 根据马克思主义哲学的观点，劳动本质上就是一种人类的实践活动，如果仅就这个层面来看，劳动创造了社会文化，并成为社会文化的重要组成部分。二是人类开展的任何劳动实践都是处于一定的劳动情境和社会文化环境之中的，深深地镌刻着特定时代背景下的文化印记，且不断变化的劳动历史文化语境也赋予着劳动教育以新的文化内涵与时代要求。据此可知，劳动文化以劳动为根本，以文化为表现形式，是关于劳动的文化形态。[③] 可以说，劳动文化是劳动实践过程中积淀的精神成果，它深远地影响着个人的发展、社会的进步和国家的前景。[④] 故而，“劳动文化”首先应是在长期的劳动实践中形成的，反映的是劳动者的劳动生活和劳动风貌，肯定劳动的实践地位和劳动者的价值。

---

① 柳友荣、方蒙：《高质量劳动教育：应然样态与推进策略》，《高校辅导员学刊》2023 年第 1 期。

② 罗泽荣、龙佳解、吴红艳：《论马克思异化劳动理论之文化批判向度及其当代启示》，《学术论坛》2011 年第 7 期。

③ 赵浚、陈祉杉：《马克思主义幸福观：劳动文化的新时代主题》，《劳动文化研究》2021 年第 3 期。

④ 杨文华、周秀芝：《大学劳动文化的凋敝及其重建》，《内蒙古师范大学学报（教育科学版）》2011 年第 3 期。

因“文化”有广义和狭义之分，据此“劳动文化”亦有广义与狭义之分。广义的“劳动文化”是指人类在劳动实践中创造的物质文明与精神文明的集合，而狭义的“劳动文化”则是指在劳动中所流传与形成的精神和观念。根据广义“文化”的三层次划分[①]，“劳动文化”亦可相应划分为三个层次：第一层次是劳动过程中创造的物质文化，第二层次是劳动制度文化，第三层次是劳动带来的精神文化。据此，本书所言“劳动文化”，属于广义文化范畴，直接源于马克思主义的劳动文化。具象上看，“劳动文化”就是在马克思主义劳动理论的指导下，立足于唯物史观理念和诉求，主张劳动意义的本真回归，伸张劳动的价值和地位，强调劳动者的尊严和权利的文化形态，是劳动者在劳动过程中创造出来的物质、制度、精神文化的总和。故而，广义上的“劳动文化”在内容上还应包括劳动品德、劳动心理和劳动情怀。

习近平总书记指出：“一个民族、一个国家的核心价值观必须同这个民族、这个国家的历史文化相契合。”[②]我国当代劳动文化植根于中华民族劳动实践，特别是中国特色社会主义建设伟大实践，继承并发展了中华民族优秀传统文化，是社会主义先进文化的重要内容，更是社会主义核心价值观的基本要求和现实彰显。[③]易言之，我国劳动文化具有鲜明的时代性、先进性和实践性，是生成于中国土壤、彰显中国劳动者风貌、符合中国历史和现实发展需求的文化样态。故而，劳动文化所内蕴的价值观、历史观对培养社会主义核心价值观具有育人的引领作用。劳动文化与价值观存在内在的契合性，不仅强调劳动文化对社会主义核心价值观的孕育和涵养，还强调社会主义核心价值观对劳动文化的传承和发展。[④]故而，劳动教育也是一种重要的文化实践。在开展劳动教育的过程中，必须通过“劳力”与“劳心”、体力劳动

① 广义的文化，即人类在社会历史实践过程中所创造出来的全部物质财富和精神财富的总和，是通过一定的物质载体、制度载体和文艺作品等形式表现出来的全部成果。

② 《习近平著作选读》第一卷，人民出版社 2023 年版，第 242 页。

③ 蔡小菊、田旭明：《新时代弘扬劳动文化的逻辑必然、现实境遇和主要进路》，《思想政治教育研究》2021 年第 5 期。

④ 梁广东：《弘扬劳动文化与培育敬业价值观的关系论析》，《新余学院学报》2021 年第 6 期。

教育和脑力劳动教育相结合，以人的和谐、自由全面发展的文化价值为旨归，满足人的物质文化与精神文化需求，进而回归劳动教育的人性意义。①

后见观之，劳动所具有的“文化特性”，曾受到以哈贝马斯（Jürgen Habermas）、阿伦特（Hannah Arendt）等为代表的西方哲学家的质疑与批判。他们认为劳动主要是人使用劳动工具，以劳动工具为媒介，与自然进行物质交换的活动；它主要与外在的物打交道，遵从自然必然性，缺失人与人之间沟通、交往的社会性、交互性的语言文化意义。毫无疑问，诸等观点存在明显瑕疵及不妥之处。即他们没有认识到世界上没有脱离人的交往关系、审美观念、组织制度、价值规范的劳动工具，劳动工具本身是特定历史文化发展阶段人类观念、生产制度与文化的物质化和符号化产物，“是文化的表现及其标志”②。

二、劳动文化的形态

“劳动文化”，作为“文化”的下位概念，亦肩负了特定的文化使命。这种特定的文化使命，就构成了劳动文化的形态。所谓“劳动文化的形态”，是指“劳动”为实现自身所肩负的文化使命，将一定文化内蕴传递给受教育者的过程中所呈现出的文化样式、样貌。劳动作为一项具体实践活动肩负着传递一定阶级文化使命，这是“劳动文化形态”存在的前提。劳动作为实践活动，内含了世界观、人生观、价值观、政治文化、道德文化等丰富内容，劳动的实践也是一种文化的实践。可见，劳动的本身是对文化中一定阶级意识形态传递的实践活动，思想观念、政治观点、道德规范构成了其核心内容。在我国劳动所肩负的重要文化使命，就是将代表广大人民根本利益的社会主义意识形态内容在具体的劳动实践中传递给社会成员。

从目的上看，“劳动文化形态”存在的目的，就是实现“劳动”文化内蕴的传递。根据实践中传递的现实需求，“劳动文化形态”呈现出了不同的

---

① 肖绍明：《劳动教育的文化研究》，《华东师范大学学报（教育科学版）》2022 年第 2 期。

② 苗相甫：《劳动 · 文化 · 人——关于“劳动创造人”的思索》，《殷都学刊》1991 年第 4 期。

形态，至少包括了观念性、物质性、制度性三种劳动文化形态。其中，观念性劳动文化形态呈现出通过语言的逻辑抽象来反映观点和看法的文化样式、样貌；物质性劳动文化形态呈现出融涵于物质的文化样式、样貌；制度性劳动文化形态呈现出一定约束规定的文化样式、样貌。这三种不同文化类别共同构成了“劳动文化形态”的完整体系。

（一）观念性劳动文化形态

作为观念的劳动文化形态，旨在将一定文化内蕴传递给劳动者的过程中，呈现出关于人与自然、人与社会、人与劳动以及主观与客观的根本观点和看法的文化样式、样貌，是“劳动文化形态”的首要体现。“观念的劳动文化形态”具有促进人们形成正确的世界观、人生观、价值观，凝聚社会主流思想观念，牢筑共同理想信念的功能。众所周知，科学的思想观念能够引导人们正确地认识世界和改造世界，错误的思想观念则将人引入歧途。近年来，“打工人”“躺平”等网络热词成为现象级流行话语，引起包括大学生在内的青年群体的广泛关注与讨论，并构成了青年“反劳动”文化形态。青年“反劳动”文化是指面对内卷化的社会压力，当代青年对劳动的意义与价值产生认识偏差，以致选择逃避劳动的态度与行为的文化现象。[①] 这一现象的形成，很大程度上源于部分青年未能形成正确的劳动观，据此亦说明观念性劳动文化形态需要进一步优化。

（二）物质性劳动文化形态

作为物质的劳动文化形态，亦如前述，是指劳动为实现自身所肩负的文化使命，在将一定文化内蕴传递给劳动者的过程中，呈现出融涵于物质的文化样式、样貌。根据文化内蕴融涵于物质的方式不同，“物质的劳动文化形态”至少可划分为直观式物质文化形态、再现式物质文化形态，其蕴含着丰富的思想内涵，承载着积极向上的社会主义核心价值观和主流意识形态，能使劳动者在潜移默化中得到心灵洗礼和精神升华。在人类的发展历程中，为

① 郭钰雯、张夺：《青年“反劳动”文化的症候诊断、理性反思与纾解路径》，《理论导刊》2022 年第 8 期。

推动信息的快速传递，形成了多种多样信息呈现形式，其中直观式的信息呈现最为久远和普遍，如文本、图像、数字等。因而，直观式物质文化形态，主要包括文本类、图像类和多媒体类，其在整个劳动文化形态中占有重要地位。再现式物质文化形态是指劳动及其劳动教育为实现自身所肩负的文化使命，在将一定文化内蕴传递给劳动者的过程中，呈现出通过再现式艺术融涵于物质的样式、样貌，是“物质的劳动文化形态”的重要体现，其构成主要包括劳动典型人物雕像、劳动类纪念展馆、劳动类文艺作品等。这种通过艺术化再现一定劳动文化蕴涵的物质文化形态，营造了浓郁的劳动氛围，使受劳动者在欣赏这些物质文化形态过程中潜移默化地接受其中传递的文化蕴涵。再现式物质文化形态能够有效贯彻落实习近平总书记的“全社会都应该尊敬劳动模范、弘扬劳模精神，让诚实劳动、勤勉工作蔚然成风”①的重要指示。

（三）制度性劳动文化形态

劳动文化及其形态肩负的是一定阶级的文化使命，必然在阶级间存在着劳动文化的斗争，这就要求在传递劳动文化内蕴过程中形成一定约束规定——制度，以保证一定阶级的劳动文化实现延续和传承，由此便形成了“制度性劳动文化形态”。“制度性劳动文化形态”可划分为根本性、基本性和具体性三类制度性劳动文化形态。从教育的视角审视，制度性劳动文化形态可为全面贯彻落实党的教育方针、加强思想政治教育和培养德智体美劳全面发展的社会主义建设者和接班人提供重要制度保障。具体言之，根本性制度文化形态，主要是指具有统领性约束规定的文化样式、样貌，其指向的是一个确定的制度，如我国宪法中的劳动权利与劳动义务的规定等；基本性制度文化形态是在落实“根本性制度文化形态”精神要求、指导“具体性制度文化形态”制定的双重作用下形成的，起着承上启下的桥梁作用。宪法之下、法律之上的关于制度规定的制度规范及其背后的文化，皆可称之为基本性制度文化形态。具体性制度文化形态是在对根本性和基本性制度的落实过

① 《习近平书信选集》，中央文献出版社 2022 年版，第 170 页。

程中形成的，直接观照具体劳动实践活动，是具有可操作性的劳动政策和规定的样式、样貌。由于现实的劳动实践情况纷繁复杂，所处环境也不断发生变化，而且劳动实践中涉及的劳动生产要素之分配又比较复杂，随时都会出现新的情况和问题，这就要协调好劳动实践与其他工作的关系。

三、劳动文化教育的主要内容

由于优秀的劳动文化需要传承，故而对学生开展劳动文化教育就显得尤为重要。正如前述，劳动教育也是一种重要的文化实践。劳动教育中的一切范畴，包括物质、生产、知识、课程、教学、价值和阶级，都具有文化含义。在此之下，需要解决的前提性问题是，劳动文化教育应该“教给学生哪些劳动文化”？这值得深思。根据劳动文化形态的分类，在劳动教育中有针对性地开展“观念性劳动文化”“物质性劳动文化”以及“制度性劳动文化”教育就显得尤为必要，但单纯开展诸等教育容易陷于“高大上”的窠臼。因此，结合前述内容，及考虑当下劳动教育开展的实际需要，有针对性地开展“劳动认识观”“劳动内容观”“劳动评价观”等教育，就显得更接“地气”。

（一）劳动认识观教育

习近平总书记指出，要“以先进文化塑造灵魂”[①]。总的看来，学生可参与的劳动较多，但主要涉及的是日常劳动以及一些社会实践。譬如，清扫卫生、日常手工、电器安装与使用、电脑学习设备的维护与管理，亦有部分学生利用课余时间参与社会实践。其中，日常劳动更多的是学生必须掌握的日常生活技能。宏观上看，日常劳动是人类的社会属性所要求掌握的基本技能，是人类进行社会化活动的起点，这也是人的“本质属性”所要求的人类必须掌握的生存性劳动。然而，当前消费享乐主义对学生的劳动认识观产生了诸多负面影响。譬如，部分学生劳动观念不强，正确的劳动价值观缺失，日常的基础性劳动不愿干，甚至还出现“未富先懒 ”的现象。劳动文化所昭示的价值观念、思想理念、实践取向具有深沉强大的精神力量。故而，在

① 习近平：《在庆祝改革开放 40 周年大会上的讲话》，人民出版社 2018 年版，第 14 页。

开展劳动教育时，学校要注重通过劳动文化型塑学生正确的劳动认识观，从而使其树立正确的劳动价值观。

回望历史，“中国奇迹”的创造、“中国震撼”的交响，无不凝聚着广大劳动者的智慧和汗水；生活的美好、社会的进步，莫不源于平凡艰辛的劳动。故而，在劳动文化教育的开展中，要通过事例讲解，让学生明白人世间的美好梦想，只有通过诚实劳动才能实现；发展中的各种难题，只有通过诚实劳动才能破解；生命里的一切辉煌，只有通过诚实劳动才能铸就。树立正确劳动观，学生才能深刻领会到中国特色社会主义事业的大厦是靠一砖一瓦建成的，人民幸福是靠一点一滴创造得来的，从而更好地报效国家，奉献社会。

随着社会发展和科技进步，劳动形态和方式会发生变化，劳动内容会不断丰富，但劳动是推动人类社会进步的根本力量，是培养人、塑造人和发展人的重要手段，这一价值永恒不变。实现我们确立的奋斗目标，归根到底要靠辛勤劳动、诚实劳动、科学劳动。我们要教育学生热爱劳动、热爱创造，通过劳动和创造播种希望、收获果实，也通过劳动和创造磨炼意志、提高自己。

（二）劳动内容观教育

不同学段的学生需要开展不同的劳动教育。《大中小学劳动教育指导纲要（试行）》对不同学段的劳动教育制定了不同的内容。例如，小学低年级是以个人生活起居为主要内容，中高年级以校园劳动和家庭劳动为主要内容；初中以兼顾家政学习、校内外生产劳动、服务性劳动，安排劳动教育内容，开展职业启蒙教育等。作为大学生，必须正确对待劳动教育所涉及的劳动内容。学生要深刻理解马克思主义劳动观和社会主义劳动关系，大学生要树立正确的择业就业创业观，具有到艰苦地区和行业工作的奋斗精神；巩固良好日常生活劳动习惯，自觉做好宿舍卫生保洁，独立处理个人生活事务，提高劳动自立自强能力；强化服务性劳动，自觉参与教室、食堂、校园场所的卫生保洁、绿化美化和管理服务等，大学生可结合“三支一扶”、大学生志愿服务西部计划、“青年红色筑梦之旅”、“三下乡”等社会实践活动开展服务性劳动，强化公共服务意识和面对重大疫情、灾害等危机主动作为的奉献精神；重视生产劳动锻炼，积极参加实习实训、专业服务和创新创业活动，重视新知识、新技术、新工艺、新方法的运用，提高在生产实践中发现问题和创造性解决问题的能力，在动手实践的过程中创造有价值的物化劳动成果。

开设劳动实践课应注意普遍的劳动实践与专业的劳动实践相结合，不仅要开展日常劳动教育，也要根据专业性质进行专业技能教育，提高大学生的敬业精神和专业技能，为未来的就业奠定扎实基础。《关于全面加强新时代大中小学劳动教育的意见》指出，“高等学校要组织学生走向社会、以校外劳动锻炼为主。”因而，学校还要与社会各方合作搭建校内外专业劳动实践平台，积极开展形式多样的劳动实践。其中，校内实践平台是日常生活劳动实践基地，主要开展勤工助学、有偿服务和义务劳动等，让学生从日常劳动做起，形成良好劳动习惯；校外实践平台主要是生产劳动和服务性劳动实践基地，劳动实践的主要形式是实习实训、志愿服务、社会实践等。

（三）劳动评价观教育

劳动评价观教育，重在引导学生正确对待自己、他人的劳动以及在劳动中如何与他人形成良好的协作关系。劳动没有高低贵贱之分，任何一份职业都很光荣。一切劳动，无论是体力劳动还是脑力劳动，都值得被尊重和鼓励；一切创造，无论是个人创造还是集体创造，也都值得被尊重和鼓励。让劳动创造成为时代强音，离不开价值的引领。任何时候任何人都不能看不起普通劳动者，都不能贪图不劳而获的生活。在劳动教育中，要让学生正确认识和看待劳动分工和劳动者，尊重劳动、尊重知识、尊重人才、尊重创造；让学生切身感受劳动成果来之不易，在日常生活中倍加珍惜和爱护劳动者创造的一切劳动成果。

新时代的劳动者不仅需要拥有更强的体力、智力和创造力，还需要现代劳动能力及团队合作互助能力。[①] 要营造和谐的劳动氛围，形成和睦的劳动

① 刘晓丽：《井冈山斗争时期的红色劳动文化及其时代价值》，《红色文化资源研究》2022年第1期。

关系，并借助劳动教育的浓厚氛围来潜移默化地推动大学生形成正确的劳动价值观。

另外，为使学生形成正确的劳动评价教育观，还必须建立健全有效的评价机制。《大中小学劳动教育指导纲要（试行）》指出，劳动教育评价要结合平时表现评价、学段综合评价和学生劳动素养监测三方面进行综合考量。劳动教育评价是为了更好地发挥评价的育人导向功能，而不是为了把劳动教育作为评判学生优劣的“评分项目”，不要为了劳动而劳动，正确运用劳动教育评价体系，才能真正把劳动教育内化于学生日常行为生活中，培养学生良好的劳动品质。

第二节　劳动品德

一、劳动品德概念审析

劳动品德是劳动教育的重要组成部分，也是思想品德的重要构成要素。“德”常指美好的品质，可理解为一种实践精神，是以指导人的行为为目的、以形成人的正确行为方式为内容的精神，在本质上是知行合一的。“思想品德”是人们在一定思想指导下，在行为中表现出来的较为稳定的心理特点、思想倾向和行为习惯的总和。劳动教育是促进人的良好品德形成的过程。因而，劳动教育不能离开劳动品德的培养。

通过劳动实践不仅可以获得丰硕的劳动成果，还有助于个人品格的塑造，在群体间形成和谐丰富的劳动关系，从而产生美好而和谐的劳动品德。据此，《大中小学劳动教育指导纲要（试行）》指出，劳动教育的总体目标首先在于劳动价值观的重塑，并指出劳动教育具有“思想性”特征，高校劳动教育应以马克思主义劳动观为思想指导，并贯穿于劳动教育过程的始终。本质上看，劳动品德正是从人类生产的共性出发，去努力消除人们劳动获得感的差异性，以满足劳动生产的积极性和良性健康发展。

劳动品德至少包括了劳动思想和劳动习惯两方面的外延内容。劳动思想是劳动品德的核心内容，思想观念直接影响劳动行为，从而关系到劳动品德的养成。应摒弃脑力劳动光荣、体力劳动可耻的错误劳动观念，厚植劳动光荣的情怀，把优良的劳动品德根植于脑体劳动光荣的思想观念。劳动习惯是一个人比较稳定的行为表现。行为是劳动品德的表现形式，持续不断的劳动行为，会形成劳动习惯，从而表现出人的劳动品德。

二、劳动品德的主要内容

（一）以劳为美

马克思认为劳动创造了美，进而揭示了劳动与美的辩证统一关系。劳动美来自劳动实践活动，劳动实践活动不断彰显劳动美的丰富内涵和劳动美的本质。马克思深刻批判了资本主义私有制，揭露了资本主义产生异化劳动，造成了异化劳动与劳动美对立的悖论与矛盾等问题。马克思深刻揭露的异化劳动与劳动美对立的矛盾问题在新时代具有重要意义。[①] 劳动美本质上就是广大人民群众在劳动实践中创造与实现的美，广大人民群众又通过各种各样美的劳动实践形式，不断彰显人民群众美的精神力量和美的文化价值。广大人民群众在美的劳动中追求美，是广大人民群众劳动实践活动的合目的性和合规律性的高度统一，是广大人民群众劳动实践活动中人与自然、人与社会、人与人关系的内在与外在的和谐与统一。故而，决定劳动亦是一种“美”的因素主要有两个方面：一是劳动本身的内容所能带来的环境变好变美，内心的富足所产生的自我美；二是在于以劳动为美所带来的群体评价，进而所产生新的、美好的劳动关系和劳动认可，属于劳动外在的美。劳动教育并不能仅仅停留在矿泉水瓶、购物袋、包装纸盒、废旧衣服的重新改造和利用方面，而应遍及生活、学习的方方面面。这就要求学生在具体的劳动实践中不断地“呈现劳动美”“弘扬劳动美”“践行劳动美”。

① 冯露：《劳动美的内涵与价值》，《中国社会科学报》2022 年 10 月 31 日。

“呈现劳动美”，就是要求学生积极劳动所涉的“美”的一面。譬如，在日常生活中，学生要积极参加日常起居、卫生打扫等方面的劳动。除此之外，还要认真学习，积极参加社会实践等活动，更要深入劳动现场与各行业的生产者共同劳动，学习技艺，体验生活。当然，学生的主要任务还是学习科学文化知识和掌握一定的技术技能。所以，学生通过学习生活来呈现劳动美应是常态，这也是践行“劳动美”的必然要求。“弘扬劳动美”有助于学生树立正确的劳动价值观。大力弘扬劳动美是新时代对劳动价值的呼唤和肯定，是全面建设社会主义现代化国家的必然选择，是实现中华民族伟大复兴的时代任务，也是培育和践行社会主义核心价值观的现实需求。弘扬劳动美之所以有助于树立正确的劳动美的社会价值观，是因为当今有部分学生轻视劳动，甚至蔑视劳动，这种不良现象要予以纠正，应大力弘扬劳动美的社会价值观。“践行劳动美”从根本上来看，就是要求学生参与各种劳动实践，在劳动实践中习得美、评价美、欣赏美，以及进一步激发创造美的积极性和主动性。

认识劳动、学习劳动是人的全面发展的重要过程。劳动就是力量，审美就是主张。始终牢记习近平总书记的嘱托，坚持以人民为中心，大力弘扬时代精神，紧紧把握“以劳为美”的精神实质，深刻洞察社会发展，立足时代需求，倾听人民心声，以梦为马，不负韶华，主动承担起讲述劳动美故事的社会责任，当好劳动美的传播者，为新时代凝聚美的向心力，绽放美的光彩，创造美的价值。①

（二）以劳为先

马克思认为，作为人类本质的劳动，是自由自觉的活动。② 这表明只有在作为人的劳动中，人才能占有自己的本质并通过劳动产品物化人的本质，才能证明和实现人作为人的本质——人的社会的本质。换言之，人只有在劳动中才能得到自由、快乐和幸福，人们对幸福的追求只能在人的劳动实践中

① 陈晔：《劳动美育的时代内涵与历史使命分析》，《教育界》2013 年第 13 期。

② 《马克思恩格斯全集》第 42 卷，人民出版社 1979 年版，第 96 页。

展开，只有劳动才是幸福的源泉。[①]“以劳为先”，首先要求学生自觉养成正确的劳动态度并崇尚劳动。其中，崇尚劳动，前提是要热爱劳动。热爱劳动本质上是对人的尊重、对生活的热爱，是在厘清劳动本质与意义的基础上对劳动价值的认可。可以说，崇尚劳动、热爱劳动是对劳动本质的科学认识和劳动实践的正确态度。[②]“以劳为先”的价值观不仅直接影响学生学习生活的方方面面，更关系到他们走上工作岗位后的价值取向、就业倾向、社会责任等方面的精神特质。[③] 因而，要让“以劳为先”的品德植根于学生的内心深处，就显得尤为重要。

“以劳为先”并非指以体力劳动为先，脑力劳动也应该放到同样的层面上来。体力劳动是劳动教育的基本要求，但脑力劳动也是劳动教育的时代要义。[④] 因此，高质量的劳动教育应当兼具体力劳动与脑力劳动。“以劳为先”就要引导其敢于并善于打破常规，在理论上寻求突破、在实践中推陈出新、在事业上开创局面，在实现各自梦想的过程中凝聚成推进社会发展、国家进步的强大动力。[⑤]

坚持“以劳为先”就是树立一种路标、一种导向、一种精神，在循序渐进中实现人生目标。[⑥]“以劳为先”体现了“脚踏实地”的良好个人品质。具言之，“以劳为先”就是要求学生从实际出发，不好高骛远，要立足现有的基础积极深入劳动实践。即要坚持实事求是的人生态度，要从个人学习与生活的实际情况出发，把理想目标落实到具体的劳动实践行动中去，不要

① 段学慧、贺琼：《劳动本体论视域下马克思主义劳动观的劳动教育意蕴》，《延安大学学报（社会科学版）》2022 年第 6 期。

② 刘洋、徐亚南、王楠：《新时代劳动精神融入高校思想政治理论课的路径探析》，《长春理工大学学报（社会科学版）》2023 年第 4 期。

③ 刘向兵：《新时代高校劳动教育的新内涵与新要求——基于习近平关于劳动的重要论述的探析》，《中国高教研究》2018 年第 11 期。

④ 柳友荣、方蒙：《高质量劳动教育：应然样态与推进策略》，《高校辅导员学刊》2023 年第 1 期。

⑤ 刘向兵、李珂：《论当代大学生劳动情怀的培养》，《教学与研究》2017 年第 4 期。

⑥ 李纯斌、陈小尘：《立德树人视域下劳动教育的丰富意蕴与价值研究》，《湖南邮电职业技术学院学报》2022 年第 1 期。

脱离实际空谈理想、浅尝辄止；要从小事和身边的事做起，把真抓实干装在心里。

三、劳动品德养成路径

品德的培育贯穿劳动教育始终。学生劳动品德的养成，必须紧紧围绕劳动认识观、劳动内容观、劳动评价观教育展开。其中，劳动认识是基础，正确认识劳动内容及评价自身及其他人劳动则是关键。因此，学生劳动品德的养成，要在“情”“意”“行”上下功夫。

（一）涵养热爱劳动的真挚情感

劳动情感是建立在对劳动本身、劳动人民的尊重以及对劳动成果的珍惜基础之上体验劳动的愉悦、热爱劳动等情感。它体现了劳动个体对劳动行为的积极态度，在积极、热爱的劳动情感的驱使下学生才能以昂扬的精神面貌投身劳动创造，正向的劳动情感是劳动品德形成的催化剂。故而，在劳动教育实施过程中，要多管齐下涵养热爱劳动的真挚情感。一是学校要创造具身情境，促进大学生劳动情感的生成。譬如，学校要开展“劳有所获”的校园活动，让学生进行实践劳动，给予完成任务的学生奖励，让他们亲身体会劳动带来的收获和乐趣，体味奋斗的幸福感。二是高校要树立榜样力量，增强情感共鸣。其中，讴歌新时代劳动模范则是行之有效的途径。劳动模范既可以是艰苦奋斗的模范，也可以是刻苦学习的模范。据此，学校要充分挖掘身边劳模先进事迹，以生动活泼、接地气的方式讲好新时代劳动者故事；利用多媒体还原劳动场景，有能力的还可以组织学生体验劳模成长环境，让劳动模范现身说法。使劳模精神得到弘扬，让学生对符合时代要求的劳动品格有更为直观和真切的感受，从而引起共鸣，激发学生参与劳动、热爱劳动的情感。三是将劳动回归生活，以生活为切入点，让学生体会父母的辛劳，珍惜劳动成果。让学生亲眼看到、亲身体会劳动的不易，感悟美好幸福生活是辛勤劳动换来的，涵养尊重劳动成果的真挚情感，从而成就新时代学生的劳动责任感。

（二）锤炼苦干实干的坚强劳动意志

任何一项劳动，受主客体、劳动工具、劳动环境等多种因素的影响，会不可避免出现一定的困难与挫折。因而，劳动是艰苦的，劳动并不是“请客吃饭”。因而，热爱劳动必须要有坚强的劳动意志作为“后盾”。劳动意志是劳动者在劳动过程中自觉调节行为、克服遇到的困难和障碍所表现出来的意志品质，是劳动主体对自身建构的劳动认知的坚守，也是劳动情感的深化。学生要用自己的双手创造属于自己的幸福生活。一是锻炼热爱学习、刻苦学习的品质。坚持不断地学习也是一个塑造意志品质的过程。开展读书打卡活动以及读书分享大会，做到真读、真学、真悟。二是在实习实训中磨炼意志品质。建立科学的课程体系，综合运用校内外资源，搭建实习实训平台。在实习实训过程中，面对困难和障碍，要注重思考问题、解决问题，在学到劳动知识技能的同时，锻炼坚忍不拔的品质。在劳动过程中，只有依靠吃苦耐劳、积极奋斗，才能巩固劳动观念，才能刻苦钻研、不断前行，成就自我。

（三）培养主动实践的良好行为习惯

培养学生主动实践的良好行为习惯，必定少不了劳动教育者的“言传”与“身教”。亦如前述，劳动教育是培育和践行社会主义核心价值观的有效途径，是高校立德树人的重要载体。新时代加强劳动教育，要充分发挥劳动教育的育人功能，实现劳动教育与德育、智育、体育、美育相互促进，协力引导学生坚定理想信念、厚植爱国主义情怀、加强品德修养、增长知识见识、培养奋斗精神、增强综合素质，促进学生德智体美劳全面发展。① 故而，学校劳动教育者要将与劳动相关的思想道德要求、规范与价值通过口头语言的传递，以理论教育的形式灌输给受教育者，使之系统接受并形成关于劳动的思想道德认知、情感态度与价值观念的基本方法。在劳动育德的过程中，高校劳动教育者还要坚持“身教”，就是教育者要以身作则、事必躬亲、率

---

① 冯刚、刘文博：《新时代加强大学生劳动教育的时代价值与实践路径》，《中国高等教育》2019 年第 12 期。

先垂范，能够将一定社会所需要的思想道德规范内化于心，并外化于行，依托自身劳动进行积极的思想道德践履，进而影响、感染受教育者，使之全面提升思想道德素质的方法。相较于“言传”，教育者积极、高尚的思想道德行动，对受教育者的影响更为直观、更为彻底，也更为深远。另外，学校要创新宣传形式，遵循网络传播的规律，运用大学生喜闻乐见的形式进行宣传教育，例如在劳动节开展专题讲座，组织学生植树，或者举办辩论赛、演讲比赛等活动宣传劳动价值。高校要注重发扬劳动精神，将其与校风、教风和学风相结合，通过文艺作品赏析、志愿服务强化学生对劳动教育的认同①，以此培养学生主动实践的良好行为习惯。在此基础上，还要引导学生在相互合作、相互沟通和相互理解的劳动过程中学会和掌握如何处理与他人、与社会的关系。②

第三节　劳动心理

一、劳动心理的概念

劳动是一个循序渐进的过程，也是人体力智力延伸、拓展的过程，劳动让人学会思考、提升交流合作能力，劳动让人独立自信并且学会创造，劳动让生活的细枝末节融入劳动者的血液中，融入人生发展的每个阶段中。做好自我心理调节是劳动者需要完成的答卷之一。易言之，劳动者通过劳动，可以获得展现自身才华、实现自我价值的机会，同时在劳动中学会处理各种社会关系、解决各种社会问题；劳动者通过努力工作，可以实现自己在工作经验、意志、力量、思维方法、行为风格和决断能力等诸多方面的全面提升，形成不断完善自我的动力和热情，构建成熟的人格。因此，研究劳动心理，是做好劳动教育一个不可忽视的问题。从概念上讲，劳动心理是劳动者在劳动

① 黄涛：《新时期劳动教育的价值、原则和进路》，《中学政治教学参考》2023年第19期。

② 李娜、张光陆：《深度学习背景下劳动教育的特征与实施对策》，《教学与管理》2022年第34期。

实践中必然出现的心理反应、心理活动及心理规律。亦有理论认为，所谓劳动心理，指的是劳动者在社会中所处的地位和人与人之间的关系对劳动者工作在心理上的影响程度，是岗位评价工作的指标之一。然而，无论何种界定，“劳动心理”本质上应可解释为劳动者在劳动过程中形成的一种心理状态。

由于气质差别很大，劳动者的劳动心理亦呈现出了不同的特征。心理学和生理学家认为人主要可以分为四种气质：胆汁质、多血质、黏液质、抑郁质。这四种气质的劳动者在劳动中的表现也不同，适合从事的工作也有较大差异。胆汁质劳动者主要表现为：精力旺盛，言语动作和行为反应敏捷，情绪产生快，直率爽朗，热情外向，但急躁易怒。因此，劳动热情高，精力充沛，有拼劲和果敢性，但缺乏完整性和条理性。这类劳动者比较适合从事具有挑战性、应激性强、需要反应力的工作，不适合从事稳重、细致的工作。多血质劳动者主要表现为：反应快，行动敏捷，思维灵活，能较快地适应环境的变化；外向，表情丰富，喜欢交际，善于和陌生人打交道。因此，喜欢新鲜事物，兴趣广泛，但缺乏深度；注意力不够稳定，容易转移，当对事物失去兴趣时，易产生厌倦情绪。这类劳动者比较适合从事社交性、文艺性、多样性的工作，不适合从事需要细心钻研或枯燥的工作。黏液质劳动者主要表现为：反应较慢，思维、面部表情和身体语言都比较单调；情绪平和并且很少外露，态度持重，善于忍耐，具有内倾性；注意力持久，自我控制力强，能长期从事单调枯燥的工作。因此，做事前考虑周详，严格遵守纪律和制度，工作踏实，但不容易适应新环境，不喜欢挑战，创造力略显不足。这类劳动者适合从事有条不紊、稳定、烦琐的工作，不适宜从事剧烈变化的工作。抑郁质劳动者主要表现为：观察力强，具有内倾性，对细节觉察力强，思维深入细致；情绪体验深刻、细腻、持久且变换缓慢。对外界刺激非常敏感，且具有高度的情绪易感性。因此，不喜欢抛头露面，平时比较沉默，怀疑性强；工作非常细致但有些刻板，需要外界多给予鼓励和情感支持。这类劳动者比较适合从事安静、持久、细致的工作，不适宜要求反应迅速、情绪波动大的工作。

然而，虽然气质类型主要由劳动者先天决定，是相对稳定的；但是，气质并非一成不变，后天工作环境、教育都会影响劳动者的气质。大部分成年人的气质类型都非单一型，而具有混合型特点。因此，气质没有好坏之分，不同气质类型的劳动者各有所长和不足，可以根据气质选择适合自己的工作。

二、劳动心理的主要内容

现代社会，科学技术作为第一生产力，以脑力或技术劳动为核心的劳动形态对于社会发展和进步意义重大，劳动不再只是机械的、体力的劳动，而是一种创造性的实践能力。劳动中无疑含有较多的认知成分和心理成分，需要劳动者随时对自身的行为进行监控、调节、评价和优化，使其获得正确的自我意识、自我发现、自我更新与自我完善的重要途径。以高校大学生为例，高校大学生劳动心理，是指大学生在当前的劳动实践过程中以及对未来职业发展期望中所形成的一种心理状态。大学生劳动心理既包括对一般劳动的心理状态（一般心理），也包括对未来职业选择的心理状态（就业心理）。劳动是人本身的内在心理需要与应有的自觉行动，而劳动教育则是以培养学生的劳动意识、劳动技能为核心，塑造个体良好的劳动习惯为目的的教育活动。据此，高校大学生劳动心理健康教育，应是高校劳动教育的重要组成部分。

大学生在当前的劳动实践过程中形成的劳动心理，实际上与前述的劳动情感、劳动意志、劳动习惯等具有密切的关系。因而，在劳动教育中型塑学生良好的劳动品德，即在加强学生的心理健康教育，这是学生适应生活、适应社会的有力保障。当然，劳动教育需要还原到符合人的自然天性和身心发展过程的形态上去。以体力劳动为主的人，应该主动进行一些脑力劳动来调节身心；以情感劳动为主的人，则要用独处与沉思来加以平衡，发展其更强的自我调节能力，这是对抗人的片面发展和异化的重要方式。除一般劳动心理外，大学生劳动心理还涉及其对未来职业发展的期许（就业心理），这也是大学生劳动心理的重要组成部分。亦如前述，不同气质类型的人所能从事的职业或工作应有所不同。大学生的就业心理问题主要有以下几种：

一是期望过高——精英情结。“万般皆下品，惟有读书高”“学而优则仕”等传统思想造就了很多大学生的“精英情结”。这种“精英情结”导致了大学生社会价值取向的单一，对白领文化的推崇和种种不合理的职业歧视现象的出现。使大学生本人及其家长乃至整个社会对就业产生过高期望，部分大学生就业心态变得狭隘，择业的自主性和多样化受到很大限制。二是规划不够——缺乏职业生涯规划意识。尽管很多高校已经开展职业生涯教育，但大学生职业生涯规划意识普遍偏低，出现就业心理问题的大学生在这方面尤为明显。这种规划意识的薄弱，主要表现在对自我和职业缺乏足够的了解，在大学期间没有一个清晰的职业目标。三是约束太多——不合理信念。大学生求职中存在许多不合理的信念。这些不合理信念一旦存在头脑中，就会影响顺利就业。譬如，对“自我”的不合理信念，“我不知道自己该干什么，我真没用”；对“职业”的不合理信念，“我一定要找一个最适合自己的职业，在没有找到自己适合的职业之前，绝不签约”等。四是压力过大——心理素质较差。当前，日渐激烈的就业竞争，不仅对当代大学生的知识技能提出了更高的要求，也对大学生的心理素质提出了新的挑战。特别是近年来就业结构化矛盾日益突出，就业难度日趋增大，给广大的毕业生带来了巨大的心理压力。这些心理压力，以及由此引发的心理问题，也是导致部分学生就业困难的一个原因。

综上所述，高校毕业生求职中常见的就业心理问题主要体现为畏惧心理、矛盾心理、依赖心理、自傲心理、自卑心理、攀比心理、从众心理等，并以一些情绪问题的形式表现出来，毕业生求职过程中比较常见的情绪问题主要有急躁、孤傲、自卑、焦虑、恐惧、情感淡漠等。这些就业心理常见问题，与大学生自身心理发展特点紧密相连。①

三、大学生就业心理问题调适

（一）客体调适

一要重视劳动教育的影响。加强劳动教育，就是提高学生的核心竞争力，为未来的职业生涯做好准备。在劳动教育中，首要的是培养学生的劳动

---

① 《大学生常见的就业心理问题有哪些》，内蒙古财经大学商务学院，见 https://www.imufe.edu.cn/swxy/info/1036/2315.htm。

意识和劳动愿望，在此基础上，学生才能形成正确的劳动观念，进而表现出尊重劳动、热爱劳动的心理与行为倾向。劳动教育植根于生活情境，同时又超越了日常生活的范畴，它不仅要求知识经验的积累和思维能力的发展，还要求这种身心统一的发展可以通过真实生活情境体验。劳动教育的实践表明，培养劳动意识和习惯就要关注学生的心理健康，进而为其良好的生活和社会适应能力提供支撑。“适”是心理健康的基本内涵之一，一是“适应”，即对生活环境、人际关系、社会发展的适应；二是“适中”，即情绪适中，反应适度，认知、情感、行为等适合年龄特征。这种“适”度，来自学生自身的心理特质。正是由于这种心理特质，个体的内部信息以与外部世界相适应的状态得以完美表达，呈现了心理健康的积极状态。一般地，与生活和社会适应相关的心理健康教育包括：一是培养学生正确的生活观，涉及健康的生活方式和行为习惯；二是培养学生正确的环境适应观，使其具有适应学校和家庭等新环境的能力；三是培养学生正确的挫折观，加强对他们的挫折教育，提高耐挫力、心理承受力、心理弹性以及对应激事件的应对能力。劳动教育给人们植入了实现幸福的行动基因，而且还增强了人类获取生存资料和创造美好生活的能力。劳动教育不仅能培养学生吃苦耐劳、坚忍不拔、克服困难的积极心理品质，而且有利于其生存能力、生涯规划能力、创造能力的发展。因为学会劳动并掌握一定的劳动技能，是每一个学生生存和发展的主要手段，也是创造幸福生活的基础。因此，劳动教育亟须创造条件让学生参加新形态劳动、创造性劳动，最终让学生自主体悟劳动并不是单纯机械的体力劳动，并能通过创造性劳动主动地探索和寻求劳动带来的愉悦、生活的意义和生命的存在价值。①

二要重视家庭教育的影响。家长要从思想上教育引导自己的子女树立正确的择业观；切实估计自己子女的能力和素质，尊重其主观意愿和个性特

---

① 《对话访谈系列——“劳动教育”与心理健康教育的关系》，环翠教体，见 https://mp.weixin.qq.com/s?__biz=MzAxMTU0MDc0MQ==&mid=2650470777&idx=1&sn=6718c59694388cef567d6949a6254a18&chksm=83b1d913b4c65005647d1a4c68aa02cd0631fc858452a34e1e27d4cc7af180dd0c24b47ff1dc&scene=27。

点，不对子女的职业选择提出不切实际的要求；要鼓励子女到祖国最需要的地方去建功立业。总之，要让子女接受锻炼，不要在就业问题上给子女施加压力，营造宽松的家庭环境及氛围。

三要重视学校、政府、社会对就业心理的合理引导。大学毕业生在就业过程中产生的各种心理问题，学校、社会、政府应给予高度关注，并采取相应措施，帮助他们客观地认识自己。学校应对大学生进行就业教育和择业指导，开展创业教育，增强其创业、竞争、挑战的意识，以就业为导向，合理调整和设置学科专业，确保就业信息传递渠道的畅通，切实关注求职条件较差的学生的就业问题。政府部门也要充分发挥管理职能。规范就业市场，建立统一开放、多元化的市场体系，沟通不同行业、不同系统的用人单位与高校之间的供求信息；强化就业优先政策，着力稳岗扩岗，切实做好重点群体就业工作。有关部门今后应开设更多的专业性市场，加强信息渠道的建设，保证就业信息渠道畅通，确保就业信息准确、快捷，进一步完善就业信息网络。用人单位应当充分考虑毕业生的实际情况，尊重毕业生的人格利益和其他利益，不搞地域歧视、性别歧视、年龄歧视、学历歧视等，为大学毕业生就业提供一个公平的就业环境。

（二）主体调适

大学生在择业过程中，首先要做到认识自己，要正确、客观地评价自己，了解自身的兴趣、气质、性格和能力，对自己的所学专业、工作能力、爱好特长、优势与劣势有一个完整的把握。要掌握一定的心理知识，如若出现心理问题能进行适当的调整及合理的宣泄。

一是焦躁心理及调适。学生在求职择业过程中难免会出现焦虑和烦躁不安甚至恐惧的心理。要克服心理障碍，就需要打破事事求稳、求顺的想法，增强竞争意识。此外，还应转变择业心切、急于求成的心理，否则越急越容易择业失败，而失败的体验又会强化沮丧和焦虑的情绪。因此也要客观地分析自己，合理地设计求职目标，不要盲目与他人攀比，更不应有从众心理，这样会尽量减少挫折，也会减轻焦虑的程度。

二是自卑心理及调适。学生求职时一方面要能认识到自己的弱项，另一方面过度自卑则会忽视自己的潜能优势，导致缺乏竞争勇气和自信。要消除自卑心理，至关重要的是要能够正确地评价自己，纠正过低的自我评价。同时，要正确对待自己的弱点和缺陷，并积极进行补偿，“以勤补拙”“扬长补短”。另外，要克服自卑感还必须学会恰如其分地表现自己的才能。

三是自负心理及调适。学生择业时的自负是指对主客观条件的估量不够准确，不能正确评价自己的素质和条件，过高估计自己的知识和能力水平，给用人单位留下浮躁、不踏实的印象，造成择业困难。部分毕业生一心追求大城市、高报酬、条件好的单位，而不顾自己的专业或自身特点是否适合。克服盲目自信的核心是正确认识和评价自我。

四是依赖心理及调适。依赖心理的实质是缺乏信心。在就业过程中，依赖心理表现在缺乏主动参与意识，独立性不强，信心和勇气不足，不主动参与就业市场的竞争，不敢向用人单位展示和推销自我，依赖他人主动为自己提供就业机会。依赖他人的帮助，毕业生有可能也会找到一份好工作，但是从长远来说，依赖心理对毕业生的社会适应却是有害的，因为依赖的习惯可能会使人逐渐丧失自信、失去自我，不相信通过自己的努力会达成目标。在当今竞争激烈的社会，自信心、自我效能感（相信通过自己的努力可以完成任务的自信程度）对于一个人的成功越来越重要。因此，要克服依赖心理，毕业生首先要充分认识到依赖心理的危害，提高自己的动手能力，不要什么事情都指望别人，遇到问题要有自己的选择和判断，加强自主性和创造性，学会独立地思考问题；要在生活中树立行动的勇气，通过行动上不断累积的成功来强化自己动手的习惯。

五是盲目从众心理及调适。从众心理主要表现为“人云亦云”，缺乏个人主见。在就业过程中，部分学生容易忽视自身所学专业和特长而盲目从众。比如，在择业单位上，向往外资高薪企业和行政事业单位。在从众心理的驱使下，毕业生从心理上限制了自己，择业面变窄，增加了求职的难度。在就业问题上，克服从众心理从根本上看还是要认清自我，了解自己的价值观，弄清自己的条件（优势和劣势），摆正自己的位置，而不是盲目随大流。此外，克服从众心理需要适当表现自己，做回自己。毕业生应跨越“从众”的矮墙，告别平庸，走向卓越。

六是挫折心理与自我调适。人的一生不可能万事如意，遇到一些艰难困苦、危险麻烦以至挫折和失败都是在所难免的。人们在受挫后的恢复能力各不相同，有些人的心理承受能力较强，能从失败中崛起；有些人受挫后一蹶不振，销声匿迹。挫折心理的产生主要由内因和外因组成，内因取决于自己的心理承受力，外因主要是外部因素所造成的巨大压力。消除挫折心理，一方面，要正确认识挫折。在就业过程中挫折是不可避免的，无论是抱怨还是气愤都没有用，与其怨天尤人，浪费了时间，影响了心情，还不如勇敢地承认和接受当前所面临的现实，脚踏实地地寻求解决问题的好办法。另一方面，要越“挫”越“勇”。经历挫折要及时总结经验、调整心态、端正态度、找出不足，有目标、有准备地直面挑战。

第四节　劳动情怀

一、劳动情怀的含义

习近平总书记强调：“劳动，是共产党人保持政治本色的重要途径，是共产党人保持政治肌体健康的重要手段，也是共产党人发扬优良作风、自觉抵御‘四风’的重要保障。”① 这是共产党员应有的“劳动情怀”，也是青少年尤其是当代大学生应有的“劳动情怀”。

情怀是指含有某种感情的心境。“劳动情怀”则是指劳动者对于劳动的一种情绪态度，是对劳动有着强烈情感和深厚胸怀的内在心境。高尚的劳动情怀是高素质劳动者应有的内在素养和价值态度，是社会主义优秀劳动者应有的基本标志，是推动社会发展和人类进步的根本动力和重要的精神力量。

① 《习近平在乌鲁木齐接见劳动模范和先进工作者、先进人物代表　向全国广大劳动者致以“五一”节问候》，《人民日报》2014 年 5 月 1 日。

具有高尚劳动情怀的人必定会对劳动的本质内涵和价值属性有高度的认知自觉和理性自觉，必定会自觉追求高水平的劳动技能和价值创造性劳动，必定会形成热爱劳动人民和尊重劳动成果的精神品格，必定会崇尚劳动自由和劳动平等的制度安排和社会风尚。唯有高尚的劳动情怀才能实现真正的劳动幸福；培养劳动情怀和提升劳动者创造性价值离不开社会的劳动历练，更需要进行价值创造性活动与体面劳动的实践体验。①

民生在勤，勤则不匮。中华民族是勤于劳动、善于创造的民族。正是因为劳动创造，我们拥有了历史的辉煌；也正是因为劳动创造，我们拥有了今天的成就。自力更生，艰苦奋斗是我党的基本精神，也是“劳动情怀”的注脚。习近平总书记谆谆教导青年人，“要坚持艰苦奋斗，不贪图安逸，不惧怕困难，不怨天尤人，依靠勤劳和汗水开辟人生和事业前程”②。习近平总书记用自身的劳动经历深刻阐述了“劳动情怀”的本质要义。打坝、修渠、种树、打糍粑、磨豆花……数十年来，习近平总书记所到之处都留下了他与人民同劳动的温暖记忆，彰显出人民领袖的劳动本色。青年时期的基层经历和劳动经验，让他深知劳动是锤炼作风、联系群众的重要法宝。在梁家河，他与劳动人民吃住在一起，“真诚地去和乡亲们打成一片，自觉地接受艰苦生活的磨炼”，从一个“不谙世事的孩子”成长为“种地的好把式”。在正定，乡村考察时正赶上乡亲们锄地、间苗，他拿起锄头、撸起袖子就跟乡亲们一起干起来，手法和老农一样熟练。这让同行的人不由都吃了一惊。在宁德，他不仅参与劳动，还对劳动进行了深层次的思考。在浙江，他换上矿工服，戴上安全帽，乘罐笼下到近千米的井底，弯腰弓身沿着低矮狭窄的斜井走了1500多米，来到采矿点看望慰问在井下采煤的工人，并与工人们一起吃饺子。党的十八大以来，习近平总书记考察调研的足迹几乎遍布全国，从贫困山村到基层社区，他与群众同劳动，留下一段段难忘的经历、一个个暖人的

① 罗建文：《基于劳动过程理论的劳动情怀论析》，《湖南社会科学》2020年第5期。

② 习近平：《在知识分子、劳动模范、青年代表座谈会上的讲话》，人民出版社2016年版，第11页。

瞬间。[①]

故而，劳动情怀与家国情怀密切相连。从学理上看，家国情怀是人们由中华传统文化的家国同构社会组织方式所发展和形成的，是对自己的家园、民族、人民及国家最深沉的情感和依恋。劳动者会珍爱自己付出辛劳的对象，这种感情还会从自己的生活延伸到自己的家园、民族、国家，从而形成一种深沉的家国情怀。历史绵延愈久，情感愈深厚，正如费孝通《乡土中国》中所提到的："在我们中国世世代代这么多的人群居住在这块土地上，经历了这样长的历史。"[②] 人们生活在祖先的土地上，为之劳动，为之付出，它不仅是生养自己的地方，也是祖先曾经生活并付出辛劳的地方，在这片土地的劳作就是家国情怀蕴含的重要方式。[③] 另外，劳动情怀与为民情怀也直接关联。不同时期的劳动具有不同的特征，但是不管时代怎样变化，劳动创造价值，实干成就事业、为民服务的这一价值取向是不会改变的。故而，怀揣劳动情怀，艰苦工作并勇于承担责任，不断提升实干的素质，就是在践行为民情怀。

二、劳动情怀培育的价值意蕴

"劳动永远是人类生活的基础，是创造人类文化幸福的基础。"[④] 学生劳动情怀培育作为学校劳动教育的一部分，对培养全面发展的人具有重要意义。劳动情怀的培育有利于学生在成长道路上树立正确的价值观、懂得追求与实现自我价值，进而逐渐成长为高素质的劳动者和合格的接班人。劳动情怀的内在价值对促进学生成长与发展具有非凡意义，劳动情怀培育在端正劳动价值观、培育"五育"并举时代新人、加强高校思想政治教育、贯彻落实劳动教育思想等方面具有重要价值。

---

① 《时光荏苒，情怀不变，初心不改！习近平总书记的劳动情怀》，共青团中央，见 https：//baijiahao.baidu.com/s?id=1731601754537684207&wfr=spider&for=pc。

② 费孝通：《乡土中国》，北京大学出版社 2012 年版，第 185 页。

③ 成海鹰：《家国情怀培养与劳动教育》，《阴山学刊》2022 年第 2 期。

④ 吴式颖等编：《马卡连柯教育文集》下卷，人民教育出版社 2016 年版。

培育劳动情怀，是端正学生劳动价值观的时代诉求。新时代为学生群体的发展提出了新的历史要求。一直以来，中国人民为社会主义建设和发展接续奋斗，涌现出了一批又一批勤劳勇敢、敢于奋斗的社会主义建设者，这些人大多有着高尚的劳动情怀、深厚的劳动情感，这种内在精神力量指引着他们前行。这种鼓舞人积极向上、努力奋斗的内在劳动情怀、劳动情感，正是劳动教育实施过程中应该大力挖掘和弘扬的，这种力量将继续在新时代背景下发光发热，指引社会主义建设者和接班人继续投身于社会主义事业。故而，培育新时代学生劳动情怀，端正劳动价值观成为时代诉求。以大学生为例，培育大学生劳动情怀，是促进大学生践行就业、创业的劳动价值观的必然要求。大学生从学校步入社会，心智并不一定已经成熟，知识结构和社会经验不足，对社会上事物的认识还不够全面，分辨是非的能力较弱，很容易受到不良风气影响。这一阶段的部分大学生还没有正确认识劳动的历史地位和作用，容易忽略劳动价值观中的内在精神，还没有正确理解个人与社会之间的联系，无法正确处理个人利益和社会利益间的关系，导致在就业中存在眼高手低、缺乏劳动能力、怕苦怕累、逃避体力劳动的现象，错位的劳动价值观不利于毕业生就业、创业。因此，要积极培育学生的劳动情怀，提升大学生就业能力和创新创业水平。

培育劳动情怀，是培育学生作为时代新人的价值追求。德、智、体、美、劳“五育”是构成人的全面发展的基础素质，在“五育”中，劳育既是其他“四育”的基础，又有着自身独特价值。[①] 劳动对人的影响不言而喻，劳动促进人的全面发展。在学校劳动教育的过程中，要求教师有目的地培养学生思想品德，将德育作为重要环节，关系到学生个人品格的形成，而劳动教育中劳动精神和情怀的培养能够作为德育的重要内容。拥有劳动情怀能够在劳动实践中培养劳动精神，养成劳动习惯，端正劳动态度。不仅有利于帮助学生树立劳动价值观，提升劳动技能，也有利于其感悟劳动艰辛，懂得奋斗的意义，启迪他们敢于追求梦想，敢于拼搏奋斗，有利于在实践中激发学

① 曾天山、顾建军:《劳动教育论》，教育科学出版社 2020 年版，第 56 页。

生劳动情感，磨炼劳动意志，逐渐形成劳动自觉，养成学生内在美好品德，实现德育目标。培育学生劳动情怀，不仅能够使其成为全面发展的有思想有觉悟的劳动者，而且能够指导学生在校园生活、社会生活中做人做事，有利于其成长成才，使个体生命的潜能得到发展。

培育劳动情怀，是贯彻落实高校立德树人根本任务的育人要求。习近平总书记指出："新时代的中国青年要以实现中华民族伟大复兴为己任。"[①]在新征程上，学校必须做好学生的思想政治教育工作，出发点和落脚点是要坚持立德树人的根本任务，为社会主义发展培养接班人。劳动教育有利于提升思想政治教育工作的实践性、针对性、吸引力，培养学生的劳动态度、习惯、技能、情怀等，是拓宽思想政治教育实践路径的表现。[②]劳动情怀培育作为劳动教育中的实施路径，对贯彻落实高校立德树人根本任务具有重要价值意蕴。在高校落实大学生劳动情怀培育理念，让大学生学会劳动、主动劳动、自觉劳动，不仅有利于促进大学生发展情况与社会岗位需求相匹配，且在劳动实践中培育出深厚劳动情怀对个人品质的完善有深远影响，亦能够从根本上贯彻落实立德树人的基本要求。

培育劳动情怀，是贯彻落实劳动教育的必然要求。劳动教育是关系到亿万青少年的全面发展，关系到社会国民素质的提高，关系到党和国家事业的蓬勃发展。学校不仅要重视学生的专业知识教育与劳动技能教育，更要关注学生劳动精神和素养的提高，强化对学生劳动情怀的培育。高尚的劳动情怀，对提升自身抗挫折的心理素质以及实现青春梦想、自我价值有积极意义，对培育"五育"并举全面发展的时代新人具有重要价值。

三、新时代劳动情怀培育

习近平总书记指出："幸福都是奋斗出来的，奋斗本身就是一种幸福。"[③]故而，新时代学生不仅应当热爱劳动，也要敢为人先，焕发创造热情、释放

① 《习近平著作选读》第二卷，人民出版社 2023 年版，第 488 页。

② 刘向兵《新时代劳动教育论纲》，社会科学文献出版社 2019 年版，第 7 页。

③ 习近平：《在北京大学师生座谈会上的讲话》，人民出版社 2018 年版，第 12 页。

创造潜能。当然，劳动情怀的培育离不开外在机制与环境的支撑。

（一）建立健全劳动教育推行的长效机制是前提

劳动教育应当充分吸收借鉴“三全”育人[①]体制机制的优势与有益经验。全员育人主要在于学校、家庭、社会等多元主体的协调联动。学校劳动教育具有集中式、系统化、持续性开展劳动教育的优势，在计划组织实施劳动教育过程中能够有效协调和优化配置各类劳动资源，为广大学生提供劳动教育场所和机会。家庭劳动教育是学校教育的有益补充和延伸，父母的言传身教对学生成长过程中劳动价值观的塑造和劳动习惯的养成具有基础性作用。政府及各社会主体的支持是学生劳动情怀培育的外部支撑。全程育人是指要把培育劳动情怀的目标贯穿到思想政治教育乃至所有的教育工作中，并在不同阶段遵循人才成长规律和职业发展路向，采取与之相应的教学方式开展劳动教育。针对低年级学生可以进行劳动价值观的正向输出，实践层面以生活劳动和服务劳动实践为主，辅以一定的生产实践；对高年级学生强化职业技能培养和道德培育，突出理论与实践相结合，适当进行生产性劳动训练，以适应未来社会发展。全方位育人则是要在劳动教育中将理论与实践结合起来，将日常生活劳动、生产劳动、服务性劳动、创造性劳动结合起来，将专门课程、课外活动和文化氛围建设结合起来。要结合其他专业课上的知识，明确劳动任务，将理论运用到专业实践中。要将生活劳动、志愿服务劳动、见习实习生产（职业性）劳动、创新创业劳动等不同性质的劳动科学编排、有机结合、统筹规划，巧妙融入学生的专业学习和日常生活，使学生在劳动中增进生活本领、提高工作技能、培养奉献精神、激励创新思维。另外，还要通过榜样引领等方式强化环境氛围的塑造，形成崇尚劳动的文化氛围。[②]

（二）大力建设具有个性化的劳动实践教育平台是基础

学校劳动教育的发展存在非同步性和非同等性。宏观上看，不同地区

① “三全”育人，即全员育人、全程育人、全方位育人。

② 龙高全、汪隐峰：《新时代大学生劳动情怀的培育》，《教育教学研究》2022 年第 10 期。本书下述相关内容及相关观点均有参考该文，谨此说明。

经济发展状况和劳动市场的供需状况有所差异；中观上看，不同学校在基础设施、师资配备等劳动教育资源上存在差距；微观上看，不同学生的成长环境、家庭条件、性格特点、兴趣爱好等存在差异。如何充分利用学校现有的有利条件，落实学生劳动情怀培育工作及效果是当下急需关注的重要问题。一方面，可采用“走出去”的方式，有计划地分期、分批带领学生走出校园，借助校企合作、校地合作、校友合作建立劳动实践基地，为学生搭建能够参与多元劳动实践的舞台。另一方面，通过“引进来”的方式，聘请当地知名企业家、能工巧匠、专业技术人员等担任劳动教育兼职教师，定期开展劳动教育宣讲活动，营造劳动光荣、劳动伟大、劳动能促进成长等校园氛围。对于劳动的实践环节，一方面，要与时俱进，深刻把握当今前沿技术发展新态势，将大数据、云计算、人工智能等新技术融入劳动过程，使学生对新技术、新产业、新业态有更深刻的认识和理解，对未来职业发展有更明确的指向，增进学生的参与感、价值感和幸福感。另一方面，要关注人文素养的培养，以社会主义核心价值观为引领，以服务社会、服务人民群众为价值导向，保障建设公益劳动实践平台，积极组织和开展志愿服务和社会服务劳动，增强学生的社会责任感，弘扬优秀传统劳动文化精神，彰显劳动育人价值，涵养学生劳动情怀。劳动实践平台的广泛建设目的是更好地满足学生的劳动需求，要畅通双向反馈通道，建立健全学生与教育者之间的双向互动和良好反馈机制。劳动情怀的培育是让学生体会到通过自身真实劳动而获得的成就感与幸福感，这是一种主观能动感受和心境。因此，教育者对学生的参与过程要进行动态监测和实时反馈，并适时对劳动实践的成果予以检验，对表现突出的学生进行一定的激励和表彰；在双向互动中使学生增进对学校劳动教育、对劳动本身的认同，并最终助力高尚劳动情怀的培育。另外，在劳动时间安排、劳动实践负荷安排等方面，要充分考虑不同学生的现实状况并加以合理配置。通过对学生劳动意愿、劳动技能、劳动潜力等进行精准摸排，最终实现劳动参与的个性化选择。

（三）创设良好的劳动教育环境与氛围是保障

良好的环境是润物无声的育人资源，良好的教育氛围是学生劳动情怀和健康劳动行为得以培育的肥沃土壤。校园文化建设作为学校环境建设的主要因素，对学生情感发展具有重要价值。校园文化建设应考虑到学校师生思想观念、心理素质、价值取向的建立与养成。① 要发挥校园文化环境熏陶作用，在校园文化建设中强化对劳动这一环节的建设，对促进形成并树立学生劳动思想观念、敢于担当的社会责任感、积极向上的劳动态度、高尚的劳动情怀有重要价值。在软件设置上，学校要充分考虑社会舆论带来的正面的、负面的影响，并采取措施。具体言之，在学校进行劳动文化建设，可以先从加强正面舆论宣传入手，形成浓厚的校园劳动文化氛围。例如：中华优秀传统文化中关于勤劳勇敢、吃苦耐劳的古人故事以及歌颂劳动的绝美唱词；新时代背景下的劳动模范，敢于创新、敢于“舍小家为大家”的科学研究者，敢于奋战在一线的疫情防控人员，以及在自己的岗位上始终爱岗敬业、诚实劳动的劳动者；等等，这些都是能够影响劳动情感的重要元素。学校可通过标语宣传、校园频道、学校新媒体部门等宣传媒介，大力宣传优秀劳动文化，用校园劳动文化潜移默化地影响学生的人格，提升学生内在劳动品德和素养，涵养大学生高尚的劳动情怀。同时，将劳动情感的引导融入食堂，倡导“节约粮食、浪费可耻”的节约意识和“粒粒皆辛苦”的珍惜劳动成果意识；融入宿舍，强调“卫生整洁、热爱劳动、主动劳动”的劳动习惯；融入学习，要求“刻苦钻研、诚实为人、积极向上、不怕困难”的奋斗精神，营造出崇尚劳动、热爱劳动、尊重劳动知识、爱惜劳动成果的良好校园氛围。② 此外，需要在校园文化建设中加强对负面舆论的监督，消除杂音噪音。优化利用网络与教育间的关系，对网络上出现的崇尚一夜暴富、投机取巧、不劳而获的错误舆论导向，给予坚决抵制和批判。同时，要结合学生思维活跃、接触网络较多的特点，利用网络本身进行监督激励。例如：新媒体相关专业的学生，可以通过要求学生发布正能量视频并获得一定流量作为成绩考查的一个

① 李华婷：《新时代大学生劳动精神培育的理论逻辑、现实困境与实践路径》，《东华大学学报（社会科学版）》2020 年第 3 期。

② 陈苏谦：《培育新时代大学生劳动精神探析》，《扬州大学学报（高教研究版）》2020 年第 3 期。

标准，不仅弘扬正能量，而且营造出良好的氛围。其他专业学生还可通过主题演讲、专题辩论等方式让学生领悟劳动意义，懂得分辨负面舆论，使正面舆论环绕在学生的基本生活、学习中，逐渐形成有利于引发学生劳动情感和共鸣的校园文化氛围。

第七章　劳动教育评价

劳动教育在不同时期承载着不同的时代使命，具有重要的时代意义和价值。劳动教育评价是引导劳动教育发展、充分发挥劳动教育价值的重要抓手和关键一环，新时代亟须建立起具有中国特色的劳动教育评价体系。《关于全面加强新时代大中小学劳动教育的意见》指出，劳动教育是中国特色社会主义制度的重要内容，直接决定社会主义建设者和接班人的劳动精神面貌、劳动价值取向和劳动技能水平，要全面构建体现时代特征的劳动教育体系，而健全劳动素养评价制度是其中的重要方面。《大中小学劳动教育指导纲要（试行）》指出，要将劳动素养纳入学生综合素质评价体系。以劳动教育目标、内容要求为依据，将过程性评价和结果性评价结合起来，健全和完善学生劳动素养评价标准、程序和方法，鼓励、支持各地利用大数据、云平台、物联网等现代信息技术手段，开展劳动教育过程监测与纪实评价，发挥评价的育人导向和反馈改进功能。要充分落实劳动教育成效，确保劳动教育工作做实做细，必须建立有效的劳动教育评价管理机制。

第一节　评价意义

劳动是人类最基本、最普遍的活动形态，人类文明史也是一部劳动发展史。中华民族是一个勤于劳动、善于创造的民族。热爱劳动是中华民族的优秀文化基因。但在教育教学实际工作中，却在一定程度上存在劳动教育的育人价值被忽视、劳动教育被淡化和弱化的问题，劳动教育成了全面发展教育中的短板。没有劳动教育的教育，是不全面、不完整、不成功的教育。苏联教育家苏霍姆林斯基认为，“离开劳动，不可能有真正的教育”①。

劳动教育评价是评价主体根据一定的标准，运用科学有效的方法，系统搜集有关信息，对学生在劳动教育过程中的表现作出的价值判断。随着我国社会的发展和教育教学的改革，劳动教育在学校思想政治教育中的地位和作用日益凸显。新时代的青年学生要敢于追逐梦想、创造劳动财富。劳动是精神文化生产的范畴，伟大的共产主义事业孕育伟大的劳动精神，伟大的劳动精神推进新时代的进步。新时代加强劳动教育已成为社会进步的主旋律，要充分落实劳动教育成效，确保劳动教育工作做实做细，必须建立有效的劳动教育评价管理机制。

一、劳动教育评价是党对教育的新要求

《关于全面加强新时代大中小学劳动教育的意见》对新时代劳动教育作了顶层设计和全面部署，重点回答并解决教育是什么、教什么、怎么教等问题，进一步阐明了劳动教育的内涵和特征。培养社会主义劳动者和创新创业人才，要求劳动教育要培养学生的社会主义核心价值观和劳动精神，使他们成为具有创新创业能力的高素质劳动者。正确地认识劳动教育评价的重要性和时代性，科学地诠释和把握劳动教育的基本特征，构建完整的劳动教育评

① ［苏］B.A. 苏霍姆林斯基：《苏霍姆林斯基论劳动教育》，萧勇、杜殿坤译，教育科学出版社 2019 年版。

价体系，对贯彻落实党的教育方针、抓好劳动教育的紧迫感和责任感，具有重要意义和深远影响。

二、劳动教育评价是学校落实立德树人的新举措

新时代劳动教育评价是学校教育和劳动教育的重要组成部分，学校必须在促进学生德智体美劳全面发展中落实立德树人根本任务。劳动教育作为培养学生综合素质和道德品质的重要途径，已被纳入立德树人的整体框架之中，核心价值便是以“劳”“促全”。而学校作为学生学习生活的主要场所，在普及方面具有责任和优势开展劳动教育。有助于了解学生在实际劳动中的表现和成长，推动学生全面发展，建立健全劳动教育评价机制，激发学生的主观能动性、积极性、创造性，帮助学生摒弃不劳而获、贪图享乐的错误思想，塑造“人生在勤，不劳何获”的正确价值取向。

学校在劳动教育中起主导作用，培育正确的劳动价值观是学校实施劳动教育的重要目标。诚如有学者所言：“新时期学校要牢固树立劳动最光荣、劳动最崇高、劳动最伟大、劳动最美丽的观念，坚持五育并举，劳动教育和其他各育处于同等地位。”[①]劳动教育评价能够发挥育人导向功能，在学校教育场域中引导学生形成热爱劳动、崇尚劳动、尊重劳动的新时期劳动价值观。换言之，“劳动教育评价引导学校把劳动教育作为一种正面价值召唤，发挥其激励作用，让劳动成为学生的一种积极生活方式，突出学生在劳动过程中的主体性与责任性”[②]。学校开展劳动教育具有十分重要的价值意义，对于引导学生树立正确的劳动价值观具有深层次的促进作用。

三、劳动教育评价是学生专业实践教育的新方法

劳动教育评价的意义在于促进专业教育与实践相结合，评价劳动教育需要考查学生在实际工作中所运用的专业知识和技能。通过对劳动教育的评

---

① 徐长发：《新时代劳动教育再发展的逻辑》，《教育研究》2018 年第 11 期。

② 刘茂祥：《基于实践导引的中小学劳动教育评价研究》，《教育科学研究》2020 年第 2 期。

价，可以发现教育过程中存在的问题和不足，优化教育资源的配置，为改进教育教学提供依据。同时，评价结果还可以为学校提供重要参考，从而促进专业教育与实践能力的有机融合，提升学生的综合能力和适应能力。劳动教育评价旨在通过劳动教育的方式培养学生的实践能力、创新精神和综合素质。这种评价方法将学生的劳动实践成果作为评价的主要依据，注重对学生实际动手能力和实践经验的评估，以及对学生的自主学习和团队协作能力的考查。评价结果还可以为相关政策的制定和实施提供科学依据，推动劳动教育在学校的持续改进和推广。

四、劳动教育评价是解决劳动教育实践问题的新路径

劳动教育实践是提升学生劳动素养的重要途径。当前，无论是家庭劳动教育实践、学校劳动教育实践，还是社会劳动教育实践，都存在一定程度的“窄化”“弱化”“异化”“物化”等问题。

劳动教育评价能够正视劳动教育实践问题，积极促进劳动教育实践问题的解决。一方面，劳动教育评价体系为劳动教育实践问题的解决提供方向与思路，发挥评价导向功能。这是因为劳动教育评价在评价指标、评价方法、评价内容等方面关注当前劳动教育实践问题，突出劳动教育实践的内涵要义和时代性特点，致力于解决当前劳动教育实践问题。另一方面，劳动教育评价具有诊断功能，可以预测劳动教育实践中可能发生的问题，这就为开展劳动教育提供了方向上的指导，为劳动教育实践问题的规避与解决提供支撑和保障。

劳动教育评价的本质在于提高劳动教育质量，培养学生良好劳动素养。劳动教育评价提升劳动教育质量主要是通过以下方式实现的：首先，在劳动教育评价过程中，学生既是劳动教育评价的主体，也是提升劳动教育质量的关键，劳动教育评价可以诊断劳动教育过程中学生存在的问题，从而提出具体解决方案，直接提升劳动教育质量。其次，劳动教育评价能够测评教师开展劳动教育的实际效果和诊断教师在教学中遇到的困难，通过引导教师调整开展劳动教育的方法、方式，从而提升劳动教育质量。最后，劳动教育评价

按照一定的标准和程序进行，能够为非专业教师进行劳动教育评价指明方向，使一名非专业教师逐渐成为专业型教师，实现自身专业发展，从而间接提高劳动教育质量。

五、劳动教育的独特性决定了劳动教育评价的必要性

一是劳动教育具有鲜明的实践性。劳动本身就具有实践性的特点，劳动是人类运动的一种特殊形式，无论是脑力劳动还是体力劳动，实践性是其第一特性。马克思把人看作身体与精神的统一体，只有既能从事体力劳动，又能从事脑力劳动的人，才是全面发展的人。二是劳动教育具有广泛的融合性。劳动可以树德、可以增智、可以强体、可以育美，具有综合育人的价值。新时代的劳动教育是国民教育体系中必不可少的重要组成部分，能够实现与德育、智育、体育和美育的有机融合，促进人的全面发展。三是劳动教育具有充分的社会性。与“五育”中的其他各育相比，劳动教育的实施更需要家庭和社会的广泛参与和配合，其社会性更加明显。虽然国家规定劳动教育是必修课，劳动素养也将纳入学生综合素养评价体系，但劳动行为习惯的养成、劳动精神的培养，崇尚劳动价值观的形成和工匠精神的弘扬需要学校、家庭和社会的综合作用才能实现。

第二节　评价内容

一、评价维度

（一）劳动观念

结合《关于全面加强新时代大中小学劳动教育的意见》《大中小学劳动教育指导纲要（试行）》中对大中小学生劳动教育的要求，可将劳动观念进一步划分为“劳动认知”“劳动情感”“劳动态度”三个二级指标。

“劳动认知”即在深刻理解马克思主义劳动观的基础上，形成对劳动过

程、劳动成果、劳动关系、劳动价值、劳动作用、劳动者地位的正确看法和认识。学生能够理解劳动是人类发展和社会进步的根本力量，劳动创造人、创造价值、创造财富、创造美好生活，并且珍惜劳动成果，认识到作为劳动要素的劳动者的光荣与伟大，认识到职业教育与劳动教育之间的关系。

“劳动情感”即人们对劳动这一特定对象所持有的内心感受和评价体验，包括热爱劳动、热爱劳动人民的情感，形成学习、参与、体验劳动的浓厚兴趣和热情，形成劳动的成就感、自豪感与幸福感，这些积极的劳动情感有利于促进学生主动参与劳动。

“劳动态度”是指人们基于正确的劳动价值观形成积极劳动、崇尚劳动、尊重劳动等的态度，树立劳动光荣、不劳动可耻的劳动价值观。应使学生树立劳动最光荣、劳动最崇高、劳动最伟大、劳动最美丽的思想观念，认识到人类历史是劳动创造的，无论哪类劳动都是社会总劳动的重要组成部分，没有高低贵贱之分，每份职业都很光荣，进而在劳动中增强满足感、幸福感、获得感，使其成为德智体美劳全面发展的社会主义建设者和接班人。

（二）劳动知识和技能

在构建劳动教育评价体系时，应将劳动知识和技能作为一级指标。劳动知识和技能包括“劳动知识”和“劳动技能”两个二级指标。

“劳动知识”分为三个方面：一是马克思主义劳动观等劳动科学知识；二是基本的劳动法律与劳动保障知识，如《中华人民共和国劳动法》《中华人民共和国劳动合同法》《中华人民共和国就业促进法》中的相关知识；三是从事与未来职业相关的生产性劳动所需的专业劳动知识。

“劳动技能”分为三个方面：一是日常生活所需的生活性技能，如收纳、手工、做饭、维修家电等；二是专业工作所需的职业性技能，如工具设计和使用技能、产品生产技能、新技术新工艺的使用技能等；三是志愿服务所需的服务性技能，如人际交往技能、管理服务技能、应对突发状况的急救技能等。

（三）劳动精神

结合习近平总书记关于劳动精神的重要论述、《大中小学劳动教育指导纲要（试行）》中关于劳动精神的相关描述以及学生劳动教育实际，可将劳动精神具体化为“工匠精神”“劳模精神”“创新精神”三个二级指标。

“工匠精神”，即执着专注、一丝不苟、精益求精、追求卓越的精神；“劳模精神”，即爱岗敬业、争创一流、艰苦奋斗、不怕困难、淡泊名利、甘于奉献的精神；“创新精神”，即在劳动过程中主动学习、积极探索、勇于创新、敢于批判、开拓创新、砥砺奋进的精神。凯兴斯泰纳认为，仅仅培养操作型的工人并不是劳动教育的目标。相比于其他劳动，创造性劳动兼具趣味性和挑战性，这使得创造性劳动过程本身可以让人产生兴奋、愉悦等正向的情感体验。因此，学校劳动教育评价应当引导学生在专业劳动中紧跟科技发展和产业变革的潮流进行自我创新。

（四）劳动习惯和品质

劳动习惯和品质包含“劳动习惯”和“劳动品质”两个二级指标。“劳动习惯”包括能够做到：自觉劳动，主动打扫宿舍、教室等公共场所卫生；安全劳动，在劳动时保证自身安全；规范劳动，在实训过程中正确规范地使用各种工具，保障自身安全；协作劳动，能够通过合作共同完成劳动，协作共赢。《大中小学劳动教育指导纲要（试行）》中对“劳动品质”的描述为，“能够自觉自愿、认真负责、安全规范、坚持不懈地参与劳动，形成诚实守信、吃苦耐劳的品质。珍惜劳动成果，养成良好的消费习惯，杜绝浪费”。依据《大中小学劳动教育指导纲要（试行）》的描述并结合学生劳动教育实际，“劳动品质”可具体化为自觉主动、认真负责、诚实守信、吃苦耐劳、团结合作、珍惜劳动成果和勤俭节约七大品质。具体而言：“自觉主动”，即养成自觉维护寝室、教室、校园环境的习惯，自觉自愿参与各类劳动，强化服务性劳动；“认真负责”，即在开展的劳动实践中展现出良好的责任与担当，具有较强的公共服务意识和面对重大疫情、灾害等危机时主动作为的奉献精神；“诚实守信”，即能够自觉遵守劳动规范和纪律，认真负责地完成劳动任务，具有诚实守信的劳动意识；“吃苦耐劳”，即从事任何劳动都能够坚持不懈、扎根基层、艰苦奋斗，尽心尽力完成自己的工作；“团结合作”，即能够与同伴合作产生劳动成果，具有团队合作精神和集体主义精神；“珍惜劳动成果”，即能够珍惜劳动创造者来之不易的劳动成果，尊重劳动人民，始终秉持“劳动最光荣”的理念；“勤俭节约”，即具备珍惜劳动成果的价值取向和以艰苦奋斗为荣、以骄奢淫逸为耻的道德品质。

二、评价内容

以《关于全面加强新时代大中小学劳动教育的意见》中提出的日常生活劳动、生产劳动和服务性劳动为主要劳动内容，结合 WSR 理论得到“三大类型十个项目”（下称“三大类”“十项目”）多元评价体系，对学生的劳动进行评价。“三大类”包括服务性劳动、技术性劳动、创新性劳动；十项目分别是自理性劳动、家务性劳动、志愿性劳动、公益性劳动、专门技术性劳动 、通用技术性劳动、职业体验性劳动、科学探究性劳动、技术发明性劳动、文艺创新性劳动（见图 7–1、表 7–1）。

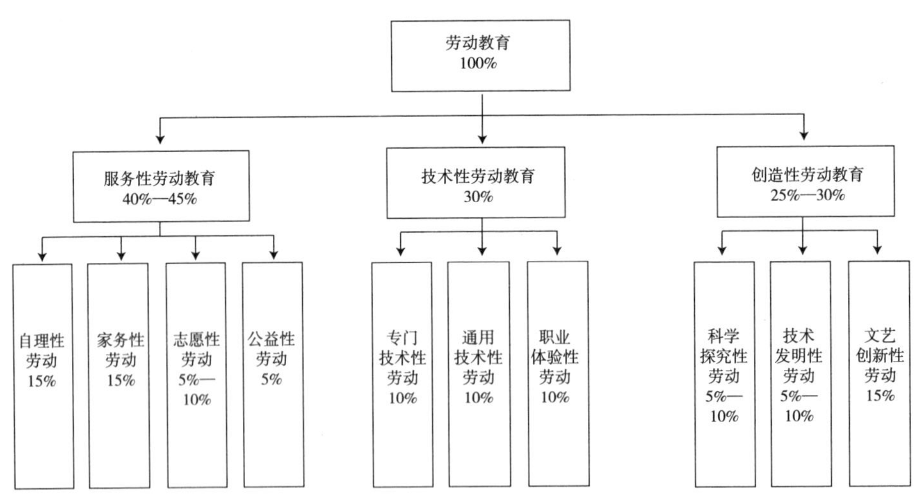

图 7–1　劳动评价中“三大类”“十项目”所占权重

表 7-1　“三大类”“十项目”与 WSR 结合的评价要素

劳动类型	物理因素（W）	事理因素（S）	情理因素（R）
服务性劳动	居家或社区劳动环境、服务性劳动所需要的劳动工具等	在自理劳动、家务劳动上的操作顺序、时间安排等是否合理	服务者与被服务者之间是否存在良好沟通；劳动后得到的成果是否相互分享并有情感
技术性劳动	技术性劳动的工具，如通用技术中的 3D 打印机、激光切割机等	技术性劳动制定的方案，实验设计方案、制作流程、时间安排、过程等	是否应用技术性劳动解决了问题，技术性劳动的成果能否为他人提供便利
创新性劳动	已有的创新劳动环境及工具，或者劳动者进行创新劳动而自制的劳动工具	创新性劳动的方案制定、创新方法的应用、实验测试次数、调查研究的范围等	问题解决的效果如何，是否有进一步创新的想法

根据以上的劳动分类和分数赋值选择合适的工具收集数据，全面评价学生的劳动过程，对学生的劳动过程和劳动态度进行引导。

三、劳动评价框架设计

（一）评价主体

过程性评价旨在推进学生劳动素养的提升，偏重诊断与改进而非选拔与鉴定，因此应该着力构建多主体、多视角、多层次的综合性劳动教育评价系统，鼓励多主体的参与，如学生、家长及教师等。不同评价主体的评价任务如下：

学生是自评、互评相结合的主体，需要在评价自己和同伴的过程中明确改进方向，进一步提高自己的劳动能力，改进自己在劳动过程中的不足。

家长作为学生生活中的劳动榜样也是评价主体之一，学生在家中是否真正参加劳动，在完成劳动的过程中态度如何、最终取得的劳动成果怎么样等都需要家长进行评价，并保持家庭和学校对劳动教育的评价一致性。

教师是在学生记录、家长评价的基础上进行收集、汇总、分析，在“物理—事理—人理”等方面总结、归纳和评价，将评价结果作为进一步劳动教育的参考，且给予学生实际的反馈。

劳动教育没有唯一客观的标准，不同的人有不同的做事风格及做事程序，但是在某一处境之下，一定有一种最优的方式和方法。所以笔者期望借助学生本人的自我评价、同伴评价及来自师长的评价引导学生学会分享、学会从他人那里获得启发、学会反思，进而不断完善和提高自我。

（二）评价框架的数据结构

国家要求和实践经验，结合 WSR 与“三大类”“十项目”劳动要素，得到评价框架。

1. 服务性劳动（40%—45%）

评价工具：《劳动教育过程记录和评价手册》、校园 / 班级公众号、学校志愿服务星级认证制度。

评价周期：一个月。

评价过程：学生们通过《劳动教育过程记录和评价手册》来记录平时或者假期中的服务性劳动。服务性劳动是每一个人在个人成长以及与他人或机构互动活动过程中，以服务为目的的劳动，主要包含自理劳动、家务劳动、校园志愿劳动和公益劳动。其中自理劳动≥ 5 次 / 周；家务劳动 3—5 次 / 周；校园志愿劳动≥ 1 次 / 周；公益劳动≥ 1 次 / 月。同时，优秀的手册会发布在校园公众号上。

数据收集与反馈：《劳动教育过程记录和评价手册》的收集任务由班级劳动委员收集上交给劳动技术组的教师，由教师分年级进行评价后将数据反馈给班主任，并且选择优秀的手册发布在校园公众号上，充分发挥同伴作用，有助于学生相互学习以及收获劳动成就感。此外，将公益活动频次、质量高的同学或小组认定为学校的公益之星。

2. 技术性劳动（30%）

评价工具：劳动代表作展览、作品比赛。

评价周期：一学期。

评价过程：技术性劳动更注重引导学生将劳动成果实物化，以代表作的形式进行展示或者推荐参加相应的比赛。技术性劳动包含劳动知识的学习、劳动工具的认识和使用、劳动技能的获得、劳动产品的制作等。学生在相关技术课中学习相应的劳动工具使用方法，制作技能型劳动产品，旨在鼓励学生将技术应用于劳动中，并产生一定的技术劳动成果。其中，专门技术劳动≥2次/学期；通用技术性劳动1次/学期；职业体验性劳动≥1次/学期。

数据收集与反馈：学生在该类劳动中完成一个任务的设计、实施和效果检验，并将经历试错、改错、完善、物化等不同过程，这些过程最后体现在劳动的作品上。所以这类劳动教育的评价效果是突出学生最满意的作品、最具有代表性的作品，以展演、展示、评比等形式评价，如服装设计展演、劳动工具改造等。学生可以点赞、现场观摩，或以“物物交换”等形式体现劳动创造的价值。

3. 创造性劳动（25%—30%）

评价工具：综合素质平台、《劳动教育过程记录和评价手册》、新媒体劳动档案。

评价周期：一个月。

评价过程：鼓励学生将创新性劳动成果采用新媒体技术作为对劳动记录的重要补充，引导学生通过公众号、制作短视频、利用网上资源空间完成班级日志、综合素质评价平台、劳动分享会等多种形式的劳动教育新档案。创新性劳动中的艺术创新性劳动、科学探究性劳动、技术发明性劳动任选一项进行1次/月。

数据收集与反馈：学生可以将自己在科学探究、创意发明、艺术创作过程中付出的劳动，或是对自然、社会和自身生活学习和成长的观察、分析，选择需要解决的问题，制订研究方案或设计草案，形成研究成果、作品或制作成模型等创新性劳动记录下来。学生的创新性劳动获得的成绩、获奖证书、典型作品等评价通过综合素质评价平台记录；过程性活动通过视频、光盘、公众号推送等形式记录。

第三节　评价标准

一、学校劳动教育评价存在的问题

劳动教育在全面发展教育中的作用日益显著，党和国家反复强调劳动教育在落实立德树人任务中的重要性。但是，目前我国教育评价体系有待完善，特别是中小学劳动教育评价中存在一些问题，有待进一步改进。

（一）劳动教育评价内容有待丰富

《大中小学劳动教育指导纲要（试行）》指出，学校劳动教育的主要内容包括日常劳动、生产劳动和服务性劳动中的知识、技能与价值观。当前中小学劳动教育评价内容更加注重学生的劳动技能与知识的积累，相对缺乏对学生劳动情感、劳动精神、劳动行为的整体性关注。例如，成都市某小学开设了“和美少年趣”劳动课程，其中的认识劳动工具的评价主要内容有：说出所用劳动工具的名称和用途、在30秒内将劳动工具摆放到正确的位置等等。这种劳动教育的评价内容无疑是单一刻板的，仅仅关注了学生是否掌握了相关劳动知识、是否学会了相关劳动技能，对所有学生执行统一固定的评价标准，没有考虑到学生发展的个性化差异。须知，劳动知识与技能并不等于劳动素养。“劳动素养，指经过生活和教育活动形成的与劳动有关的人的素养，包括劳动的价值观、劳动的知识与能力等维度。”①这一劳动教育评价内容在一定程度上忽略了学生在劳动教育过程中表现出的责任感、劳动热情和劳动自觉性等，不利于学生自主性、创造性的发挥，影响中小学生良好劳动素养的培养。

（二）劳动教育评价方法有待完善

评价方法是劳动教育评价体系的重要构成，科学合理的评价方法能够检

① 檀传宝：《劳动教育的概念理解——如何认识劳动教育概念的基本内涵与基本特征》，《中国教育学刊》2009年第2期。

验劳动教育的成效，有助于评价者以恰当的方式呈现劳动教育评价结果。然而，当前中小学劳动教育的评价方法过于简单，评价者倾向于在单一量化的基础上评价劳动教育成效。由此，劳动教育结果仅以简单的等级或分数呈现，劳动教育评价的科学性降低，这对于有效实现劳动教育目标无疑是不利的。具体而言，当前中小学劳动教育评价多以量化的方法来进行，量表评价成了劳动教育评价的主要方式，每个量表会附有一个所谓的量化标准。例如，有的学校劳动教育评价标准是“完全达到标准”5 颗星、“基本达到标准”4 颗星、“偶尔达到标准”3 颗星、“无法达到标准”2 颗星、“总数”达到 150 颗星合格，以此来检验劳动教育的成效。

劳动知识与技能可以用量化的方法进行衡量，但是劳动教育中的劳动态度、劳动精神、劳动价值观等内容是不能简单进行量化评价的。只根据固定标准进行简单量化评价而忽略质性评价，将降低中小学劳动教育评价的科学性。

（三）劳动教育评价主体应多元化

评价主体是评价的组织者、实施者。劳动教育评价主体需要对整个劳动教育过程作出价值判断，因此要使评价准确和有效，评价主体必须了解并积极参与体验活动过程。劳动教育是一个需要家庭、学校、社会各个方面积极参与的过程，自然劳动教育评价也需要将各个参与主体纳入评价主体的队伍中，这样形成的评价才会更加客观有效。当前中小学劳动教育评价主体是教师，而其他主体较少参与劳动教育评价过程。例如，在现代信息技术的支持下，某学校曾开展暑期劳动教育线上评价，在这一网络平台中，有教师和学生两个操作界面。各班级学生要根据教师发布的家务劳动内容，每天及时打卡，上传劳动活动内容的完成情况。教师在这一平台中的主要任务是根据学生家务劳动打卡进行管理，对学生在这一过程的表现进行量化评价，并对未及时打卡以及完成度不高的学生进行批评。可以看出，教师是整个劳动教育评价过程的唯一评价主体，这在一定程度上会降低其他参与劳动教育活动主体的积极性和主动性，难以发挥劳动教育评价本身的激励作用，进而影响劳动教育评价的成效。

（四）劳动教育评价结果应避免功利性取向

任何劳动活动都有结果，中小学劳动教育评价结果是过程性评价和总结性评价的集合。劳动教育评价结果一方面可以反映出学生在劳动教育中取得的成就，作为学生评奖评优的依据，另一方面可以折射出学生在劳动教育中良好的情感态度和价值观，激励学生学习。然而，当前部分中小学对劳动教育进行评价只关注静态的总结性评价结果，将其纳入综合素质评定范围，作为学生评先评优的依据，使得劳动教育评价结果走进了只为评奖评优的功利化误区。比如某学校在对学生“整理内务”劳动活动进行评价时，会根据学生文具盒的干净程度、书包收纳整齐程度、抽屉干净程度，对达到要求的学生给予高分，对未达到要求的给予较低分数，同时将得分纳入学生综合素质评定中作为此后评奖评优的重要参考。这种只关注结果的劳动教育评价，割裂了劳动教育评价过程与结果之间的联系，使得学生参与劳动带有很强的目的性，即为获得更高的分数而参与劳动，这势必影响中小学生正确劳动价值观的形成。

综上，遵循学生身心发展规律、劳动素养的养成规律，构筑起劳动教育诸要素之间的和谐关系，形成科学有效的评价体系，才能更进一步推动新时代劳动教育的健康发展，培育德智体美劳全面发展的新时代劳动者和接班人。

二、学校劳动教育评价准则

劳动教育评价对新时代破解劳动教育实践难题、建立健全劳动教育制度，以及提升劳动教育的地位具有价值导向作用。但当前我国的大中小学劳动教育评价体系尚未构建起来，评价机制的功能尚不能充分发挥。那么，在构建中小学劳动教育评价体系时，我们应该把握哪些关键点？

评价标准集中体现了评价活动所依据的价值准则。依据青少年劳动教育的目标，劳动教育成效最基本的标准应该是看其是否能自觉自愿、尽心尽力地做心力相符的劳动之事。这个行为不是偶然的、被迫的，而应当是自觉并尽力为之。不同年龄阶段的青少年，劳动的频率、行为水平和成果会有个体差异，即便是同一年龄阶段也可能存在差异，因此不能简单地依据参加劳动次数的多少、劳动行为水平高低、劳动成果多少来评价劳动教育的成效，还要看个体是否愿意投入恰当的劳动活动中。不能对青少年提出超出他们年龄水平的劳动要求，否则就是违背教育目标，不利于青少年的健康成长。所谓的自觉自愿、尽心尽力，可视为劳动热情的激发、劳动自觉程度的提升和劳动行为稳定一贯的体现。具体可从如下三个方面进行评价。

第一，是否形成系统、自觉、自洽的劳动观念。有成效的劳动教育不但可以使青少年养成良好的劳动习惯，更重要的是帮助他们形成正确的劳动观，使青少年在对劳动的认知上能够达到理性的高度，从而更理解教师和家长要求自己从小培养劳动习惯的价值所在。简而言之，有了这样理性的认知，青少年对待劳动的态度和观念就会系统、自觉、自洽，这也是评价劳动教育成效的重要标准之一。

第二，是否能让青少年获得积极、愉悦的劳动情感体验。青少年劳动教育的成效不仅要关注外在的行为表现、参加劳动的频率、劳动成果等看得见的方面，还要关注青少年内在的情感体验。这关乎他们对待劳动和劳动人民的态度，以及自身的劳动热情、主动性和自觉性是否提升。青少年良好劳动习惯的形成，需要经历他律到自律的过程，有了自律才有日后的习惯成自然，这其中积极、愉悦的劳动情感体验是劳动行为可持续的关键因素。

第三，是否突出适应青少年终身发展和社会发展需要的必备品格和关键能力的培养。这是发展性的标准，主要反映的是对青少年的纵向比较。劳动教育的终极目标是为青少年终身发展和人生幸福奠定基础，而不仅仅是为了满足生存的需要。因此，劳动教育还要培养他们未来成长发展的品行和能力，比如与人协作的精神、自力更生的精神、顽强的意志、创新能力等等，为他们未来成为一个幸福的人打下良好的基础。

三、学校劳动教育评价体系

（一）对学校的评价

1. 组织管理

（1）组织机构。即由校领导、专职管理人员及专兼职教师组成的劳动实践工作组织管理机构，分工具体，职责明确。(2) 发展规划。有劳动实践场所建设发展规划，并纳入学校整体发展规划之中；有本年度工作实施计划，目标明确，措施得力。(3) 管理制度。有完整配套的管理办法、各项规章制度健全。(4) 档案管理。有完整全面的劳动实践教育教学工作管理档案；分类清晰、装订规范，存放妥善并便于查阅。

2. 劳动实践场所建设

(1) 建设规模。有劳动实践场所（如种植、养殖、苗圃、果园、水塘、菜园、温室、大棚、花卉、药园、劳技教室等）；基地大小以能组织班级学生开展活动为宜。(2) 建设标准。劳动实践场所建设具有"景观性、育人性、实用性和先进性"，并与校园整体环境和谐统一；挂设知识性、系列化的规范性标牌；做到劳动文化与校园文化巧妙融合。(3) 产品开发。开发一些教材中涉及的和适合本地区气候生长的动（植）物，有一定科技含量的新品种和新技术。(4) 资金投入。劳动实践场所建设和产品开发逐年有资金投入。

3. 其他奖励加分

(1) 在市级以上教育行政部门组织的课题研究、劳动实践教学优质课、示范课、优秀教学设计评比中获得奖励的。(2) 承办市级以上劳动教育现场会、观摩会、研讨会的；被新城级以上主管部门表彰或宣传报道的。(3) 奖励按国家级、省级、市级、县（区）级加分。

（二）对教师的评价

1. 教育教学管理

(1) 教育教学。依托劳动实践场所资源，对学生进行劳动知识和技能教育，以及简单、规范的操作训练；能圆满完成教学大纲规定的劳动实践课时计划。(2) 学科整合。依托劳动实践场所资源，能与相关学科紧密结合进行教育教学；整合内容丰富充实，效果好。(3) 活动管理。组织学生参加各种劳动实践活动，并能做到有组织有计划、有各种活动记录和总结、有心得体会，且注重安全教育，无事故发生。(4) 师资配备。配备有一定劳动技术和经验且综合素质较高的专兼职劳动实践课教师。(5) 教育手册。能结合本校、本地区实际编写具有本校鲜明特色的劳动教育指导手册，可以分不同学段不同年级进行编写。

2. 教育教学效果

（1）落实课程计划。依据教学大纲和新课程改革要求，开足开齐劳动教育课程，积极开设劳动实践课，有学校劳动实践教学计划；定期组织学生到基地参加活动，有安排，有课表，有过程性资料。（2）教育教学质量。通过组织学生参加劳动教育和劳动实践活动，达到培养学生热爱劳动的习惯，提高学生动手实践能力和创新精神，使每一个学生的实践能力及综合素质得到提高。（3）掌握劳动技术。初步掌握一些劳动知识、劳动方法和简单的劳动技能。（4）操行评价。有切实可行的学生参加劳动实践活动评价方案，有评价成绩和学生劳动表现鉴定。（5）课题研究。有劳动教育相关课题，能解决教育教学实践中存在的实际问题，特别是热难点和焦点问题，突出实用价值和推广价值。（6）成果展示。有劳动实践教育教学成果展示平台，展品种类形式齐全（含各级奖励证书，实物、影像、图表、案卷、标本、模型等），摆放规整，标牌清楚，展示效果良好。

（三）对学生的评价

将劳动素养纳入学生综合素质评价体系。以劳动教育目标、内容要求为依据，将过程性评价和结果性评价结合起来，健全和完善学生劳动素养评价标准、程序和方法，鼓励、支持各地利用大数据、云平台、物联网等现代信息技术手段，开展劳动教育过程监测与纪实评价，发挥评价的育人导向和反馈改进功能。

1. 平时表现评价

要在平时劳动教育实践活动中对学生及时进行评价，以评价促进学生发展。要覆盖各类型劳动教育活动，明确学年劳动实践类型、次数、时间等考核要求。关注学生在劳动教育活动中的实际表现，注重从行为表现中分析把握劳动观念形成情况。以自我评价为主，辅以教师、同伴、家长、服务对象等他评方式，指导学生进行反思改进。要指导学生如实记录劳动教育活动情况，收集整理相关制品、作品等，选择代表性的写实记录，纳入综合素质档案，作为学生学年评优评先的重要参考。

2. 学段综合评价

学段结束时，要依据学段目标和内容，结合综合素质档案分析，兼顾必修课学习和课外劳动实践，对劳动观念、劳动能力、劳动精神、劳动习惯和品质等劳动素养发展状况进行综合评定。建立诚信机制，实行写实记录抽查制度，对弄虚作假者在评优评先方面一票否决，性质严重的应依法依规严肃处理。在高中学段开展志愿者星级认证，要将学生考核结果作为毕业依据之一。推动将学段综合评价结果作为学生升学、就业的重要参考。

3. 开展学生劳动素养监测

将学生劳动素养监测纳入基础教育质量监测。定期组织开展关于学生劳动素养状况调查，注重学生劳动观念、劳动能力、劳动精神、劳动习惯和品质等的监测。发挥监测结果的示范引导、反馈改进等功能。

第四节　评价原则和方法

一、评价原则

一是全面客观。劳动教育内容有多个维度，对实践过程和结果需要全面客观进行记录，对劳动教育的全过程和各环节进行全面客观的记录和评价。

二是真实可靠。劳动教育需要关注学生在活动中的行为表现，从中分析和把握劳动观念的形成情况。实践过程以自我评价为主，学生应如实记录劳动教育实践情况，收集整理相关制品或作品，选择有代表性的进行写实记录。

三是适当激励。一方面对参加劳动的学生进行激励，另一方面通过劳动技能和劳动成果展示以及劳动竞赛等活动，激励学生参加劳动实践。

四是综合运用。《深化新时代教育评价改革总体方案》提出要改进结果评价、强化过程评价、探索增值评价、健全综合评价。劳动教育评价，要综合运用这四种评价方式，采取不同的组合，以达到对劳动教育各项指标的精准评价。

如何克服评价的主观性，使劳动教育成效评价做到尽量客观、准确是需要进一步探讨的问题，这要求我们对评价的维度和标准进行审思。

劳动教育成效的评价标准是相对于特定主体、目的、内容、方法、环境而言的，是在一定的参照和对比中进行衡量，没有绝对客观、准确的评价标准。在承认劳动教育成效评价的相对性的基础上，还要尽可能注重其客观性与准确性，以便真正对劳动教育的实施有所助益。具体而言，需要做到以下四个“坚持”。

（一）坚持多主体评价结合的方式

劳动教育的主体不仅仅是教师，家长和同伴的影响同样不能忽略。要想对青少年劳动教育成效有相对客观准确的评价，应将相关的评价主体都考虑在内，评价的形式包括教师评价、家长评价、同伴之间互评以及青少年的自我评价。考虑到青少年还未成年，心智发育并不是特别成熟，准确、理性地评价他人以及自我评价的能力有待进一步增强，相比之下，作为成人的教师和家长在评价中更容易对其客观性有良好的把握，所以虽然是坚持多主体结合的评价方式，但在中小学，特别是低年级阶段，还应以教师和家长的评价为主。

（二）坚持评价形式的多样化

要将外在行为与内在体验相结合。现有的评价方式忽略了青少年自身的主观能动性。青少年正向劳动观的形成和劳动习惯的养成，需要学校、家长、社会的教育引导，而青少年发挥主观能动性将劳动教育内化才是关键环节。从他律到自律的转换过程中，青少年主体能动性、自主性、创造性等内在动力的发挥起到了决定性作用。因此，评价青少年劳动教育的效果，不能仅仅看外在劳动成果的多少，更重要的是关注青少年在劳动中是否有积极的情感体验，是否能负责任地进行劳动，劳动热情是否被激发，是否具备劳动的自觉性，等等。

（三）坚持定性评价与定量评价相结合的方式

在劳动教育成效的评价中，如果简单地用量化的方式来呈现，并不能准确地表现出青少年在劳动教育中的收获与成长，但是这不影响将量化评价作为对定性评价的必要补充，因为定性评价具有一定的笼统性和模糊性，容易得出千篇一律的结论。坚持将定性评价作为基础，定量评价作为补充，二者结合起来进行劳动教育成效的评价，则能够使评价具有更高的参考价值。

《关于深化教育教学改革全面提高义务教育质量的意见》中提到，学校要建立学生劳动评价制度，评价内容包括参加劳动次数、劳动态度、实际操作、劳动成果等方面，具体劳动情况和相关事实材料记入学生综合素质档案，并作为升学、评优的重要参考。也就是说，学校开展的劳动实践活动，可以采用“劳动记录”的方式，并通过这种方式让教师、家长和学生自身都能够清楚地看到学生不断进步的过程。可以从学生一进入小学就开始对其劳动教育的情况进行记录，并将记录一直延续到初中甚至高中，为学生建立一体化的劳动情况档案。这种记录有助于学生对自身劳动教育情况的把握，同时也有助于开展劳动评价。至于劳动记录的具体操作方式，可以根据青少年不同阶段的发展特点，有所侧重地使用不同的方式。比如在小学的低年级阶段，可以把青少年分组，每个小组安排一位教师或者家长帮助记录劳动教育开展情况。记录的内容分为个体和集体，既可以记录小组中每一位学生的劳动表现，同时还可以记录整个班级的劳动表现。从高年级阶段开始，就可以增加记录主体，安排青少年自行记录或同伴之间相互记录，再对自己和所在的小组在劳动活动中的表现进行分析，总结取得的进步并找到仍然存在的问题，明确进一步努力的方向。

（四）坚持静态评价与动态评价相结合

前者是在一定时间、空间、情境里对青少年劳动观变化过程的评价；后者是在一定时间、空间、情境序列上对青少年劳动观变化过程的评价。静态评价是暂时稳定状态，动态评价要以静态评价为基础和依据。对教育成效的把握既要有即时的静态评价，也不能缺少动态评价。要把当下青少年劳动观、劳动行为的现状放在青少年思想发展变化的过程中去考查，了解前后变化以及未来发展的趋势，这样相对来说更能对教育成效作出客观、准确的评价。

二、评价方法

（一）以诊断性评价规范劳动教育课程体系、教学体系和管理体系建设

习近平总书记指出，“要努力构建德智体美劳全面培养的教育体系”[1]。劳动教育课程体系、教学体系和管理体系既是这一教育体系的重要组成部分，也是开展劳动教育的基础和前提。诊断性评价是指在实施劳动教育之前，对学校开展劳动教育的课程体系、教学体系和管理体系等条件进行评估，以判断学校是否具备开展劳动教育的各项工作条件。《关于深化教育教学改革全面提高义务教育质量的意见》提出，要加强劳动教育，充分发挥劳动综合育人功能。诊断性评价有利于规范劳动教育课程体系、教学体系和管理体系，以保障劳动教育的基础和前提。

课程是落实劳动教育目标任务的核心载体。课程体系评价是对劳动教育课程的地位、劳动教育的教材建设，综合实践活动课程、通用技术课程等劳动教育国家课程的开设情况，以及学科教学与劳动教育的融合情况等进行评价。上海市委、市政府印发的《关于全面加强新时代大中小学劳动教育的实施意见》明确规定，中小学劳动教育是必修课程，每周不少于 1 课时；要求将劳动教育贯穿学校教育教学全过程，构建综合性、实践性、开放性、针对性的劳动教育课程教材体系。以此为参照开展课程体系评价，有利于夯实劳动教育的课程地位，构建规范化的课程体系，为劳动教育的实施奠定基础。

教学体系是劳动教育有效实施的重要保证。教学体系评价是依据劳动教育的目标和要求，对劳动教育的教学内容、教学手段、教学过程和结果进行评判。长沙市构建了“中小学校劳动教育状况评价指标体系”，其中，教学体系方面包括教学内容、教学形式、教学资源和教学评价等指标。基于此，通过对劳动教育的教学体系开展评价，有利于保障劳动教育的规范实施。

管理体系是实施劳动教育的制度保障。在实践中，要避免有“劳”无“育”，重视对劳动观念和劳动习惯的教育。教育部门要加强劳动教育的督

---

① 《习近平著作选读》第二卷，人民出版社 2023 年版，第 203 页。

导评价，将学校劳动教育的实施情况纳入中小学责任督学挂牌督导内容。为完善管理体系，构建督导评价制度，各地进行了有益的探索，湖北省把劳动教育纳入教育督导体系，纳入中小学责任督学挂牌督导内容，定期组织对全省各级政府和有关部门保障劳动教育情况以及学校组织实施劳动教育情况进行督导，以保障劳动教育的实施。

（二）以过程性评价激发劳动开展的持久动力

过程性评价不仅有利于发挥激励功能，还有利于引导学生对劳动过程开展积极的反思，从而更好地把握劳动技能，增进劳动情感。实践中，静态、量化的评价是劳动教育的主要评价方式，比如，“劳动之星”是当前中小学校通常采用的劳动教育评价方式，通常以劳动的次数和时间等显性标准为依据，进行客观化、标准化评价。劳动是需要个体持续不断努力的实践过程。因此，静态的、量化的、客观化的评价往往不能反映劳动过程的全貌，而且也无法起到完整有效的激励作用。《深化新时代教育评价改革总体方案》提出，要加强过程性评价，将参与劳动教育课程学习和实践情况纳入学生综合素质档案。过程性评价拓宽了劳动教育评价的领域，它并非只注重过程而不注重结果，它是对劳动过程中的劳动动机、劳动实施和劳动产品“三位一体”的评价。换言之，过程性评价不仅关注劳动过程，还关注劳动认知、劳动技能、劳动意志、劳动态度、劳动习惯和劳动价值观等表现性要素。

开展劳动过程性评价要充分利用互联网、大数据、云计算等现代信息技术手段，如新出现的劳动评价系统就是充分利用信息技术手段开展劳动教育过程性评价的有益探索。这一系统采用平板、手机、个人电脑、机器人等工具把学生在家庭、学校、社区（基地）等场所的劳动开展情况进行全面、客观、真实记录，同时通过问卷访谈、测评等方式对学生劳动观念、劳动能力、劳动习惯、劳动精神等劳动素养进行科学评价，并动态生成劳动质量监测报告。对学生的劳动过程开展监测与纪实评价，有利于发挥评价的激励和导向功能。

（三）以终结性评价监测学生劳动素养发展状况

劳动素养包含两层含义：一是能力，也称功能性素养，即开展劳动的能力，具体包括劳动知识和劳动技能等；二是修养，也称目的性素养，即力量，表现为在劳动过程中所散发出的影响力或感染力，如劳动情感和劳动价值观等。劳动素养是衡量劳动教育成效的重要指标，也是一个人劳动品质的重要体现。因此，《关于全面加强新时代大中小学劳动教育的意见》提出，健全劳动素养评价制度，将劳动素养纳入学生综合素质评价体系，把劳动素养评价结果作为衡量学生全面发展情况的重要内容。

终结性评价是根据劳动教育的目标对劳动教育的达成度进行恰当的评价，是对劳动教育的效果进行价值评断。当然，采用终结性评价对劳动素养进行监测并不意味着以标准化测试的形式来衡量学生劳动素养的发展状况，而是坚持定性评价与定量评价相结合，以定性评价为基础，以定量评价为补充，全面客观地反映劳动教育实效；坚持自我评价和他人评价相结合，吸纳学生自身、教师、同伴、家长和服务对象等主体参与评价，以客观系统全面地反映学生劳动素养发展状况。开展劳动素养评价要建构完善的劳动素养评价体系。要以培养德智体美劳全面发展的社会主义建设者和接班人为根本宗旨，以教育部颁布的《大中小学劳动教育指导纲要（试行)》和《中小学综合实践活动课程指导纲要》的教育目标为主要评价依据，结合综合素质档案分析，兼顾必修课学习和课外劳动实践，对劳动观念、劳动能力、劳动精神、劳动习惯和品质等劳动素养发展状况进行综合评定。劳动素养发展状况的评价结果既可以作为学生升学的重要依据，同时，可监测劳动教育的实施结果，及时完善劳动教育实施体系和保障体系，促进劳动教育更高质量地开展。

第五节　评价结果

《关于全面加强新时代大中小学劳动教育的意见》要求，将劳动素养纳入学生综合素质评价体系，制定评价标准，建立激励机制，全面客观记录课内外劳动过程和结果，加强实际劳动技能和价值体认情况的考核。建立公示、审核制度，确保记录真实可靠。把劳动素养评价结果作为衡量学生全面发展情况的重要内容，作为评优评先的重要参考和毕业依据，作为高一级学校录取的重要参考或依据。

一、评价结果运用机制

构建劳动素养评价体系要充分借鉴和吸收综合素质评价的有益成果，真正做到评价设计科学合理、评价过程公开公正、评价结果导向正确、社会信服。劳动素养评价体系应当与当前高校普遍实行的学生综合素质评价体系相一致、相融合，把劳动素养纳入综合素质评价的“五育”目标之一，从加强劳动教育的视角，优化学生综合素质评价的各项指标设计，实现劳动教育在综合素质体系中的独立占比，提升劳动教育各项内容的重要性。因此，劳动素养评价的结果运用应当注重以下三个方面：

一是要探索劳动素养评价的独立表彰机制。劳动教育作为“五育”并举的重要指标之一，与德智体美相比，尚未建立起有效的表彰或惩戒机制。学生的思想状态、学习成绩、体格检测、文体评比等都有相对独立的考评办法和表彰机制，但对于“劳育”而言，探索劳动素养评价体系的目标之一，就是要在形成劳动素养评价的定量或定性结果基础上，对劳动素养优秀的学生予以表彰，对相对落后的学生加以引导，通过正面奖励和反向引导的方式，强化劳动教育的具体实施。因此，要从劳动素养评价体系的结果认定上，建立“劳育”表彰的物质性或荣誉性奖励机制，设立“劳动光荣奖”“劳动之星”“劳动先进奖”“劳动创造奖”等项目，并辅以适当的物质奖励，还要举办劳动技能大赛、劳动表彰大会等活动，扩大劳动素养的教育教学成果，巩固劳动教育的长期效应。

二是要建立劳动素养评价与学生综合素质测评融合机制。劳动教育是“德智体美劳”全面培养教育体系的重要组成部分，将劳动素养纳入学生综合素质评价体系中，能够充分发挥劳动教育的激励和导向功能。制订涵盖劳动观念、劳动意识、劳动能力的评价制度和评价标准，通过学生综合测评结果将劳动教育与学生评奖评优挂钩，能够促进学生增强劳动意识，更加注重自身劳动素质的培养。目前在学生综合素质评价体系中，劳动教育方面的体现不多，甚至缺失，这种情况亟待改变。劳动素养评价融入综合素质评价体系，要充分考虑劳动素养评价的四个维度，既要设计好劳动意识、劳动观念等非客观维度的测量方法，也要为劳动能力、劳动结果等适宜定量考查的指标进行合理赋值，从而达到充分肯定学生劳动素养的成长与进步的测评目的。

三是要建立劳动素养评价结果的长期记录机制。劳动素养评价体系要能够体现出学生综合劳动素质，促进学生崇尚劳动、尊重劳动，让学生争做辛勤劳动、诚实劳动、创造性劳动的积极践行者。劳动素养评价为挖掘学生的专业能力潜质提供了基本素质保障，学生们在专业知识的学习中发扬吃苦耐劳的精神，形成比学赶超、奋勇争先的浓厚学习氛围，更加有助于挖掘专业能力潜质，为未来成为本专业、本行业的卓越劳动者打下基础。建立劳动素养评价结果的长期记录，能够客观反映学生的成长过程，体现出学生劳动能力、劳动态度的发展变化，这对其未来求职升学、择业就业、创新创业等方面都是有益的参考。学生个体的劳动素养评价结果是检验学生个人成长的重要记录，以建立劳动素养评价评分卡、记录表等方式综合反映学生的基本素质，为开展就业推荐、择业指导等提供背景材料和基础信息。另外，对学生劳动素养评价做群体性的长期记录分析，是检验和考查劳动教育成果、效率的重要方面。因此，要尝试通过网络化、系统化、平台化的方式采集学生劳动素养评价信息，构建科学合理的劳动素养评价体系，形成劳动素养评价结果的长期记录，推动劳动教育在高校的具体落实落地。

二、评价结果运用途径

有效评价应在真实情境中及时将每个学生的动态成长信息、成果等全过程、全要素加以展示和存留，从而促进学生全面发展。

（一）多元评价对学生劳动过程实现全域观照

学生对劳动有独立的视角、独特的体验和独到的见解，需要我们用科学的手段对其整个过程作出精准的评价和发展性描述。

一是校内劳动实现契约下的自觉成长。在每周一节的劳动课以外，学校将班级事务性劳动、校园值日区、树木养护、“四季风情农场”、“空中蔬果园”、“太空植物种植实验区”、可再生垃圾绘本制作等劳动任务分配给每个班级或团体，同时与他们签订“劳动契约合同”，建立相互支持、相互监督、相互评价的机制。学校大队部、劳动教师、班主任等定期对各个班级或团体的劳动情况作出评价，并给予针对性指导。这种契约式劳动增强了学生对校园生活的归属感和对劳动价值的认同感。

二是家庭劳动清单实现线上时时评价。家庭劳动以学生自评、家长助评为主，对学生日常生活劳动任务群中的“清洁与卫生”“整理与收纳”“烹饪与营养”“家用器具使用与维护”等相关内容进行评价。其中，低年级以自理劳动为主，中年级以生活劳动为主，高年级以智能生活为主，评价中以“是否有质量完成”为标准。学生若在家、社区坚持劳动且劳动质量达标，家长可在学校云平台的相关项目上打“√”确认，同时可上传学生相关照片、小视频、文字等，大数据定期自动生成每个学生的劳动完成情况。同时，系统对于暂未达到标准的学生会随时跟踪，学校每月初会对这些学生发出“劳动倡议”，要求班主任、劳动教师和家长共同跟踪落实。

三是社会性劳动实现申报后他方助评。学生根据自己的意愿，向班级提出参与社会性劳动申请，同时领取社会性劳动评价表，在家长或同学的协作下完成社会性劳动，并请社会机构对自己的劳动表现作出评价。在以农业生产、工业生产、现代服务业劳动、公益劳动与志愿服务为主的“基础型劳动”中，突出对学生在劳动意识、知识技能掌握、劳动习惯培养等方面的评价；在以传统工艺制作、新技术体验与应用等为主题的“创造型劳动”中，突出劳动精神、文化传承、思维创新等方面的评价；在以职业认知、职业体验、职业探究为主题的“职业体验型劳动”中，突出职业观、劳动观、人生观、自我认知、人生规划等方面的评价。社会性劳动结束后，家长或学生可将评价表等相关资料上传至学校平台，存入学生电子档案袋。

（二）在劳动评价中注重特色推动

一是劳动日志让评价直抵学生内心。学生自我记录劳动时间、地点、参加人员、过程描述、新奇发现、心得体会、自我评价等，形成劳动日志，弥补了评价对学生自身观照的不足，让学生把内心中他人“看不见”的变化转化成文字、图表等。这其实是个体不断与课本、外部世界、自身对话的过程，这个过程是积极的、螺旋上升的、不断变化的，是建立内在的思考工具，用诚实、好奇而又敏锐的方式去感受劳动、理解他人、厘清自我的过程，使劳动教育评价直抵学生内心。

二是职业师认证突出个体优势和长项。在实践中我们发现，引导学生热爱劳动最好的办法是让他们拥有一项人人羡慕的“劳动绝活儿”。为此，我们借鉴职业学校发放职业资格证以及社会实施职业认证的模式，通过确认和颁发“小职业师”证书来进一步发挥评价的赋能作用，促进学生形成一生受益的劳动素养。

职业师认证要经过几个环节：依托学校“劳动技能大赛”平台发布认证方案；邀请各类专家对申报认证的学生进行5—10个学时的知识与实践培训；学生在家长及专业人士的帮助下自己学习和训练；在班级、年级内层层推荐、选拔，确定需要认证的人选；相关同学组建队伍，准备认证材料进行展示；专家、家长代表、教师代表组成评价小组，从现场劳动质量、劳动安全、配合默契度等方面对学生的劳动进行评价；根据评价结果完成认证、颁证，并将结果计入学生劳动的综合评价。

（三）评价要注重生成性结果的判断描述

采用电子档案袋实现对学生的质性评价。根据劳动教育的校本总目标和各种评价细目表，在目录页下，电子档案袋分成大小“房间”，可分门别类上传、收集和整理学生在劳动中生成的劳动任务单、劳动清单、项目实践、交流对话等资料，描述学生的实践过程、进步程度、反思能力和发展水平。学期末，结合电子档案袋中的素材，教师对学生的进步、努力和成就作出综合性评价。电子档案袋实行“一生一案”，滚动升级，既可纵向描述个体的发展状况，也可横向呈现个体在群体中的发展变化指数。

劳动素养评价既是确保劳动教育有效推进的关键性因素，更与大中小学生毕业和升学休戚相关。为此，各学校务必要做细做实劳动素养评价工作。一要建立劳动素养信息化评价系统，运用大数据、云平台、物联网等现代信息技术手段，全面客观记录学生课内外劳动过程和结果；二要建立健全劳动教育评价过程中的公示制度、诚信制度等，确立针对劳动素养评价结果使用的评优评先办法、毕业要求和招生录取办法等；三要将学生平时劳动表现评价和学段综合评价相结合、劳动能力评价和劳动态度评价相结合、过程性评价和结果性评价相结合，重点加强对学生参加学校劳动、家庭劳动和社会劳动的评价。

后 记

劳动教育是发挥劳动育人功能的教育活动。党的二十大报告指出，要“在全社会弘扬劳动精神、奋斗精神、奉献精神、创造精神、勤俭节约精神，培育时代新风新貌”。教育部制定的《大中小学劳动教育指导纲要（试行）》指出：劳动教育是新时代党对教育的新要求，是中国特色社会主义教育制度的重要内容，是全面发展教育体系的重要组成部分，是大中小学必须开展的教育活动。在全社会强化劳动教育的学理认知、增进劳动价值认同、促进自觉劳动行为势在必行。

本书的编写遵循思想政治工作规律、教书育人规律和劳动活动规律，突出劳动教育的“人民性”，厚植新时代的人民立场、群众观点、劳动情怀，通过劳动满足人民的美好生活需要，引导学生形成正确的劳动观；反映劳动教育的“实践性”，培养勤俭、奋斗、创新、奉献的劳动精神，培育学生积极参加劳动的主动性；体现劳动教育的“发展性”，与时俱进，实现教育与日常生活劳动、生产劳动和服务性劳动结合，提高学生劳动教育的实效性，奏响“劳动最光荣最崇高最美丽”的主旋律，实现树德、增智、强体、育美的目的。

本书由刘俊、喻婷、叶德华策划、创意，刘俊提出写作思路、写作提纲、写作（研究）方法，喻婷、叶德华、苏日娜参与写作提纲修改、确定写作方法、审稿等，最后由刘俊统稿、定稿。本书的出版得到了江西师范大学、中国劳动关系学院、中华全国总工会信息中心、中央民族大学、国家开放大学、赣南师范大学、厦门翰林新时代教育科技研究院有限公司、江西领创劳动服务有限公司等的大力支持。本书主要章节安排及撰稿人员如下：序言：刘　俊；第一章　劳动教育理论：刘为勇、刘　俊；第二章　劳动育人：崔福生；第三章　劳动技能：颜三忠；第四章　劳动价值：苏日娜、王连喜、赖力静；第五章　劳动教育管理：初浩楠、王连喜、张才明；第六章　劳动教育文化：刘为勇、喻　婷；第七章　劳动教育评价：颜三忠、叶德华。

本书在写作过程中，参考了相关专著、教材、论文等资料，谨向其作者和有关出版单位表示感谢。对于书中存在的错漏或不当之处，敬请各位读者朋友提出宝贵的意见和建议。

2024 年 2 月

责任编辑：李甜甜
封面设计：胡欣欣

图书在版编目（CIP）数据

新时代劳动教育理论与实践 / 刘俊 主编；喻婷，叶德华，苏日娜 副主编 .—
北京：人民出版社，2024.3
ISBN 978 – 7 – 01 – 026323 – 6

I. ①新… II. ①刘… ②苏… ③喻… ④叶… III. ①劳动教育 – 教学研究 – 高等学校 IV. ① G40–015

中国国家版本馆 CIP 数据核字（2024）第 015538 号

新时代劳动教育理论与实践
XINSHIDAI LAODONG JIAOYU LILUN YU SHIJIAN

刘 俊 主编
喻婷 叶德华 苏日娜 副主编

人民出版社 出版发行
（100706 北京市东城区隆福寺街 99 号）

北京汇林印务有限公司印刷 新华书店经销

2024 年 3 月第 1 版 2024 年 3 月北京第 1 次印刷
开本：710 毫米 ×1000 毫米 1/16 印张：16.25
字数：235 千字

ISBN 978 – 7 – 01 – 026323 – 6 定价：58.00 元

邮购地址 100706 北京市东城区隆福寺街 99 号
人民东方图书销售中心 电话（010）65250042 65289539